昭和期の内閣と戦争指導体制

関口哲矢著

吉川弘文館

目次

第二部　政戦両略の一致に向けた取り組み……一八七

凡　例

一、年号は西暦のみを表記した。

二、引用した史料や論文などに付された〔　〕による補足、傍点、傍線、囲み数字などは、とくにことわらない限り筆者による。

三、史料の引用に際して、判読不能な文字は□で補い、□に合致する文字が特定できる場合には文字の傍らに〔　〕で補った。明らかに誤字・脱字と判断できるものは文字の傍らに（ママ）を付し、正しい文字が特定できる場合は〔　〕で補っている。編著者等による補足はその旨を注記した。また、旧字体は適宜、常用字体表記に改めてある。

四、註は各章の最後にそれぞれ付した。

五、本書で対象とする時期に使用されたものの、現在では適切でない呼称や表現、固有名詞などを表記せざるを得ない箇所がある。ご理解をいただきたい。

六、新聞史料の主な典拠は以下の通りであり、とくに注記がない場合は東京版・朝刊を指す。

・『東京朝日新聞』『朝日新聞』

（日本図書センター刊行の『朝日新聞縮刷版』昭和一二～一四、一八～二〇年、発刊は一九八七～一九九八年）

・『大阪朝日新聞』

（『大阪朝日新聞縮刷版』第九巻第十号、昭和十一年十月号）

（『大阪朝日新聞縮刷版』第十巻第三号、昭和十二年三月号）

（『大阪朝日新聞縮刷版』第十巻第十号、昭和十二年十月号）
（『大阪朝日新聞縮刷版』第十巻第十一号、昭和十二年十一月号）
（『大阪朝日新聞縮刷版』第十二巻第一号、昭和十四年一月号）
・『東京日日新聞』『毎日新聞』（一九四三年一月一日から『大阪毎日新聞』と題号を統一し、『毎日新聞』となる）（『毎日新聞』マイクロフィルム版）
・『大阪毎日新聞』（『大阪毎日新聞縮刷版』）
・『読売新聞』『読売報知新聞』（『昭和の読売新聞・戦前2』ＤＶＤ－ＲＯＭ版、読売新聞社、二〇〇二年）
・『報知新聞』（『報知新聞』マイクロフィルム版、昭和十四年十一月～十二月）

序論　内閣機能強化の必要性

一　先行研究の成果

1　国家意思決定に関して

本書では、盧溝橋事件に端を発する日中戦争からアジア・太平洋戦争の終結まで（一九三七～一九四五年、以下「戦時期」と表記）を主な対象とし、内閣と大本営の意見を一元化することによる強力な戦争指導体制の構築に向けた取り組みと挫折の政治過程をあつかう。(1)(2)この一元化が不首尾に終わった原因の多くを、明治憲法体制の規定する国家諸機関の分立性の強固さに求める評価に対し、主に内閣側の視点から問い直すのが目的である。(3)

戦時期の政治と軍事の関係に関しては、これまでさまざまな角度から研究が進められてきた。(4)こうした研究の積み重ねのなかでは、戦争遂行の主体を陸軍に求め、内閣や海軍はその暴走に引きずられたとする構図が形成され、現在でも根強い。この見方に対して山本智之氏は、陸軍が一貫して戦争継続路線をとったというとらえ方を修正し、「早期講和派」である松谷誠や、梅津美治郎・杉山元・阿南惟幾らの「中間派」が終戦の実現に影響を与えていったとする。(5)海軍については小池聖一氏や纐纈厚氏が早くから見直しを進め、(6)手嶋泰伸氏は米内光政海相の考え方や海軍の「管掌範囲認識」を検討し、戦争に果たした海軍の重要性を指摘した。(7)このようにここ数年の間に、陸海軍それぞれの既成概念に修正を迫る取り組みが精力的に行われてきている。また陸海軍に限らず、終戦にいたるまでの内閣と陸海軍の政治過程を、終戦か戦争継続かという対立構図を取り払ったうえで再検討を行う鈴木多聞氏の研究の意義も大きい(8)。以上の諸研究は、戦争に対する各勢力の行動を複雑なものと認識することで、戦争という行為自体が単純に割り切れるものでないことを示唆するものといえよう。戦争がもたらす行為すべてに責任がともなうことを認識させるとともに、何が問題だったのかを先入観なく考えるための作業と位置づけられる。

本書が対象とする国家意思決定という行為も、戦争責任と深くかかわるものである(9)。それぞれの勢力の考え方が一つにまとめられない複雑性をもっているからこそ、戦時期にはとくに、各々の意思を国家意思へと円滑かつ迅速に集約し、強力な戦争指導体制を構築することが求められた。国家意思決定は終戦か戦争継続かといった最重要課題だけではなく、戦争に関する日々のすべての決定をふくむ。本来、陸軍・海軍・内閣は常に協調関係を築くべき間柄ではあるが、利害対立からまぬかれることはできず、ゆえに各勢力の意思を統一するための主体が不可欠となる。閣内においては首相がその役割を担うべきであろう。しかし大日本帝国憲法(以下「明治憲法」と表記)第五五条の「国務各大臣ハ天皇ヲ輔弼シ其ノ責ニ任ス」(10)を根拠とする国務大臣単独輔弼責任制や、内閣官制第二条が首相の権限を「行政各部ノ統一ヲ保持ス」(11)るものにとどめ、ほかの国務大臣に対する主導性を保障していなかった。首相はほかの国務大臣と比較しても「同輩中の首席」にとどまっていたのである。首相権限の脆弱性については、岩井忠熊氏や神田文人氏、永井和氏らが、内閣制度発足以来の首相権限の変遷を、内閣職権や内閣官制とともに公文式や公式令にみられる首相の副署の有無もまじえ明らかにしている(12)。

「国務」機関である内閣と「統帥」機関との関係では、一八七八年の参謀本部条例の制定以降、一九〇七年に設けられた「軍部大臣の副署だけで発することのできる軍令という新たな法令制度」により「統帥権の独立を制度上確立させた」ことで、内閣が戦略事項にかかわるのが困難となった(13)。「国務」「統帥」両機関はそれぞれ独立して天皇の政治および統帥大権を輔弼・輔翼——いずれも補佐という意味——し、互いの領域に立ち入ることが許されなかったのである。そのほかに、枢密院や帝国議会、元老といった存在が分立するかたちで天皇と結びついているのが明治憲法体制の大きな特徴である。[14]ただし、明治維新の功労者である元勲・伊藤博文が首相をつとめた日清戦争期や、桂太郎が首相であった日露戦争期には、彼らが大本営会議に列席を許されたことで、閣内外における首相の統制力はもちろん、「統帥」事項に対する「国務」機関の影響力が保たれていた。[15]

ところが昭和に入ると、元老という地位で役割を果たしていた面々が徐々に政界から退場していき、政治的影響力を弱めていく。一九三二年の五・一五事件によって八年におよぶ、いわゆる〝政党内閣〟が途絶えると閣僚は寄りあい所帯となり、閣内一致はさらに困難となった。また昭和恐慌を契機に、内閣の政策に不満を抱く民衆が軍の行動に期待をかけていく。一九三〇年のロンドン海軍軍縮条約調印をめぐる統帥権干犯問題や一九三六年の軍部大臣現役武官制の復活も、内閣に対する軍部の影響力を増大させる要因となった。一九三七年の盧溝橋事件から数カ月後に大本営が設置されて以降、中国との戦闘行為が拡大の一途をたどるにつれて「国務」「統帥」両事項の緊密な調整がこれまで以上に求められ、強力な戦争指導体制を構築することが重要な課題と認識されていく。では戦争指導を行うにあたり、内閣や陸海軍はこの分立的な国家構造にどう対処し、意思決定を円滑かつ迅速に行おうとしたのか。

憲法上、諸機関の分立性を克服し得る唯一の主体は天皇である。ただ、天皇自身が大権行使に自制的であると述べていることもあり、[16]意見の表明を控えたとの印象が根強い。しかし戦後、天皇の政治的・同義的責任が追及されつづけ、[17]一九八九年の昭和天皇の死去にともない宮中関係者の史料が公開され出すと、戦争に対する天皇の主体的な態度や戦犯裁判への免責に関する研究が実証的に深められていく。[18]山田朗氏は、天皇が陸海軍関係者への下問によって戦況を正確かつ広範に把握し、さらには積極的に意見を表明することによって戦争指導に深くかかわったことを論証した。[19]

一方で森茂樹氏は、天皇の統治力は万能でないとし、「「国策」は組織利害を超えてともかくも合意に至り、実行に移された」ことを重視する。異なる勢力の意思が、競合や対立を繰り返しながら最終的には天皇のもとで合意に行きつくという点に着目し、政戦両略の一致を行うために設置された大本営政府連絡会議や大本営政府連絡懇談会、四相会議といった機関の運用面の特徴、および御前会議との相関関係を検討した。[20] 森山優氏も国策決定過程に注目するが、国策そのものを先送りする「非（避）決定」や、各勢力の主張が盛り込まれることで国策の方向性に曖昧な部分を残す「両論併記」、そしてその執行段階で各勢力それぞれに都合のよい解釈が用いられた点を問題視する。[21] 波多野澄雄氏は、「組織の利害を越えた判断を下し、行動に移そうとするアクターの評価こそが重要である」[22]との問題意識から、中堅幕僚層の行動を中心とし、開戦の可否に苦悩する彼らの姿を描き出した。[23] 森・森山両氏と波多野氏の間に分析視角の違いはあるが、政治外交分野を中心に、異なる意見をもつ各勢力およびその内部の個々人の考えが集約されることの困難さを浮き彫りにしている点で共通点も多い。なお纐纈厚氏は、諸政治勢力が互いに牽制しあう明治憲法体制下では陸海軍といえども勝手な行動は許されず、広範な支持を集める必要があったとする。[24] これは一見、各勢力による意見集約の可能性を示唆するものと受け止められるが、むしろ各勢力が他勢力を取り込むための割拠的な対立が発生する危険を示唆するものととらえたほうがよいだろう。

2　内閣機能強化および政戦両略の一致に関して

以上の各氏によって、国家意思調整過程における各勢力の協調および対抗関係、また意見の形成に対する天皇の影響力が明らかにされた。国家意思を決定するさいに障害となる各勢力の意見を迅速に調整し、決定にいたらせることができるかが戦争指導に大きな影響をあたえる。天皇の影響力が限定的である以上、内閣の機能を強化することによって国家意思をまとめ上げていく必要性が認識され、そのための諸策が戦時期の各内閣で精力的に取り組まれることになった。

とくに、池田順氏や御厨貴氏・古川隆久氏・村井哲也氏らによる総合計画官庁の研究がもたらした成果は多い。[25]各氏の研究で注目すべきは、企画院をはじめとする総合計画官庁の機能のみならず、大本営政府連絡会議や最高戦争指導会議との関係にも目配りがなされている点である。国家意思形成から決定までの過程をリードする総合計画官庁の役割と、国家機構のなかでの同庁の位置づけが明確にされた意義はきわめて大きい。国家意思決定のために中心となる機関の設置という点では、近衛文麿を中心とし政治力の再結集を目指す新党運動・新体制運動を分析した赤木須留喜氏や雨宮昭一氏、伊藤隆氏、菅谷幸浩氏、マイルズ・フレッチャー氏、山口浩志氏らが、近衛のブレーン機関である昭和研究会や矢次一夫による国策研究会の内閣制度改革案を手がかりに、内閣と帝国議会、そして国民との連帯を強化するための政権構想を論じている。[26]これらの研究で評価すべきは、内閣による行政運営の効率化が軍主導の国防国家建設に向けた動きと関連づけられることで、内閣と陸海軍の間の政治的な対立を浮かび上がらせている点であろう。内閣機能強化は本来、「国務」「統帥」両機関が互いの利害を克服し両者の意思を内閣によって一つにまとめることを目的とするが、他方で陸軍の目指す国防国家建設のための内閣の操縦という側面もあった。戦時期には多くの内閣機能強化策が集中的に考案・実践されるものの、内閣が主導して戦争指導を牽引する体制づくりは現実的には厳しいものがあったといえる。

内閣の機能強化は首相権限の強化と密接に関連するものでもある。加藤陽子氏は、首相の権限強化策を「首相の直接の幕下に、幕僚的官庁機構を整備する道」と「他の閣僚に対する首相の統制力を強化する道」と分類した。[27]前者は

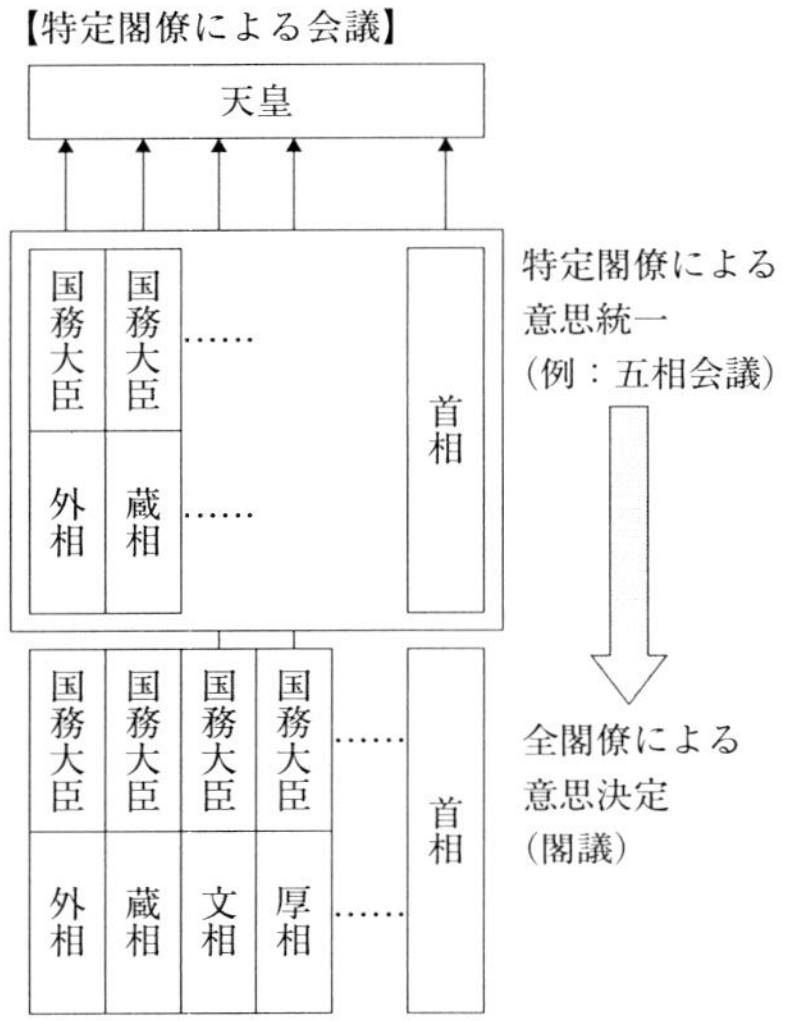

相談を示す）

すでに述べた総合計画官庁、あるいは各種ブレーン機関に期待された役割が当てはまる。後者は第一次近衛文麿内閣における国家総動員法および阿部信行内閣による「国家総動員法等ノ施行ノ統轄ニ関スル件」の制定、東条英機内閣下の戦時行政職権特例などの対応が想定できよう。単純化のきらいはあるが、以上にあげた諸措置を図1のようにあらわしておきたい(28)。

前者に関しては、加藤陽子氏や松浦正孝氏が、日中戦争の処理を目的として第一次近衛内閣が設けた内閣参議という機関に着目した(29)。とくに加藤氏は、参議の果たす役割を、大本営政府連絡会議の運営をめぐる「国務」「統帥」両機関の政治的なかけ引きと関連づけている。首相の権限強化が内閣機能強化を実現させ、やがて「統帥」機関をリードすることにもつながり、その結果、強力な戦争指導体制の構築に供するという考え方にもとづく論である。内閣の力を高めるだけでなく、政戦両略の一致も視野に入れた目的が存在することを示した点は、内閣機能強化の研究の可

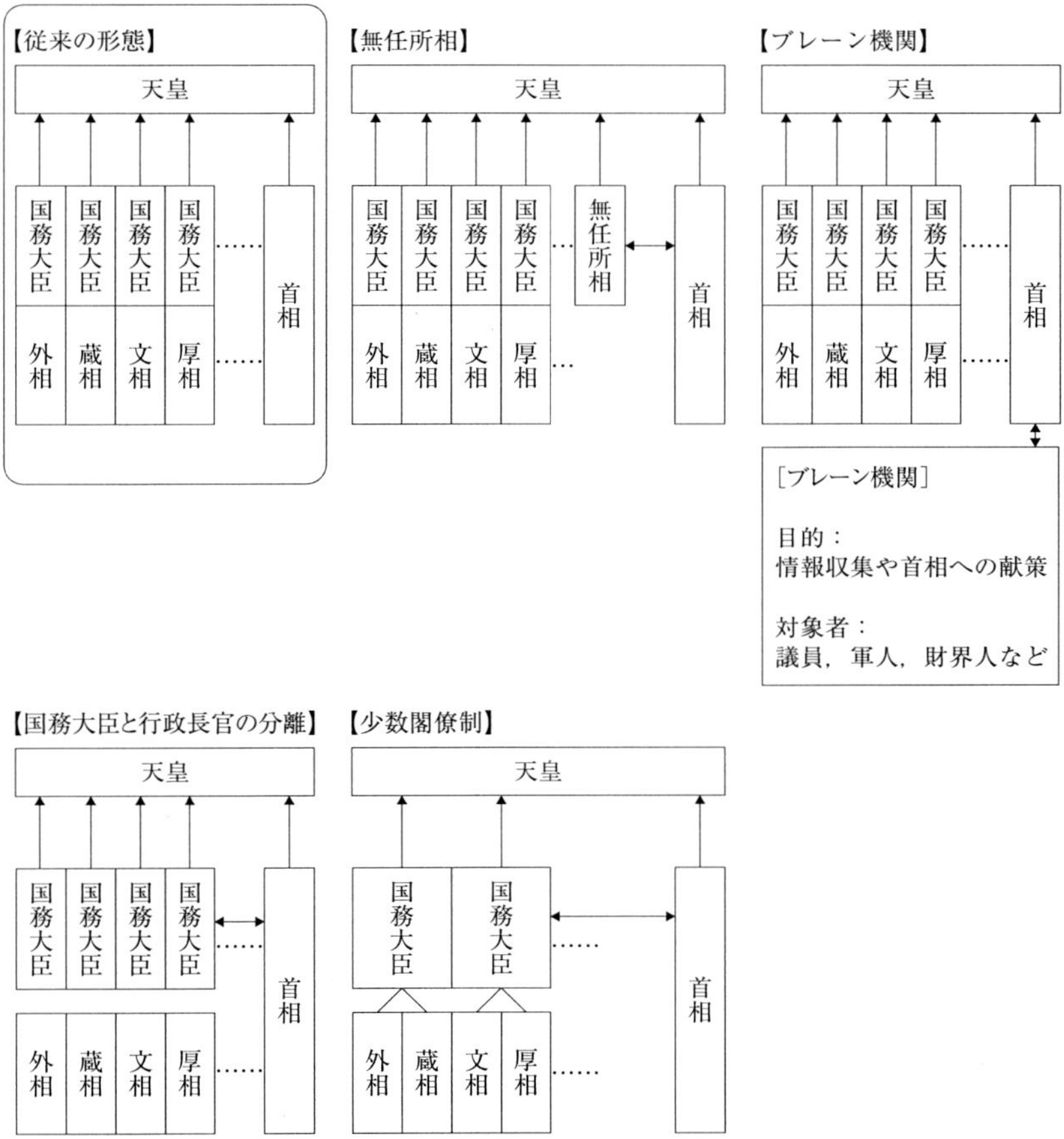

図１　内閣機能強化の形態の例（→は輔弼，↔は献策や

能性をさらに大きく切りひらいた。内閣が軍をリードすることができなければ陸海軍の一体化が実現困難であり、各勢力のセクショナリズムを打破することに結びつけられないという戸部良一氏の指摘[30]と通底するものがある。

また、直接的に首相の権限を強化する策とはいいがたいが、戦時期前後には、閣内にインナーキャビネットを模した特定閣僚による会議体を立ち上げることで、内閣の政策決定力強化と政戦両略の一致の両方を実現させようとする措置も案出されている[31]。先にあげたように、森茂樹氏が日中戦争勃発以後の動向を他機関と関連づけて論じている[32]ほか、佐々木隆氏や藤田安一氏が斎藤実内閣期の五相会議の運営を検討した。そのなかでは、同会議を通じて内閣が軍部の行動を規制する目的をもっていた反面、陸軍の荒木貞夫陸相にとっては、自身の政治的影響力を高める場であったという見方[33]や、斎藤内閣以降も特定閣僚による会議体は運用されたが、国家機関の分立性は克服できなかった[34]などの見解が示されている。神田文人氏は、行政の効率化・合一化には一定の意味をもったが、軍側の利用によって軍部の台頭を許したとの成否両面をあげており、評価は一定でない[35]。

首相の機能強化の後者に関しては、先にあげた池田順氏や神田文人氏、増田知子氏らの論考によって、国務大臣単独輔弼責任制が適用されるなかでも、首相から国務大臣ではなく、行政長官への指示権なら憲法上問題が生じないという解釈が生まれていく過程や、内閣官制第一〇条の規定を改め、国務大臣と行政長官を分離（以下「分離」と表記）することで省務に拘束されない無任所相的な大臣を創設し、国益を重視した政策を強力かつ迅速に立案・執行しようとする案の成否が論じられてきた[36]。いずれも「不磨の大典」[37]と位置づけられる明治憲法が改正困難という事情から、法制等に照らしあわせた場合に、制度の範囲内であるか否かという議論が活発に行われていく様子を描いている。

二　課題と構成

以上から先行研究は、戦時期における内閣機能強化の各種取り組みを掘り起こすことによって、そのなかには閣内の結束力を高めるとともに、「統帥」機関との調整を円滑ならしめる目的をもつものも多くあったことを明らかにしてきた。国家意思決定の強化によって強力な戦争指導体制を構築するのが各内閣の課題であり、内閣機能強化はその実現の有力な手段と認識されていたのである。この点は、明治期にはとくに要しない昭和期特有の動きといえよう。

しかし結果的に、「国務」「統帥」両事項の一元化は実現できなかった。筆者は、国家意思決定にまつわる諸研究の政治過程分析のなかで、一元化がなぜ実現できず、意思決定の遅延が改善されるにいたらなかったのかという原因の解明が立ち遅れていると感じる。以下でこの点を具体的に述べることにより、本書の課題を定めていきたい。

まず先行研究が、内閣機能強化を目的として設置された諸機関の役割、あるいは国家機構のなかでの各機関の位置づけをどれほど意識しているかという点である。研究の多くは、陸海軍に代表されるように、戦局観の違いに起因する対立関係を描く。この視角は、戦争指導の問題点の根幹に深く切り込むものであるが、その一方で、必ずしも戦局の動向とは歩調をあわせない内閣機能強化の動きを検討の対象から除外してしまう危険性をともなうものでもある。国家諸機関の分立性は戦時期を通じて常に克服すべき重要課題であり、不断の努力が求められた。ゆえに、戦局の推移に影響を受けない次元での分析が必要となる。そこで本書では、内閣機能強化および国家意思決定という二点を軸とすることによって、戦局の動向に左右されない諸政治勢力の協調・対抗関係をできる限り浮かび上がらせてみたい。(38)

また、個々の機関だけでなく、各機関の関連性が追究される必要もある。たとえば総合計画官庁の役割を考察の中心に据えると、大本営政府連絡会議や最高戦争指導会議といった国家意思決定機関の機能や、各機関で進められる「国務」「統帥」両事項の調整過程の様子までをこまかく把握することは難しい。逆に、国家意思決定機関の役割を把握しようとすれば、内閣参議や内閣顧問といったブレーン機関との連動性が薄れてしまう。そのようななかで加藤陽子氏は、内閣参議を例に、内閣機能強化と大本営、また内閣機能強化と大本営政府連絡会議の関係性を複合的に明らかにしたのであった。しかし加藤氏の研究対象は第一次近衛内閣期が中心であり、戦時期全般については概括的な記述にとどまっている(39)。ある一つの機関がなぜその時期その内閣に存在し、どのような機能を期待され、実際にはどのような役割を果たしたのか、また内閣がどのような国家意思決定のあり方を理想とし追求していったのかを考えるには、各機関の相互関係を長期的にとらえることが大事となる。

各機関の関連性を意識するという点では、ある内閣で設置された機関に対して、次の内閣で機能改善をほどこされることも十分にあり得る。たとえば、内閣参議の廃止にともなって東条英機内閣下で設置された内閣顧問は、終戦を経るまで存続した。両機関には官制上の連続性が認められるものの、ブレーン機関の形態をあえて変更するという措置が政策形成に与えた影響は大きかったと想像できよう。このように、各内閣でとられた機能強化策が、過去の強化策を反省したうえで取り入れられたのかどうかという制度設計の有無も、戦争指導のあり方を評価するうえで大切な視点と思われる。政策の形成および決定に関与する各機関の関連性が、どのような国家意思決定のかたちを理想として形成されたのかという点について、過去の諸研究が十分意識してきたかは問い直されなければいけない。各機関の意見対立を制御するための努力を深く観察しなければ、戦争指導の問題点、さらにいえば明治憲法体制の問題点を明らかにすることは困難となる。

以上から、「国務」「統帥」両機関の一元化によって強力な戦争指導体制を構築しようとする戦時内閣の取り組みを論じるさいには、①種々の内閣機能強化策の正確な機能と各々の関連性の把握、②国家意思決定の変化を軸に据え、複数の内閣を横断してみていく長期的な視点、③内閣機能強化のみならず、政戦両略の一致を意識した分析、が求められる。本書ではこれらの検討を行うことで、一元的な戦争指導体制の構築を阻害する要因の多くを明治憲法体制にもとづく国家諸機関の分立性に求める見方を修正し、その原因を内閣の行動に求めたい。この検討から得られる国家意思決定の特徴を、前述した山本智之氏や手嶋泰伸氏らによる成果と突きあわせることで、戦争指導の抱える複雑性がより一層クリアに浮かび上がってくると思われる。すなわち分析の結果、各勢力のセクショナリズムは、〝戦局の認識〟から発生する対立関係にくわえて、〝国家意思決定機関の機能〟をめぐる内閣と軍の抗争という面もくわわった、二重に強固なものであったことが明らかになろう。ただ、そこでとどめるのは不十分である。きわめて困難な分立構造の克服に内閣が何度も取り組んだ意味を考えなければならない。分立性の強固さは機関の運用によって突き崩すことができると認識した内閣の判断をどう評価するか考える必要がある。戦時期に集中して活発に取り組まれた内閣機能強化策が何をよりどころにしていたのかを追究することで、戦争指導に果たした内閣の役割がこれまで以上に明確になると考える。

本書は二部構成をとる。第一部は、戦時期の内閣が構想し実践していった内閣機能強化の各策がどのような成果をもたらしたのかを検討する。内閣機能強化の直接の狙いは閣内の意思統一による行政運営の円滑化にあるが、内閣が軍をリードすることによって政戦両略の一致を実現し、強力な戦争指導体制を構築するという目的をふくむケースもあった。では実際に、内閣機能強化と政戦両略の一致がどの程度接点をもっていたのか。この点にも意識を傾けたい。

第一章では、第一次近衛文麿内閣下で盛んに議論された「分離」案を中心に検討する。「分離」案や無任所相を導入するにあたって明治憲法や内閣官制といった法制等が障壁となることは想像に難くない。同内閣がその障壁に直面したさい、実現可能な落としどころとして実行されたのはいかなる対応だったのかをみる。

第二章では、平沼騏一郎～第三次近衛内閣期を対象とし、日中戦争の長期化のなかで取り組まれた種々の内閣機能強化策を比較検討する。前章の「分離」案にくわえ、同じく首相の機能の底上げを目的とする無任所相のあつかいや、すでに運用が開始されていた内閣参議の活動、そして各策が抱える問題点を明らかにすることで、各策が内閣機能強化の実現にどの程度の効果を発揮したのか、また法制等の改正に対する抵抗感は前章同様に根強かったのかを検討していく。

第三章では、東条英機～鈴木貫太郎内閣期を通観することで、内閣参議制を廃止し内閣顧問をあえて設置した狙いを考察する。内閣顧問制に移行したことでブレーン機関としての役割や閣内での位置づけに変更が生じたのか、もしそうならどのような期待を新たに担ったのかを確認する。

第四章では、閣内という限定された領域ではなく、帝国議会議員の多くが就任した内閣委員及各省委員、政務官などの役割に着目する。彼らが各省庁で行った官僚政治の是正や連絡調整の取り組みにくわえ、行政査察――生産増強のために現地を視察する業務――へのかかわりが期待されたことを確認し、内閣機能強化よりも広い〝内閣と国民をつなぐ政治力強化〟の取り組みとして評価したい。

第二部では、国家の最高意思決定機関が運営されるなかで、政戦両略の一致を実現させるために「国務」「統帥」両機関がどのような提案をし、どこを妥協点に据えようとしたのかを考えていく。内閣機能強化策よりも直接的な手段で一元的な戦争指導体制を構築しようとする取り組みの効果を示したい。

第一章では、まず第一次近衛内閣期に設置された大本営政府連絡会議のその後の運営を、時代を下りながら概観し、何が「国務」「統帥」両機関の調整に障害となっていたのかを洗い出す。そのうえで、小磯国昭内閣において大本営政府連絡会議を改組するかたちで設置された最高戦争指導会議の役割と、その前後二回にわたって浮上した大本営会議への首相列席の意味を追究する。

第二章と第三章では、鈴木貫太郎内閣期の最高意思決定に関する考察を行う。第二章では、政戦両略の一致を実現するうえで障害となっていた最高戦争指導会議の議事漏洩や会議における幹事および幹事補佐の影響力の強さを確認したうえで、そのためにとられた解決策を検討する。第三章では、最高戦争指導会議以外の場で試みられた意見調整の様子を追うことによって、勢力同士の利害を超えた〝人対人〟の調整がどの程度、成果をあげることができたのかを考える。この方法は、戦時内閣によるこれまでの取り組みの結果、最後にたどり着いた措置ゆえ、一元的な戦争指導体制の構築がどの程度実現に近づいたのかを判断するために重要な作業と思われる。

終章では、第一部と第二部でみた内閣機能強化および政戦両略の一致を目的とする種々の取り組みと、その結果を受けて何がどこまで実現できたのかという評価点、およびいたらなかった原因はどこに求められるのかという点についてまとめる。戦局をめぐる各勢力の対立とはまた異なる、国家意思決定のあり方そのものが戦争指導にあたえた影響を総括したい。

註

（1）大日本帝国憲法下の内閣は、「唯国務各大臣を以て組織せられたものが一つ有るだけである」が、その機能は「各国務大臣の輔弼の為めの協議体たるの機能と、行政機関たるの機能との二つの機能」がある（山崎丹照『内閣制度の研究』高山書院、一九四二年、前者の「　」は一五九頁、後者の「　」は二〇二頁）。本書で「内閣」という語を使用するさいに、ほかの行政官庁との利害関係でふれられる場合は、おおむね後者の機能を指す。

（2）戦略に代表される戦争の「統帥」事項をあつかう機関。

（3）本書では、内閣を〝政府〟や〝「国務」機関〟、大本営を〝「統帥」機関〟と表現する場合がある。また、内閣と大本営の意見調整を「政戦両略の一致」あるいは「政戦両略の吻合調整」とも表現する。なお、一九三七年七月七日の盧溝橋事件の勃発を起点として日中戦争と表記するのは正確でないが、本書では煩雑さを避けるため、便宜的に「日中戦争」で一括する。

（4）個々については以下でみていくが、全体的な研究史整理としては、成田龍一『近現代日本史と歴史学—書き替えられてきた過去—』（中央公論新社〈中公新書〉、二〇一二年）の「第八章　アジア・太平洋戦争の時代—一九三一〜四五年—」が参考になる。

（5）山本智之『日本陸軍戦争終結過程の研究』（芙蓉書房出版、二〇一〇年）、同『主戦か講和か—帝国陸軍の秘密終戦工作—』（新潮社〈新潮選書〉、二〇一三年）。

（6）小池聖一「海軍は戦争に反対したか」（『日本近代史の虚像と実像三〈満州事変〜敗戦〉』大月書店、一九八九年）、纐纈厚『日本海軍の終戦工作—アジア太平洋戦争の再検証—』（中央公論社〈中公新書〉、一九九六年）、同『日本降伏—迷走する戦争指導の果てに—』（日本評論社、二〇一三年）。

（7）手嶋泰伸『昭和戦時期の海軍と政治』（吉川弘文館、二〇一三年）、同『海軍将校たちの太平洋戦争』（吉川弘文館、二〇一四年）、同『日本海軍と政治』（講談社〈講談社現代新書〉、二〇一五年）。

（8）鈴木多聞『「終戦」の政治史1943—1945』（東京大学出版会、二〇一一年）、同「「聖断」と「終戦」の政治過程」（筒井清忠編『昭和史講義—最新研究で見る戦争への道—』筑摩書房〈ちくま新書〉、二〇一五年）。

（9）本書では〝国策決定〟を日本国としての政策を定める最高決定、また〝国家意思決定〟を諸々の政治判断をともなう行為もふくむ広範な意味あいで使用する。ただし厳密に使い分けることは難しいことを断っておく。

（10）国立公文書館所蔵「御署名原本・明治二十二年・憲法二月十一日・大日本帝国憲法」（Ｒｅｆ．Ａ〇三〇二〇〇二九六〇〇、ＪＡＣＡＲ、アジア歴史資料センター）。

（11）国立公文書館所蔵「御署名原本・明治二十二年・勅令第百三十五号・内閣官制」（Ｒｅｆ．Ａ〇三〇二〇〇四六九〇〇、ＪＡＣＡＲ、アジア歴史資料センター）。

（12）岩井忠熊「帝国憲法体制の崩壊——内閣官制・公式令・軍令をめぐって」（岩井忠熊編『近代日本社会と天皇制』柏書房、一九八八年）一二頁、神田文人「近現代史部会共同研究報告　明治憲法体制における天皇・行政権・統帥権」（『日本史研究—一九八八年度日本史研究会大会特集号—』第三二〇号、一九八九年四月）一二二、一二三頁、永井和「内閣官制と帷幄上奏—初期内閣にお

ける軍事勅令制定の実態―」（『富山大学教養部紀要〈人文・社会科学篇〉』第二一巻第二号、一九八八年、のち『近代日本の軍部と政治』思文閣出版、一九九三年に収録）など。なお神田文人「統帥権と天皇制」「統帥権と天皇制　三の上」「統帥権と天皇制　三の下」（『横浜市立大学論叢〈人文科学系列〉』第三七巻第二・三、第四〇巻第一、第四三巻第一、第四四巻第一・二号、一九八六、一九八九、一九九二、一九九三年）は明治期から一九三〇年代までを対象とし、政治と軍事の関係を追っている。

(13) 大江志乃夫『日本の参謀本部』（中央公論社〈中公新書〉、一九八五年）一二七、一二八頁、前掲、永井和「内閣官制と帷幄上奏―初期内閣における軍事勅令制定の実態―」、雨宮昭一「近代日本における戦争指導の構造と展開―政略と戦略との関係を中心として（上）―」（『茨城大学教養部紀要』第五号、一九七五年、のち『近代日本の戦争指導』吉川弘文館、一九九七年に収録）のとくに五三、五四頁。「　」は、古川隆久『ポツダム宣言と軍国日本―敗者の日本史20―』（吉川弘文館、二〇一二年）三〇、三一頁。

(14) このなかで茶谷誠一『昭和戦前期の宮中勢力と政治』（吉川弘文館、二〇〇九年）、同『昭和天皇　側近たちの戦争（歴史文化ライブラリー）』（吉川弘文館、二〇一〇年）、同『宮中からみる日本近代史』（筑摩書房〈ちくま新書〉、二〇一二年）や松田好史『内大臣の研究―明治憲法体制と常侍輔弼―』（吉川弘文館、二〇一四年）は、元老や重臣などの天皇側近による政治へのかかわりを中心にあつかっている。

(15) 日清戦争時、伊藤博文首相は天皇の特旨をもって大本営の会議に列席を許され、政戦両略の一致に大きな役割を果たした（大江志乃夫『御前会議―昭和天皇十五回の聖断―』（中央公論社〈中公新書〉、一九九一年）の「日清戦争の最高戦争指導」一五六～一六一頁）。日露戦争時に関しては、前掲、雨宮昭一「近代日本における戦争指導の構造と展開―政略と戦略との関係を中心として（上）―」を参照。

(16) 寺崎英成、マリコ・テラサキ・ミラー編著『昭和天皇独白録　寺崎英成・御用掛日記』（文芸春秋、一九九一年）における「この事件〔張作霖爆殺事件〕あつて以来、私は内閣の上奏する所のものは仮令自分が反対の意見を持つてゐても裁可を与へる事に決心した」（二三頁）や「この時〔二・二六事件〕と終戦の時との二回丈けは積極的に自分の考を実行させた」（三二頁）といった表現からうかがえる。

(17) 古くは、井上清『天皇の戦争責任』（現代評論社、一九七五年）、家永三郎『戦争責任』（岩波書店、一九八五年）など。

(18) 山田朗・纐纈厚『遅すぎた聖断―昭和天皇の戦争指導と戦争責任―』（昭和出版、一九九一年）、吉田裕『昭和天皇の終戦史』

〈岩波書店〈岩波新書〉、一九九二年〉など。

(19) 山田朗『昭和天皇の戦争指導〈昭和史叢書二・天皇制〉』(昭和出版、一九九〇年)、同『大元帥　昭和天皇』(新日本出版社、一九九五年)、同『昭和天皇の軍事思想と戦略』(校倉書房、二〇〇二年)。後藤致人『内奏―天皇と政治の近現代―』(中央公論新社〈中公新書〉、二〇一〇年)も参照のこと。

(20) 森茂樹「国策決定過程の変容―第二次・第三次近衛内閣の国策決定をめぐる「国務」と「統帥」―」(『日本史研究』第三九五号、一九九五年七月)、同「戦時天皇制国家における「親政」イデオロギーと政策決定過程の再編―日中戦争期の御前会議―」(『日本史研究』第四五四号、二〇〇〇年六月)、同「2　開戦決定と日本の戦争指導体制」「3　戦争指導体制の問題点」(吉田裕・森茂樹『戦争の日本史23―アジア・太平洋戦争―』吉川弘文館、二〇〇七年のⅠとⅣ)。「　」は、同「大陸政策と日米開戦」(『日本史講座九―近代の転換―』(東京大学出版会、二〇〇五年)二六九頁からの引用。

(21) 森山優『日米開戦の政治過程』(吉川弘文館、一九九八年)、同「〝非決定〟という恐るべき「制度」」(NHK取材班編『NHKスペシャル　日本人はなぜ戦争へと向かったのか　下』NHK出版、二〇一一年)、同『日本はなぜ開戦に踏み切ったか―「両論併記」と「非決定」―』(新潮社〈新潮選書〉、二〇一二年)。吉沢南『戦争拡大の構図―日本軍の「仏印進駐」―』(青木書店、一九八六年)も参照。

(22) 波多野澄雄「書評　森山優著『日米開戦の政治過程』」(『国際政治』通号一二二、一九九九年九月)二〇四頁。

(23) 波多野澄雄『幕僚たちの真珠湾』(朝日新聞社〈朝日選書〉、一九九一年、二〇一三年に吉川弘文館から再版)。

(24) 纐纈厚『日本はなぜ戦争をやめられなかったのか―中心軸なき国家の矛盾―』(社会評論社、二〇一三年)一七九～一八八頁。纐纈氏は、ハンチントンらの政軍関係理論を批判的に継承し、天皇を中心とする「日本型政軍関係」が国家諸機関の分立性を理解するうえで有効との立場をとっている(『近代日本政軍関係の研究』岩波書店、二〇〇五年)。「日本型政軍関係」に関しては、李炯喆『軍部の昭和史(上)―合法的・間接支配への道―』『軍部の昭和史(下)―日本型政軍関係の絶頂と終焉―』(日本放送出版協会・NHKブックス、一九八七年)を参照。そのほか、永井和「政軍関係理論に関する一考察」(前掲『近代日本の軍部と政治』に収録、初出は一九八八年)など。

(25) 古川隆久『昭和戦中期の総合国策機関』(吉川弘文館、一九九二年)、御厨貴『政策の総合と権力―日本政治の戦前と戦後―』(東京大学出版会、一九九六年)、池田順『日本ファシズム体制史論』(校倉書房、一九九七年)、村井哲也『戦後政治体制の起源

――吉田茂の「官邸主導」」（藤原書店、二〇〇八年）。このなかで御厨氏は、「行政国家化」に対応するための「政策の総合」という概念を提示したうえで、国防国家化への対応として資源局や企画院等が果たした役割を、内閣審議会・調査局などの前史をふまえて検討している。また古川氏は前掲『昭和戦中期の総合国策機関』三頁で、総合計画官庁を示す種々ある用語を整理し、「総合国策機関」の使用根拠を示している。

(26) 伊藤隆「「挙国一致」内閣期の政界再編成問題（二）」（『社會科學研究』第二五巻第四号、一九七四年二月）は昭和研究会や国策研究会の人的構成や活動などの概要を追った先駆的な論考である。そのほかに、同『昭和十年代史断章』（東京大学出版会、一九八一年）の「第3章　近衛新体制」、同『近衛新体制―大政翼賛会への道―』（中央公論社〈中公新書〉、一九八三年、のちに『大政翼賛会への道―近衛新体制―』講談社〈講談社学術文庫〉、二〇一五年として再版）、雨宮昭一「大政翼賛会形成過程における諸政治潮流―「権威主義的民主主義派」・「国防国家派」・「自由主義派」―」（『茨城大学教養部紀要』第一五号、一九八三年、のち前掲『近代日本の戦争指導』に収録）、赤木須留喜『近衛新体制と大政翼賛会』（岩波書店、一九八四年）、菅谷幸浩「第二次近衛内閣成立前後における陸軍と政党」（『法政論叢』第四五巻第二号、二〇〇九年五月）、マイルズ・フレッチャー著、竹内洋・井上義和訳『知識人とファシズム―近衛新体制と昭和研究会―』（柏書房、二〇一一年）。昭和研究会を中心とする新体制運動の動向を追うものとして、山口浩志「昭和研究会と新体制準備会幹事会試案」（『日本歴史』第五九八号、一九九八年三月）、同「昭和研究会と東亜経済ブロック論」（明治大学政治経済研究所『政經論集』第六八巻第二・三号、一九九九年一二月）、同「近衛新体制構想と陸海軍・企画院」（『年報 日本現代史』第六号、二〇〇〇年）、同「昭和研究会と近衛内閣の政治改革―内閣強化から国民組織へ―（Ⅰ）～（Ⅳ）」（『政治経済史学』五六八～五七一号、二〇一四年四～七月）など。

(27) 加藤陽子「総力戦下の政―軍関係」（吉田裕ほか編『戦争の歴史学―岩波講座アジア・太平洋戦争二―』岩波書店、二〇〇五年）一五頁。

(28) 【無任所相】は行政長官を担当しない国務大臣を指す。省の事務にとらわれない広い視野で首相の相談にのったり閣僚間の調整に携わったりできる点に長所がある。【国務大臣と行政長官の分離】も、国務大臣が省務と切り離されることで、国政一般の意見を引き出しやすくする狙いがある。【ブレーン機関】も首相の相談相手という点で前二つの形態と共通する目的はあるが、閣僚とは異なり閣議に参加できないため、閣内の意見調整に果たす役割には限界がある。本書では内閣参議と内閣顧問をとり上げる。【少数閣僚制】は、国務大臣に複数省の大臣を兼任させることで閣僚の数を減らし、閣内の意思決定を迅速に行おうとする点に特徴がある。既存省庁の統廃合も、閣僚数を減らすという点で同じ目的がある。【特定閣僚による会議】は、戦争指導を行うにあたり「国務」機関関係者で一定の方向性を決しておき、国策決定の円滑化を狙う取り組みである。内閣や首相の権限強化は、林茂・辻清明編『日本内閣史録 二』(第一法規出版、一九八一年)の「序説」(辻清明執筆)の「二 内閣制度の成立と変遷」「(4)戦前戦後の内閣制度」や前掲、神田文人「近現代史部会共同研究報告 明治憲法体制における天皇・行政権・統帥権」が簡潔にまとめている。無任所相や国務大臣と行政長官の分離に対する同時代の議論については、増田知子「「立憲制」の帰結とファシズム」(歴史学研究会・日本史研究会編『日本史講座9 近代の転換』東京大学出版会、二〇〇五年)を参照。

(29) 加藤陽子「昭和一二年における政治力統合強化構想の展開—大本営設置と内閣制度改革—」(『史学雑誌』第九六編第八号、一九八七年八月、のち加筆訂正され『模索する一九三〇年代—日米開戦と陸軍中堅層—』山川出版社、一九九三年に収録)、松浦正孝『日中戦争期における経済と政治—近衛文麿と池田成彬—』(東京大学出版会、一九九五年)。

(30) 森松俊夫『大本営』(吉川弘文館、二〇一三年)に収録の戸部良一「『大本営』を読む」二二七頁。一九八〇年発刊の旧版(教育社〈教育社新書〉)にはなし。

(31) 導入例は、斎藤実内閣の五相会議、広田弘毅内閣の三相会議など。通常、五相会議は首相、蔵相、陸相、海相、外相を、三相会議は外相、陸相、海相(首相は必要に応じ出席)を構成員とする(前掲、山崎丹照『内閣制度の研究』四〇四～四〇九頁を参照)。

(32) 註(20)の各論考を参照。

(33) 佐々木隆「荒木陸相と五相会議」(『史学雑誌』第八八編第三号、一九七九年三月)三七頁。

(34) 藤田安一「高橋是清と五相会議—「高橋財政」における政治過程の研究(Ⅰ)—」(『政治経済史学』第二七四号、一九八九年二月)一八、一九頁。

(35) 前掲、神田文人「近現代史部会共同研究報告 明治憲法体制における天皇・行政権・統帥権」一三二頁。

(36) 同時代の知識人による考えは、とくに前掲、山崎丹照『内閣制度の研究』や前掲、増田知子「「立憲制」の帰結とファシズム」を参照。議論の焦点は、首相や内閣の機能強化策が法制等に抵触するか否かという部分にある。

(37) 明治憲法発布の勅語にみられる表現。前掲、岩井忠熊「帝国憲法体制の崩壊——内閣官制・公式令・軍令をめぐって」を参照。

(38) 佐藤元英『御前会議と対外政略3 第三部 政戦略と戦争終結の決断—「支那事変」処理から「大東亜戦争」終結まで—』(原書房、二〇一二年)の「Ⅳ 政戦略国策決定のメカニズム」は、国策決定にかかわる諸機関の役割や変遷を時系列にまとめている。

ただしそうすると諸勢力の関係を反映させることが難しくなる。逆も同様のことがいえ、本書の課題はいかに両者をバランスよくあつかうかという点にもある。

(39) 前掲、加藤陽子「総力戦下の政―軍関係」。

第一部　内閣機能強化の取り組み

第一章　第一次近衛文麿内閣期の内閣制度改革論議

はじめに

本章では、第一次近衛文麿内閣期（一九三七年六月四日～一九三九年一月五日）の内閣制度改革論議、具体的には「分離」に関する論議が活発に行われた原因とその影響を検討することによって、戦時内閣における同内閣の価値づけを試みる。

一九三〇年代に内閣の弱体化が深刻な問題となってあらわれると、その対応策として、斎藤実内閣は首相・蔵相・外相・陸相・海相からなる五相会議を設置し閣僚間の意思統一の強化を試みた。岡田啓介内閣では「内閣ニ隷シ其ノ諮問ニ応ジテ重要政策ニ付調査審議ス」(1)るための内閣審議会と、「重要政策ニ関スル調査」(2)などを業務とする内閣調査局を設置し、内閣機能を強化する手立てを講じている。

二・二六事件によって岡田内閣から広田弘毅内閣にかわると、「分離」を骨子とした抜本的な行政機構改革案が陸軍から示され、閣内で検討されていった。(3)「分離」の目的は、省務から解放された無任所相的な国務各大臣によって、省益にとらわれることなく、国益を優先させた迅速かつ果断な国策決定を可能にする点にある。陸軍には、内閣調査局にかわる総合計画官庁を閣内に新設させることで国策形成の主導権を得、「分離」による迅速な国策決定と結びつけることで行政機能を握る狙いがあった。(4)広田内閣は改革に消極的な姿勢をみせたため議論は進展しなかったが、

「分離」案が本格的に政治の表舞台に登場した内閣として注目されよう。その後「分離」は、林銑十郎内閣・第一次近衛内閣と継続的に研究されていく。林内閣は広田内閣と同じように消極的な姿勢をとったため、議論が深まることはなかった。しかし第一次近衛内閣では、近衛首相みずからが関心を示すことで、活発な議論が展開されていく。

ただ、「分離」は実現にいたらなかった。その直接の要因は法制等の壁に求められる。内閣官制第一〇条には「各省大臣ノ外特旨ニ依リ国務大臣トシテ内閣員ニ列セシメラル、コトアルヘシ」[5]と記され、国務大臣が行政長官を兼ねる〝兼任大臣〟が通常のかたちとされている。同条は無任所相の存在を否定するものではなく、過去にも設置の例はあるが[6]、「分離」を目的とする導入には、内閣官制の改正をともなう抜本的な見直しなどクリアにすべき課題が多く残され、解決にいたらなかったのである。またそれ以外に、国務各大臣が一丸となることで強い内閣を構築しようとする内閣側と、内閣機能を制御しようとする陸軍側の対抗があたえた影響の大きいことが、加藤陽子氏や池田順氏によって指摘されている[7]。

ただし両氏の見解は、「統帥」事項をあつかう大本営（一九三七年一一月に設置）に対する内閣の影響力をどう評価するかで分かれている。ともに「分離」の議論を内閣成立時から追うのだが、その実現が困難と判断されたのちの政治過程の描き方に差がみられるのである。加藤氏は、ブレーン機関である内閣参議を閣僚に昇格させ、その閣僚を大本営に列席させることで大本営へ影響力をおよぼそうとする構想を示した。またそれが困難とわかったあとで設置された大本営政府連絡会議の幹事に「国務」機関側の関係者のみが就任した点を高く評価する。対して池田氏は、総合計画官庁である企画院の拡充強化へと改革の規模が縮小されていくことを指摘し、第一次近衛内閣の政治改革に消極的な評価をくだしている。

両氏の評価の差異は、「分離」の導入が頓挫したあとも、第一次近衛内閣が「分離」の理念を受け継いでいったのか否かという点で生じているといえよう。受け継いだとするのが加藤氏であり、別の政策に転換したとするのが池田氏である。ただ、「分離」案の理念の継続性を重視する加藤氏も、一旦はなりをひそめた「分離」が再び浮上し、総辞職直前まで議論されていくことには着目していない。また山口浩志氏は、昭和研究会との関連性に目くばりしながら内閣機能強化の動きを追っているが、やはり「分離」案挫折後の動きとして、同案の再浮上ではなく風見章らによる国民再組織化構想を重点的に論じている。(8)「分離」案の理念を受け継ぎ大本営への閣僚列席を求めていった内閣が、なぜ再び「分離」を議論の俎上に載せたのか。この点を説得的に説明しない限り、第一次近衛内閣が一貫して目指した国策決定のかたちを知ることはできないのではないか。かりに〝一貫した方向性を欠く政策構想力・実行力のない第一次近衛内閣像〟を示すにしても、加藤、池田、山口各氏の研究を批判的に継承するのでなければ、今後の研究の進展を期待することは難しい。

こうした問題意識を受け、本章では、第一次近衛内閣期の「分離」の議論を、組閣から総辞職まで一貫してくわしくみていくことにする。

その理由の一つは、「分離」をめぐる動きがなりをひそめたあとに別の試みがなされていったという、第一次近衛内閣の政治過程を二段階でとらえる理解が妥当なのかを再検討するためである。筆者は、近衛が組閣当初から「分離」に興味をもち、(9)そこに内閣書記官長の風見章が「内閣を強化し統帥部に対する圧力を大にして、統帥部をして内閣の存在を無視する能はざらしむこそ良策ならんと考ふに至り」、「陸海両相を含みて多くとも六七人の閣僚にて少数巨頭内閣とする以外に途なかるべし」との構想を具体化させることによって、(10)総辞職まで議論を継続させていったのではないかと考えている。本章では、「分離」が実現不可能ゆえ政策の方針転換が行われたのではなく、近衛や風見の活動によって「分離」の議論が一貫して継続していたことを示し、そのうえでどのような影響がもたらされたのかを追究してみたい。

もう一つの理由は、「分離」の終息の仕方が、のちの内閣にあたえた影響を考えるためである。陸軍との対抗に内閣が屈するかたちで「分離」が断念されたのか、内閣自身の判断によって断念されたかで、のちの内閣にあたえる影響は違ってくる。先行研究による政治力の乏しい第一次近衛内閣像を〝内閣機能強化〟という面から検討し直し、前後する内閣のなかでの第一次近衛内閣の位置づけを明確にするためには、「分離」の議論を丹念に追う必要があろう。

以上から本章では、第一次近衛内閣が広田・林内閣期の「分離」の議論をどう受け継ぎ、内閣と陸軍の対抗関係のなかで具体的に何をなし、のちの内閣にどのような影響をあたえたかをみていく。「分離」の議論の盛り上がりの要因とその断念の仕方が、以後の内閣機能強化、そして戦争指導体制の強化に少なからぬ影響をおよぼしたことが示せればと考える。

一　第一次近衛文麿内閣における内閣機能強化の課題

広田内閣期に陸軍から提起された抜本的な行政機構改革案は、内閣の消極的な姿勢と海軍の反対により、内閣調査局の拡充強化へと転換していった。その結果、林内閣において内閣調査局は企画庁に改組されるが、陸軍が望む「企画庁の既存官庁に対する機構上の優位は、ついに確立されるにいたらなかった」。第一次近衛内閣が成立すると、日中戦争を契機として、各省割拠の弊をどう克服するかが改めて課題となる。以上は池田順氏による整理である[11]。

池田氏は第一次近衛内閣の行政機構改革を「広田内閣期から持ち越された課題[12]」と位置づけるが、具体的にどう「持ち越された」のかは示していない。第一次近衛内閣の課題を明確にするため、まず前内閣である林内閣期の行政機構改革案を検討していきたい。

1　日満財政経済研究会の行政機構改革構想

参謀本部作戦課長であった石原莞爾がブレーンの宮崎正義に依頼して創設した私的機関である日満財政経済研究会は、一九三七年二月ごろまでに「日満を通じての国防についての非常に厖大な計画の一つの試案」を完成させている。ここでは、「国防」のためには「大蔵大臣に池田〔成彬〕、陸軍大臣に板垣〔征四郎〕、海軍大臣に末次〔信正〕、商工大臣に大阪の津田信吾を据ゑ、それから総務庁といふものを作つてその長官に例の十河〔信二〕氏を置くといふことが、絶対条件」であることが示されていた(13)。軍部と財界の協力体制、および「総務庁」のような総合計画官庁による企画立案を必須と考えていたことがわかる。

日満財政経済研究会の構想をさらに掘り下げてみたい。同研究会は一九三七年二月、林内閣の成立にあわせて「国策要綱」を作成している。そのなかの「行政機構ノ改革」という項目には、「政治行政改革ノ根本方針」として、「革新的国策〔軍の要望する諸政策〕遂行ノ為ニハ清新ナル国政機構ノ実現ヲ要ス」ることが記されていた。「行政主体ニ強力ナル統制機能ヲ賦与スル」ことが必要であるゆえ、「広ク官省ノ新設廃合ヲ行フ」という対応が提起されている。「内閣制度ノ改革〔国務院ノ設置〕」によれば、それは具体的に「現行ノ内閣制度ヲ廃シ国務院ヲ設ケテ之ニ代フ。国務院ハ国務院総理及ヒ四名ノ国務大臣ヲ以テ構成ス。各省ニハ別ニ行政長官ヲ置キ国務大臣ノ指揮ノ下ニ省務ヲ掌理セシム」というものであった(14)。

「内閣制度ヲ廃シ」はかなり思い切った策である。かわりに「国務院」を設置し、ここに属させる「四名ノ国務大臣」には省務を担わせず、別に設置する行政長官に委任するのである。満州国の行政システムである国務院総務庁をモデルにしていることがうかがえ、[15]「日満を通じての国防」を視野に入れた日満財政経済研究会ならではの着想といえよう。関連して注目すべきは、「国策樹立遂行ノ綜合的統制機関トシテ総務庁ヲ設ケ、之カ長官ハ国務大臣ノ内一名ヲ以テ兼任セシム」という案である。「国務院」と「総務庁」の連携によって、強力な国策決定が可能となることを見込んでいたことがわかる。[16]

この「国策要綱」が、実際に林内閣に提示されたかは確認できない。『東京日日新聞』一九三七年三月一一日付で確認できる陸海軍案には「内閣調査局、情報委員会を改組拡大すると共に人事局を包含して国策統合機関を設置し、重要国策の調査立案ならびに予算の統制按排を行はしめる」とあり、「総務庁」という文言は使用されていない。「国策要綱」と陸軍の構想が完全に一致していたわけではないことがわかる。しかし、内閣側の四相会議案に「企画局（調査局を改組）資源局、統計局情報局（情報委員会を改組）をもつて総務庁を構成す」とあることや、[17]日満財政経済研究会の「総務庁」案に池田成彬――林内閣組閣直後に日銀総裁に就任――のチェックが入り、結城豊太郎――日本商工会議所会頭、林内閣で蔵相に就任――にも示されていることから、[18]「国策要綱」の趣旨は林内閣に伝えられていたと考えてよいだろう。林内閣の組閣にかかわった十河信二と大橋八郎が石原莞爾と親しい関係にあり、大橋が内閣書記官長に就任することや、「総務庁」の総裁に十河の名前が浮上していることからも、日満財政経済研究会の影響力がうかがい知れる。同研究会の構想が陸軍の方向性と完全に一致しないとしても、研究会の意見が林内閣に影響をあたえていることは確実といえる。

陸軍の提案を受けた林内閣は、対応に苦慮した。一つは「総務庁」の性格である。『大阪朝日新聞』一九三七年三月一一日付は「調査局の機構拡充に重点を置き、資源局、統計局などの合併は新機関設置後改めて考慮する」や「新機関の名称は目下未定」と報じているが、[19]前掲のように『東京日日新聞』同日付では「企画局（調査局を改組）資源局、統計局情報局（情報委員会を改組）をもつて総務庁を構成す」となっている。もう一つ、苦慮の跡がみえるのが総裁の役割である。『大阪朝日新聞』一九三七年三月一一日付が「新機関の長官は「総裁」として親任官とするもいはゆる無任所大臣としては閣議に列席せしめない」と報ずるのに対し[20]、『東京日日新聞』同日付は陸海軍側が「総理大臣を輔佐して閣員に列することを得しめる（無任所大臣制）」との主張を行っていたことを伝えている[21]。内閣はすぐに「長官は親任官をもつてこれに充て、無任所大臣とするや否やについてはその人と時の情勢に応じて決定するも閣議には列席せしむ」と、態度を軟化させている[22]。約一カ月後の『大阪毎日新聞』一九三七年四月二一日付で「現在の調査局を改組するといふだけに止ま」り、「総務庁」という名前も影をひそめていること、また「総裁を専任せず「各省大臣のうちより兼任せしむ」とし」て、新機構の長官の影響力を削ぐ対応をしていることから、林内閣が「総務庁」構想に消極的な態度を取り続けている様子がわかる[23]。

結果として「総務庁」の設置は実現せず、内閣調査局が企画庁に改組され、結城豊太郎蔵相が総裁に就任するにとどまった。これ以降、内閣と陸軍は、企画庁が一九三七年一〇月に企画院へと改組されたのちも、その総裁を無任所相の専任にするか兼任大臣にするかで対立を続けていく。

2　「近衛新内閣ニ対スル軍ノ要望ト其ノ大綱」の提示

第一次近衛内閣が成立して間もない一九三七年六月一八日、日満財政経済研究会は陸相の杉山元を介して要望を伝達している。「近衛新内閣ニ対スル軍ノ要望ト其ノ大綱」[24]がそれであり、「行政機構改善案」には以下のように記されていた。

〔前略〕本計画ノ遂行ニハ一貫セル不動ノ国策ヲ前提トス其ノ強力ナル行政機構ノ樹立ヲ要スルヤ言ヲ俟タザル

所ナリ従ッテ国務院ヲ設ケ国務大臣ト各省長官トヲ分離スル等現行内閣制度ノ根本的改革ヲ始メ行政組織全般ノ再検討ハ必要ノ要請ナルモ之ガ急速ナル実現困難トセバ差当リ左ノ如キ応急対策ヲ以テ国策運行上支障ナカラシムルコトヲ要ス。

（イ）本計画ヲ中心トスル国策樹立遂行ノ綜合的指導機関トシテ現在ノ企画庁ヲ拡大強化シテ新ニ総務庁ヲ設置ス。〔以下略〕

傍線部①にみられる「国務院」を設置する案と、③の「総務庁」を設置する案は、前掲の「国策要綱」と同じである。ただし②をみる限り、「国務院」と「総務庁」の併存は必須としておらず、①の実現を重視し、それが困難ならば③へ転換してもよいとしている。本案の主軸は①にあるものの、「国策要綱」よりも幅をもたせた姿勢であることがわかるだろう。第一次近衛内閣は広田・林両内閣期の陸軍の要望をそのまま受け継いだわけではなかった。なお本案では、①よりも③のほうが実現度が高いという意識がみられるが、企画庁が設置されて一カ月ほどしか経ていない時期ということを考えると、③の早急な実現も困難といえる。事実、当面のあいだ、「企画庁」の「拡大強化」は林内閣同様、「総務庁」の設置ではなく、総裁を無任所相の専任とするか兼任大臣とするかに焦点化されていく。こうした経過を考えても、「分離」と「総務庁」の設置では、「分離」のほうに力点が置かれていることがうかがい知れる。

なおこの時期、親軍政党として一九三二年に結成された国民同盟も、「分離」を立案していた。『東京朝日新聞』一九三七年七月四日付は、「国民同盟辺りで考へてゐた国務院といふやうな各省大臣と離れた国務大臣の制度が将来必要ではないか」という近衛首相の意見を伝えている。(25)「国務院」が「事務的な仕事は各省に全部委して閣議としては国務大臣が始終政治の全体の方向進路を大局的立場から話合つて行く仕組」であるとのとらえ方は、日満財政経済研究会の記述より具体的である。また、すでに広田内閣期に立憲政友会（以下「政友会」と表記）が行政機構改革特別委員会を設け、「内閣をして各省の政策を統合し一元化する機能を発揮せしむるため国務大臣と各省行政長官とを分離す」る内閣制度改革案を検討していることから、[26]「分離」は閣外の諸勢力のあいだに広く浸透していたと考えてよい。

このように閣外で研究され、内閣への要望として上がってきていた〝国務院・総務庁〟構想に対し、広田内閣は消極的、林内閣では若干前向きな態度を示したにすぎず、[27]いずれの内閣でも議論は深まらなかった。その原因は、両内閣が「国務院」構想に関心を示さなかったことにくわえて、陸軍側が要望する「総務庁」案に国策決定を主導しようとする思惑があることを内閣側が感じとったからだと思われる。後者については、「総務庁」の総裁を専任とするか兼任大臣とするか、また総裁を閣議に参加させるか否かで態度を二転三転させる内閣の様子が、そのことをあらわしている。しかし第一次近衛内閣になると、「総務庁」の設置が改革の必須条件から外され、かつ近衛首相が「国務院」構想と通じる「分離」に関心を抱いたことで、改革が進展する可能性が高まった。では、改めて主要な政治課題に位置づけられた「分離」の導入に、第一次近衛内閣はどう対処していくのだろうか。

二　内閣制度改革論議の高まり

1　閣僚からの「分離」の提案

まず近衛首相の反応からみる。一九三七年七月三日に新聞記者団と会見を行ったさい、近衛は「閣議以外に首相として各大臣と会談する機会が少ないことを痛感してゐる、各省の事務が多いため各大臣はそれ〴〵の仕事に追はれてどの閣僚に対しても緩くり会つて全般の問題を話し合ふ機会が少ない」と語った。[28]したがって「国務院」構想は近衛にとっても理想の政治形態であり、「手をつけられ、ばつけたいと思つてゐる」と興味を示している。ただし、「分離」による閣僚の無任所相化はもとより、単に無任所相を設置することにも、「一つの案と思ふが、現在のやうに忙しい各省大臣のゐる中へ設置したところで現制度の欠陥を補ふことは疑問だと思ふ」と乗り気ではなかった[29]。

そのようななか、一九三七年八月一八日、有馬頼寧農相が近衛に対して「『内閣改造が出来れば可出来なければ無任所大臣制を設けて政府の弱点と見做さる丶方面を補強していはゆる戦時内閣を作れ』と進言した[30]」。ここでいう内閣改造とは、「無任所大臣制」よりも実現が難しい抜本的な内閣制度改革か、閣僚の総入れかえによる内閣の再編を意図したものであろう。いずれにしても有馬は首相の補佐機構を充実させることでの内閣機能強化を考えていた。

二〇日には馬場鍈一内相が「無任所大臣設置問題並に企画庁専任総裁問題に関し近衛首相と会見」している[31]。馬場が重視したのは、企画庁の総裁を、現在の広田外相の兼任から無任所相の専任にするか否かという問題であった。「国策綜合機関の長官は〔中略〕、直接行政事務を管掌しないから無任所大臣とし、事実上の副総理としても制度上無理がなからうと思考される[32]」という広田内閣期からの一貫した持論である。「分離」に関しては、「国務大臣は親任官として輔弼の重責に任ずるものだが省を担当しないことのためにたま〳〵輔弼の重責に横顔を向けることが可能である。即ち省務に対する輔弼の問題が憲法に規定された責任政治に背反せぬか」と否定的な意見をもっていたゆえ[33]、同じ無任所相の設置でも有馬と構想が通じているわけではない。

有馬や馬場の動きをみると、「分離」の導入が第一次近衛内閣の重要な政治課題であることに変わりはないが、「分離」の一点に絞られていたわけではないことがわかる。有馬の提案は、「分離」も辞さないという点で内閣・陸軍と共通している。馬場の提案は、「分離」に拒否反応を示す一方で、陸軍がこだわり続ける総合計画官庁を中心とした国策決定には前向きであった。第一次近衛内閣の発足に際して、陸軍が馬場の蔵相就任を要求している経緯や、組閣直後、近衛が「杉山〔元〕陸軍大臣と馬場が組んで、陸軍はどこまでも馬場を企画庁の総裁に推したいらしい」と語っていることを考えると、(34)馬場を企画庁総裁に据えることによって陸軍側が主導権を握ろうとの意図が読み取れる。したがって、今回の馬場の発言は、少なからず陸軍の意向が反映されたものと考えてよい。「総務庁」の新設か企画庁の拡充強化かはともかく、総合計画官庁を手中におさめることでの国策決定の主導という狙いが陸軍側にみられることに注目すべきであろう。

2　内閣参議の設置と風見章内閣書記官長の内閣制度改革案

馬場との会談後、「時勢が重大となつたから出来得る限り衆智を集め協力を求めることは必要であるがどういふ形とするかは今後十分考慮したい」と語っていた近衛首相も、(35)しばらくたって「全く考へてゐない」と態度を硬化するにいたった。(36)そのかわりに「臨時内閣参議官制」が一九三七年一〇月に設置され、(37)結果的に東条英機内閣期の一九四三年三月まで運用されていく。メンバーの変遷は表1（三四～三五頁）を参照されたい。

しかし閣内には、参議制に反対の声もあった。その一人が内閣書記官長・風見章である。風見は一九三七年一一月一八日、永井柳太郎逓相とともに近衛首相に対して「参議会対内閣大臣の関係背馳の傾向あり」と注意を喚起した。(38)「参議会」の活動が活発になり内閣の意思を左右するようになれば、国務大臣と対立する。そのことを警戒すべきという見解である。ほかにも、同時代の記述ではないが、「自分〔風見〕は元来参議制に反対で、馬場が参議会の幹事をやれと言ったのを断った位で、〔一二月二一日に〕馬場が死んでから已むを得ず幹事をやったが、参議会というのは茶飲み話の様なものだし、幹事もいい加減にやっていた」という趣旨の発言もある。(39)

参議の一人である宇垣一成も「余の意見としては、改造強調。参議は極少数に。戦局指導の大綱を示せ」との考えから、内閣改造の断行を強く主張した。参議制の運用だけでは内閣機能強化の措置としては不十分との認識がみられよう。しかし近衛は「改造は余の力では出来ぬ。挙国一致内閣とは名計り実は寄合世帯で色々の方面に気兼を要す」と、弱気の態度を変えなかった(40)。この態度を変えていくのが風見内閣書記官長である。

国立国会図書館憲政資料室所蔵「第一次内閣　内閣改造問題　風見翰長□〔ら〕の案」(41)は、風見などの手による内閣制度改革案である（以下「風見案」と表記）。日付はみあたらないが、風見案のなかの「内閣閣僚ハ　総理ヲ加ヘテ多クトモ七人トス、六人ナラバ最モ可ナルベシ」と同じ内容が、風見の「〔一九三七年〕十月下旬」の日記に「陸海両相を含みて多くとも六七人の閣僚にて少数巨頭内閣とする以外に途なかるべし」というかたちでみられるため(42)、おおよそこの時期のものと推定できる。

風見案には、「右〔閣僚による各省大臣の兼任〕ハ閣僚ソレゾレ事務ヲ分担スルノ意味ニアラズ内閣官制未改革ノ間カヽル形式ヲトルダケナリ、シタガツテ総理ハ外務司法兼任トスルモ同省ノ事務ニ責任ヲ負フベシトイフニアラズ」と記され、内閣官制の改正を行ったうえで「分離」を断行し、閣僚の無任所相化をはかろうという狙いが示されている。「閣議ニテ決定シタル方針ヲ各省長官ハ忠実ニ実行スルノ責ヲトルコトトス。長官制未完成ノ間ハ次官ソノ衝ニアタル」は、内閣官制が改正されるまで各省次官が長官の役割を担うことを意味するものである。前に掲げた「国策要綱」のなかの「各省ニハ別ニ行政長官ヲ置キ」と同じ趣旨であり、省庁の統廃合こそ提起していないが、広田・林内閣期の日満財政経済研究会案や陸軍案と共通する部分が多い。

しかし、「書記官長ノ下ニ政務官ヲ置ク。代議士タルヲ条件トセズ。ムシロ代議士以外ノ有能剛毅ノ人材ヲエラブ」や「政務官ニハ官僚ノ弊風ヲ打破スルタメノ一種ノ監察官タル役割ヲモ負ハシム。コノ組織ヲ全体化スル事ハ順次コレヲ工夫ス」にみられる政務官の任用が初出の構想である。従来の政務官は貴衆両院の議員のみが対象とされて

米内内閣			第2次近衛内閣				第3次近衛内閣		東条内閣	
1940. 1. 16～1940. 7. 22			1940. 7. 22～1941. 7. 18				1941. 7. 18～1941. 10. 18		1941. 10. 18～1944. 7. 22	
免官	任命	免官	任命	免官	任命	免官	任命	免官	任命	免官
→	→	→	→	1940. 8. 3	1940. 10. 3	→	→	→	→	1941. 10. 22
→	→	→	→	1940. 8. 3	1940. 10. 3	→	→	→	→	1941. 10. 22
→	→	→	→	1940. 8. 3						
1940. 1. 23										
1940. 1. 23										
→	→	→	→	1940. 8. 3	1940. 10. 3	→	→	→	→	1941. 10. 22
→	→	→	→	1940. 8. 3	1940. 10. 3	→	→	→	→	1941. 10. 22
1940. 1. 23										
→	→	1940. 6. 7			1940. 10. 3	1941. 7. 17				
					1940. 10. 3	→	→	→	→	1941. 10. 22
→	→	→	→	1940. 8. 3	1940. 10. 3	→	→	→	→	1941. 10. 22
					1940. 10. 3	→	→	→	→	1941. 10. 22
					1940. 10. 3	→	→	→	→	1941. 10. 22
					1940. 10. 3	→	→	→	→	1941. 10. 22
1940. 1. 16										
→	→	→	→	1940. 8. 3						
	1940. 2. 13	→	→	1940. 8. 3						
	1940. 2. 13	→	→	1940. 8. 3						
	1940. 2. 13	→	→	1940. 8. 3						
	1940. 2. 13	→	→	1940. 8. 3						

JACAR, アジア歴史資料センター)。
JACAR, アジア歴史資料センター)。
JACAR, アジア歴史資料センター)。

表1　内閣参議の任免の変遷

	第1次近衛内閣				平沼内閣		阿部内閣		
	1937. 6. 4～1939. 1. 5				1939. 1. 5～1939. 8. 30		1939. 8. 30～1940. 1. 16		
	任命	免官	任命	免官	任命	免官	任命	免官	任命
宇垣一成	1937. 10. 15	1938. 5. 27							
町田忠治	1937. 10. 15	→	→	→	→	→	→	→	→
安保清種	1937. 10. 15	→	→	→	→	→	→	→	→
荒木貞夫	1937. 10. 15	1938. 5. 27					1939. 12. 1	→	→
末次信正	1937. 10. 15	1937. 12. 14			1939. 1. 20	→	→	→	→
前田米蔵	1937. 10. 15	→	→	→	→	1939. 1. 6			
秋田清	1937. 10. 15	→	→	→	→	→	→	1939. 11. 30	
松岡洋右	1937. 10. 15	→	→	→	→	→	→	→	→
郷誠之助	1937. 10. 15	→	→	→	→	→	→	→	→
池田成彬	1937. 10. 15	1938. 5. 27			1939. 1. 20	→	→	→	→
松井石根			1938. 7. 20	→	→	→	→	→	→
大谷尊由			1938. 7. 20	→	→	（死去）			
久原房之助							1939. 12. 1	→	→
林銑十郎									
勝田主計							1939. 12. 1	→	→
安達謙蔵									
中島知久平									
大谷光瑞（鏡如）									
島田俊雄					1939. 1. 20	→	→	→	→
小泉又次郎							1939. 12. 1	→	→
広田弘毅									
中村良三									
望月圭介									
大井成元									

註　以下の史料をもとに作成。
国立公文書館所蔵「公文別録・親任官任免・明治二十二年～昭和二十二年・第七巻・昭和九年～昭和十二年」(Ref.　A03023492100,
国立公文書館所蔵「公文別録・親任官任免・明治二十二年～昭和二十二年・第八巻・昭和十三年～昭和十五年」(Ref.　A03023495900,
国立公文書館所蔵「公文別録・親任官任免・明治二十二年～昭和二十二年・第九巻・昭和十六年～昭和十八年」(Ref.　A03023525500,
・「任命」「免官」ともに，発令日を記載。
・就任中の内閣のもとで「辞職願」を提出し，次期の内閣で正式に辞職した場合，表の「免官」の欄には後者の年月日を記載している。

いるが、ここではそれ以外からの任用も許容としている点が重要である。(43)政務官に「監察官タル役割ヲモ負ハシム」ことで、「分離」を行ったあとに手薄となることが予想される省務を滞りなく遂行させようとの狙いがみてとれる。それればかりではない。第一次近衛内閣が成立して間もなく行われた政務官の人選において、風見は基本的に運用に賛成の態度をとった。しかしそのポストをめぐって「政界の謂ゆる大物達が陸軍の佐官級の将校等の機嫌をとるに常に汲々たる有様」には批判的で、「大臣、次官、軍務局長、軍務課長以外は相手にせずとの」態度を表明している。「政治は軍部を無視すべからざる実情なるも軍部の意向を特に重んずるが如きは、政治を知らざるものの言を聴きて政治する所以」というのが風見の姿勢であった。(44)この姿勢が風見案では、政務官を貴衆両院議員以外から任用することによって軍と政党の関係を断ち切ること、そして内閣が軍と交渉を必要とするときは交渉相手を上層部に限定し、毅然とした態度でのぞむという意気込みとなってあらわれている。

以上から、風見の考える政務官の運用には、陸軍や馬場内相による総合計画官庁を中心とした国策決定主導への対抗意識が認められる。風見案は〝陸軍と方向性を同じくする「分離」〟と〝陸軍の影響力を排除するための政務官の任用〟という二つの内容から構成されており、陸軍と共通する主張は立てつつ陸軍独自の主張は牽制する案と理解するのが正確である。

3　風見案をめぐる内閣と軍の対抗

一九三七年一一月中旬、風見内閣書記官長が「極秘に町尻〔基量〕陸軍省軍務局長に案〔風見案〕を語りしに、町尻少将たまたまこのことを親近の一朝日新聞記者に洩」らした。そのため、「内閣改造説たちまち流布」することになった。当時の『東京朝日新聞』および『大阪朝日新聞』の紙面に該当記事がみあたらないため、風見案は口伝いで広まっていった可能性が高い。その結果、「分離」に否定的な馬場内相が反対の意思を表明し、内閣改造に着手することが困難となった。[45]それまでは風見案に「陸海両相は賛成」しており、[46]一九三七年一一月一日には「内閣制度改革問題について」、風見が「陸海両相を訪問し種々協議を進めると共に陸海軍側の意向をも聴取」するなど、慎重ながらも改革断行へと進んでいた。[47]

では、町尻のリークをどう解釈すればよいか。陸海相と同様に風見案の実現をあと押しするつもりだったのか。それとも暴露することによって阻止を狙ったのか。

町尻に関しては、以前から元老・西園寺公望の私設秘書・原田熊雄が「やはり禍根は石原〔莞爾〕大佐で、陸軍省の町尻にしろ石本〔寅三〕にしろ田中〔新一〕にしろ、みんなあの辺の課長級はすべて石原のバックで動いてゐるやうに思ふ」と警戒感を抱き、[48]第一次近衛内閣に入っても「石原、町尻のことは能く其人物を陛下に内大臣から申上る様に。色々デマあり、注意を要する」としていた。[49]町尻にとって石原莞爾は、考え方や行動を同じくする存在であった。その石原の私的機関である日満財政経済研究会が杉山陸相を介して要望したのが、「近衛新内閣ニ対スル軍ノ要望ト其ノ大綱」である。これが「分離」を中心とする陸軍側の行政機構改革構想の根拠であったわけだが、一九三七年一一月中旬ごろになると、杉山は「あれは若い者の希望ばかりぢやあない。私もさう思つてゐる」としながらも、「それが結局自分が改造を督促したかの如く聞えたのかもしれないけれども、自分はいま決してすぐそんなことをしてもらひたいと思つてをるわけではないんだ」と語り、内閣改造に消極的な意見を口にしたのである。[50]ここにいたって石原や町尻は、行政機構改革に対する陸軍の姿勢に疑問を抱いたと考えられる。

一方、同じ時期に作成され、町尻が知るところとなった風見案は、陸軍案そのものではないが「分離」を取り入れていた。町尻としては、新しい政務官の導入に警戒感を抱きながらも、風見案はぜひ進めたい構想であったろう。同案を進めることで陸軍の改革意欲を高めるというのが、町尻の立場として考えられる行動である。ゆえに今回のリークは、改革を阻止しようとしたものではなく、軽率な行動という以上のものはないと考えてよい。

風見は、町尻のリークがもとで改造が頓挫したとしているが、それはあくまで直接のきっかけにすぎない。「大改造と内閣制度改革に関しては馬場内相始め閣僚中に種々の異論[51]」があったことや、風見案を「〔近衛〕首相容易に諾否を決せざりし[52]」状態にしたことが大きかったと思われる。しかしそれ以上に、風見案によって内閣側も「分離」を行政機構の理想形としていることが広く認知されたことを重視すべきではないか。陸軍省軍務局軍務課は一九三七年一〇月二二日、風見案の提示を受け、「大本営設置に伴ふ政治工作要綱に関する意見」という対案を作成している。そのなかでは、「国務大臣と行政長官との身分を分離」することにくわえて、「近衛新内閣ニ対スル軍ノ要望ト其ノ大綱」の狙いであった省庁の統廃合が示されていた[53]。内閣と陸軍は「分離」と少数閣僚制の導入という点で方向性を同じくしつつ、内閣は政務官の活用、陸軍は省庁の統廃合をそれぞれ盛り込むことで、改革の主導権をめぐり牽制しあうことになったのである[54]。

三　近衛首相の積極的な関与

1　近衛首相の改革意欲

その後一カ月ほどすると、杉山陸相が近衛首相に対して「企画庁〔院〕総裁やら色々漏洩のことを云ひ、改造を望」んでいる[55]。「所謂大臣の人数が多過ぎるから、兼摂でもして五六人に減らしてもらひたい」との内容であった[56]。かねてからの要望である企画院の総裁問題を進めるには、閣僚数が多く漏洩がはびこる現体制では無理との主張であろう。そこで杉山は、省庁を統廃合するか否かはともかく、風見案と「大本営設置に伴ふ政治工作要綱に関する意見」の共通部分である〝兼任による少数閣僚内閣〟を実現させ、風見案にはない企画院の専任総裁問題も同時に進めることで、陸軍主導の内閣を構築しようとしたのであった。

杉山の主張に近衛は、「とてもそれだけやる決断はつかないし、さらばといつてこのまゝで行くわけに行かない」と葛藤をみせ、さらには「もうちやうど大本営も出来、いよ〳〵これから第二作戦に入るその変り目に辞めるのがい丶のだけれども、自分には耐へられない」(57)や「挂冠を欲し、平沼〔騏一郎〕又は水野〔錬太郎のことと思われる〕でもと云ふ、大本営が出来好時機なりと云ふ」(58)と、大本営の設置を好機とする退陣までほのめかした。

しかし数日後、近衛は一転して「今の参議をみな閣僚にしてやり直すといふ風なこと――まあ言葉を換へていへば、万一大命再降下でもあれば、さういふことで出直してみたらどうか」と語っている。(59)改造に消極的であった近衛が心変わりしたのはなぜか。加藤陽子氏の検討(60)を参考にすれば、大本営への閣僚列席の準備を行うにあたり、「分離」を断行する勇気はないが、信頼のおけるメンバーで脇を固める閣僚のすげかえなら着手可能と判断したということになる。そしてすぐ、参議の一人である池田成彬に蔵相の就任を打診し、原田熊雄にも「側面的に、一つ池田氏に会つて説いてみてくれないか」と協力を頼んでいる。(61)

近衛が池田へ入閣要請をしてから約一週間後、原田が池田と面会し「二時間ばかりどうしても引受けるわけには行かないといふ事情をいろ〳〵話され」た。(62)その二日後には、近衛のもとに池田から直接「折角の話だけれども、どうしても大蔵大臣を引受けるわけに行かない」との連絡が入る。「対外関係から考へても、いま大蔵大臣が代ることは面白くない」というのと、「どうも責任をもつて自分が当る確信がない仕事を引受けることは自分の性格が許さない」というのが理由であった。(63)ただ池田は一方で、「〔大蔵省は〕とても何十年前からの同じ機構ではやつて行けず、仕事をもてあましてゐるのが実情である。どうしても経済省といふやうなものを新しく作らなければなるまい」と、大蔵省を改組する必要性も語っている。(64) 翌一九三八年一月の参議会でも池田は、「改造又は内閣機構改革等をなすに非んば〔対支政策に即応するのは〕困難なる旨を述べ(65)」、「経済省」の実現をふくみにした改革の必要性を示唆している。

2　近衛と風見の連携

しかし結局、池田の蔵相就任は実現せず、風見案も陸軍案も進まないまま年が改まり春をむかえた。春ごろ「首相は病気にてもあり、旁々内閣改造問題のために苦慮して十余日も登庁せざりし」状態であったが、(66) その改革断行の膠着化を木戸幸一文相が破った。木戸は一九三八年四月二二日ごろ、「結局外務大臣と陸軍大臣をどうしても代へなければ駄目だ。他に無任所大臣を置いて、まづ参議をすべて無任所大臣にしたり、各省大臣の三四人辞める者ができるから、そこに補充したりすればちやうどよくなつて来る」との行政機構改革構想を明らかにしている。(67) 参議中心の人事は、前に掲げた「今の参議をみな閣僚にしてやり直す」という近衛の意図を汲んだものと思われる。このころ近衛も「〔石原色を薄くするために、板垣に東条をつけ〕かうなつて陸軍の異動のある時に、広い意味の改造をやつてみたいと思ふ」と、陸軍の人事に留意したうえでの改革を提起していた。(68)「広い意味」を参議の閣僚昇格だけではない抜本的な改革と理解するなら、あれだけ態度の煮え切らなかった近衛が一歩ふみ出すことができたのはなぜか。

それは、前回同様、風見内閣書記官長の影響による。一九三八年五月、風見は日記に「政戦両略の一元化なくして政局の安定無し、事変の収拾亦不可能なり」や「政戦両略の一元化は内閣と軍部との一元的存在による外無し」、「茲に軍自体を統制し得る有力なる軍部大臣の、殊に陸軍大臣の選任は甚だ困難なり。寧ろ不可能と謂ふべし」という考えのもと、「内閣の改造を断行し、軍部大臣は暫らく軍部の推薦に俟ち、文官閣僚は平沼、池田〔若くは結城〕、宇垣等の三四閣僚に止め、所謂戦時内閣の体制を整ふるか」という具体的な人的配置を書きとめている[69]。兼任による少数閣僚制は風見案から一貫したものであるが、閣僚に平沼騏一郎枢密院議長をふくんでいるのが今回の特徴であろう。その平沼に対し近衛は、木戸を介して「無任所大臣設置」に関する意見を求めており[70]、ここから近衛と風見の連携が確認できる。

木戸が平沼と面会した一九三八年五月一〇日、平沼は「無任所大臣の設置については、設置其のものに就ては必しも賛成ならざるが如き語気にて、内閣に所謂伴食大臣のあることは伊藤〔博文〕公の時分からのことにて、結局真に国政に携はるのは二、三の大臣なるが、之は不得止こと」という見解を示した。「真に国政に携はる」大臣を確保するため、木戸は「池田氏を大蔵大臣にと勧めても中々難しいので、無任所大臣として入閣を求め、其れと同時に枢府議長も閣員に列せられては如何」と質問すると、平沼は「そう云ふ意味の無任所大臣は結構であらうと思ふ」と述べている[71]。ここでいう無任所相は、池田成彬を入閣させるための、かたちだけの役職という性格が強い。平沼は法制等と照らしあわせ、「分離」を実現させるための無任所相に難色を示しつつも、枢密院議長が無任所相として入閣するのは前例もあるゆえ[72]、可能との見解を示したのである。

3　近衛による内閣制度改革案

木戸と平沼が面会した翌日の五月一一日、近衛は木戸に「矢張り改造は中々困難なれば、一度は総辞職し、適当の人に組閣を為さしむるか、万一再降下の場合には充分陣容を立直すの要あるべし」と語った。それに対して木戸は、「先決問題は陸軍大臣なるが、此の方面を充分検討するの要あるべく、更に外相の後任は中々人なき為め困ることとなる故、之等の点を充分研究し置くの要あり」と応じている[73]。発言のなかで近衛は、総辞職後の選択肢を二つ用意しているが、翌一二日、原田に対して内閣制度改革構想（以下「近衛案」と表記）[74]を披露していることから、大命再降下をかなり現実的なものとして意識していた可能性が高い。なお、この構想にみられる閣僚構成は、風見が木戸と相談するために用意した案と同じであるゆえ、風見と相談したうえで練られたものと考えられる。

近衛案ではまず、「内務厚生二省の大臣に木戸」と、木戸の兼任が示される。続いて「農林大蔵商工の三省を兼ねた大臣に池田〔成彬〕」や、「拓務外務に宇垣〔一成〕を持つて来て、末次〔信正〕を文部にし、塩野〔季彦〕を司法に残して」としており、のちに池田と宇垣が三相会議・五相会議といった主要会議の構成員になることから、とくにこの二人の重用ぶりが大きかった。陸相人事については「結局杉山が辞めたら、板垣〔征四郎〕、東条〔英機〕といふコンビネーションで纏めたい」と語っている[76]。

もう一つ注目すべきは、近衛案に池田の名がみられる点であろう。近衛は池田の入閣を断念したわけではなかった。風見は五月二四日の日記に「参議会後池田成彬氏と翰長室に於て面会し、改造準備進捗の経過を説明す。首相が池田氏に面会して、正式にその奮起を促す以前の準備工作として也」と記しているが[77]、二日後には内閣改造が断行されているゆえ、実際には二四日の段階でおおむね入閣の合意がなされていたとみるべきである。

ここまでみる限り、近衛案は制度改革をともなう構想ではない。池田の入閣も、無任所相の設置をともなわずに実現する見通しである。では、近衛のいう「広い意味の改造」とは何を指すのか。それは、近衛案の別の部分である「行政長官はみんな次官がやり、国務大臣として後の八人が働くといふことでやらうか」にあり、陸軍からの要望および風見案と一致する部分でもあった。ただ、先の平沼による無任所相に対する見解は、設置を全否定するものではないが、きわめて消極的なものである。それをふまえたうえで近衛が「分離」を提案したのはなぜか。

端的にいえば、「分離」の可能性が多分に残されていたからである。一九三八年五月中旬の段階では、陸相人事の前途多難、池田の入閣に目途がついたことへの安堵、無任所相の設置に対する法制等の疑義、という三つの要素が存在した。近衛は原田との会見後も、自身が推す板垣ではなく、梅津美治郎が陸相に有力視されていることを憂慮し続けている。(78)池田の入閣に向けた動きは順調に進んでいるが、総じて閣僚人事は不安定な状態であった。他方で近衛は、憲法学者に対し、無任所相設置の可否に関する研究を委嘱していく。以上にあげた三つの要素すべてに問題がなければ、「分離」実現への障害がなくなる。陸相人事と池田入閣がうまく進み、無任所相に法制等の疑義が指摘されれば、「分離」ではなく、閣僚の入れかえによる内閣改造が選択されよう。閣僚人事・無任所相設置の両方とも問題があれば、組閣は断念される。このように、「分離」の実現には多くの困難がともなうが、実現の途が完全に断たれたわけでもない。近衛は自身の理想とする行政運営のかたちとして近衛案を構想し、以後も実現への希望を捨てず積極的に動いていくのである。

四　確実な制度内対応へ

1　「分離」案の再浮上

しかし結局、「分離」は導入されず、一九三八年五月二六日に内閣改造が断行された。広田弘毅外相・賀屋興宣蔵相・吉野信次商工相を免官とし、新たに宇垣一成外相・池田成彬蔵相兼商工相・荒木貞夫文相を任命したのである。文相と厚相を兼任していた木戸幸一は、専任の厚相となった。ほどなくして近衛は、「分離」の理念である強力かつ迅速な国策決定を行うため、インナーキャビネットを模した三相会議・四相会議・五相会議を設置する。しかし、それは「分離」の断行が保留ゆえの過渡的な対応にすぎなかった。かつ、この時点で、無任所相設置に対する法制等の疑義に決着がついていたわけでもない。

抜本的な行政機構改革が膠着状態にあるなか、『東京朝日新聞』(79)一九三八年七月二五日付は、依然として近衛首相が「分離」への興味をもっていることを報じている。「近衛首相が組閣当初立案した内閣制度の改革案の骨子は、内閣官制、各省官制を改革して、国務大臣と行政長官を制度的に分離せんとするに在」ったが、その「中断の形になつてゐた内閣制度改革を再び取り上げ」たことを伝えるものであった(80)。近衛の構想（以下「近衛案②」と表記）とは「数名の無任所大臣を創設」し、「この集合体を以て今日の五相会議の如く国策の根本方針を決定する機関たらしめ」る「無任所大臣会議」の設置を提起するものであった。これまでの陸軍や風見、近衛による「分離」案では、省務から解放された国務大臣がどのような働きをするかは検討されていなかったが、近衛案②では、首相と無任所相が「無任所大臣会議」を主催することによって、兼任大臣で構成される五相会議よりも国政の方向性を確定しやすくするという具体的な方法まで想定されている。

では、兼任大臣は無任所相とどう関係づけられるのか。この点については、「〔兼任大臣は〕制度上国務大臣に変りはなくその運用において所謂インナーキヤビネツトの実を挙げんとするもの」であるゆえ、「各省大臣と雖も特殊の問題や特殊の人物についてはこの無任所大臣会議に参加せしめ度い意向」とされた。しかし兼任大臣を「無任所大臣会議」にかかわらせるのでは、省益が優先され、国政一般に立った大所高所からの意見が出にくくなる恐れがある。そこで、「満洲国政府における総務庁の如きものを内閣に設置し各省の事務上の問題については所謂事務総理大臣とも目されるこの総務長官の手によつて統轄する」案が再浮上してくるのである。満州国の国務院総務庁を意識し、「総務庁」の長官が各省を統轄することで兼任大臣の負担を減らし、「無任所大臣会議」の実をあげようとするこの構想は、第一次近衛内閣組閣時の日満財政経済研究会案に立ち返ったかたちである。

2　「無任所大臣会議」構想の問題点

「分離」の目的の一つである〝省務から切り離された国務大臣による国策決定〟が近衛案②によって提起された背景には、無任所相設置に関する法制等の疑義が解消されたこと――結果としてそれは近衛の思い込みにすぎなかった――が大きい。一九三八年七月二五日ごろ作成の「内閣制度の根本改革、首相の意図」には、「憲法学者たる清水登〔澄〕、森口繁治両博士等にも委嘱してその〔各省割拠性を是正するための〕研究を開始した。その結果組閣当初困難視された無任所大臣制も事変来国務運用に基く実際上の欠陥、その後情勢の変化、並に学理上の疑義も解決し得るとの確信に至り、近衛首相は各省割居〔拠〕主義を排し三人位の少数無任所閣僚に依る国政の運用に妙味を発揮し国務の円滑なる進行を期するため現行制度の外特に無任大臣（ママ）制度設置を企図するに至つた」と記されている(81)。

一九三八年五月二六日の内閣改造で池田を入閣させ、近衛案の一部は実現をみたが、同案の中核ともいえる「分離」の断行は保留状態にあり、かわって三相会議・四相会議・五相会議が運用されていた。ただこの「五相会議乃至首相を中心とする関係閣僚会議、または池田蔵相の商相兼任、宇垣外相の拓相兼任等はその欠陥を除去するために便宜的手段としてやむを得ず採用してゐる方法である」(82)との消極的な評価がついてまわっていたゆえ、近衛は憲法学者の研究結果をふまえて近衛案②を構想したのであろう。無任所相の設置は問題がなく、具体的に「三人位」と設定されたことで、近衛案のなかで積み残されていた「分離」を断行する環境が整うことになった。

しかし、近衛案②が報じられて間もなく、新聞紙上でいくつかの反響があった。以下ではとくに、『東京日日新聞』に掲載された憲法学者・宮沢俊義の意見に注目したい。宮沢は清水澄らの憲法解釈への賛否には一切ふれず、無任所相の設置を前提に「無任所大臣会議」の運営がもたらすであろう課題を具体的に提起する。憲法解釈をめぐる水

かけ論を避け、内閣機能を強化するための生産的な議論を行おうとするのである。(83)

宮沢はまず、「幹部会議〔「無任所大臣会議」〕をもつて内閣に代へるといふならともかく内閣はいまのまゝ存続させておき、その内部にさういふ主要閣僚だけの会議を設けるとすれば、その幹部会議と内閣との関係が頗る困難なものになりはしないかと懸念される」と述べ、現状の内閣が存在する以上、効果は薄いと主張する。さらに、無任所相には各省への監督権がないゆえ、政策執行力が乏しくなるともみる。広田内閣以来の「総務庁」構想はこの問題を解決する方策の一つであり、『読売新聞』一九三八年七月三〇日付は「総務庁の如き強力なスタッフを掌中に握ること」が大事であると直接的に主張していた。(84) しかし宮沢は、「国務大臣に依然行政長官たる地位を与へつつ、おもひ切った省の廃合を断行し、その数をごく僅かなものにする方が妥当ではないかとおもはれる」との考えを示す。近衛案②の成否を分けるのは、新設の「無任所大臣会議」が既存の五相会議や各省とどう関連づけられるかにかかっているが、宮沢によれば、無任所相が各省を統制することはもちろん、兼任大臣と連携することも困難ということになろう。『大阪毎日新聞』一九三八年七月二六日付も「無任所大臣設置の暁はこれが綜合国策樹立の最高機関となるので五相会議、三相会議並に内政四相会議等の関係は互に抵触することも起るべく」(85)と危惧している。そのほか、前掲『読売新聞』七月三〇日付は、政治家間の意思疎通のみならず、各省の官僚を政治家が首尾よく統制できるかという点を不安視していた。

以上のように、無任所相の運用に関する問題点を指摘する各論説によって、政治家による国策決定と官僚による国策形成・執行の連結に未だ多くの課題が存在することが浮き彫りになった。いずれの見解を参考にしても、兼任大臣による少数閣僚制が現実的という結論に向かっていくのである。しかも「近衛首相は本問題については一、二閣僚と風見書記官長以外は全然相談してをらず」(86)、近衛案②が閣内の賛同を広く得ていたわけではなかった。これらの要素から、「無任所大臣会議」を実現にいたらせることは無理があったといわざるを得ない。

くわえて、参謀本部第一部第二課では、一九三八年七月二九日に「総動員指導権の確立に関する件」を作成している。[87] 中国との戦闘行為が激化の一途をたどる同年三月、「国防目的達成ノ為国ノ全力ヲ最モ有効ニ発揮セシムル様人的及物的資源ヲ統制運用スル」[88] ことを目的とする国家総動員法が制定されていた。参謀本部は今回、「速に総動員指導権を確立し企画院の機能を強化し以て総動員の実施をして合理且敏活ならしむるを要す」とし、具体的な方策として「企画院を強化運用し総理大臣のため真に国策幕僚機関たるの実を具有せしむ」、換言すれば「企画院の統轄力を強化し総理大臣との関係を一層緊密に」することと「企画院総裁を閣議に列せしむ」ることを目指そうとしたのである。近衛案②が実現してしまうと、「無任所大臣会議」が陸海軍を監督することになりかねない。その動きを牽制するために参謀本部は、企画院の拡充強化を進めることで国策決定の主導権を握ろうとしたのであろう。

3 「五相会議連絡委員会」と陸軍の対抗

結局、「無任所大臣会議」の設置は見送られ、一九三八年一〇月ごろに「五相会議連絡委員会」の設置が決定された。「近衛文麿関係文書6 Ⅱ」に収録の「五相会議連絡委員会（仮称）設置ニ関スル件」には、「五相会議ニ提出スヘキ議案ヲ研究調査シ且〔訂正線が付され「支那事変処理ノ為」とある〕五相会議決定事項ノ実施ヲ促進〔シ且必要ニ応シ五相会議ニ於テ議スヘキ議案ヲ研究調査―挿入〕スル為暫定的ニ関係各省ノ職員ヨリナル五相会議連絡委員会（仮称）ヲ速カニ設置ス」とあり、[89]「無任所大臣会議」からはトーンダウンした感は否めないが、国策決定を主導していこうという趣旨は受け継がれている。五相会議がトップダウンで国策を決定するのではなく、各省の自主性を引き出そうとする狙いもくわえられていた。五相会議による国策決定と「五相会議連絡委員会」による国策形成・執行の一体化は、「無任所大臣会議」と「総務庁」を連携させる構想と似ている。したがってこの時点で、現実的に考えて「無任所大臣会議」の設置はもちろん「三人位の少数無任所閣僚に依る国政の運用」も無理との判断が下ったと考えてよい。法制等の疑義を避けたこの現実的な選択が、近衛や風見の最終的な内閣機能強化策の落としどころであった。ただし、〝無任所相設置や「分離」と同等の効力を保障する〟および〝陸軍の影響力を排除する〟という二点が引き継がれていることは押さえておく必要がある。

しかしこの措置のあとにも、陸軍が対抗策を講じている。一一月に入り「十八日の定例閣議において永井〔柳太郎〕逓相から企画院の改組拡充を提議したこと」で、総裁問題が再浮上したのである。「同院の立案せる国策が単なる机上論に終らしめることなく現実化せしめ力を持たせるため総裁は無任所大臣となす必要あり、これには副総理級の人物をもつてすべしとの論が強」かった[90]。企画院総裁を無任所相とし、かつ副総理格の政治家を据えることによって、国策形成を主導する目的である。新聞は「いはゆる総務庁案の再燃がいまの企画院方面や軍部の意見であ」り、「企画院には予算査定権や予算施行の監察権を持たしめようとしてゐる」とみていた[91]。五相会議連絡委員会が各省との連携を強めることになると、陸軍が影響力をおよぼすための根拠である企画院の各省に対する影響力が弱体化することになる。「分離」の実現がほぼ不可能となったいま、陸軍にとって企画院の強化は、軍が国策決定の主導権を確保するために残された最後の手段であった。

以上、一九三八年五月の内閣改造後に「分離」の実現へとかなり近づいた時期があり、しかし内閣側の判断によって制度内の対応が選び取られる過程をみてきた。総辞職直前まで陸軍との対抗を繰り返した結果、互いの共通目的であったはずの「分離」すら議論を前に進めることができず、一九三九年一月、内閣は瓦解することになる。

おわりに

本章では、第一次近衛内閣期の「分離」の議論を丹念に追うことによって、〝政治力の乏しい第一次近衛内閣像〟を検討し直し、同内閣の新たな価値づけを試みた。

第一次近衛内閣の内閣制度改革論議は、陸軍が「近衛新内閣ニ対スル軍ノ要望ト其ノ大綱」を提示したことからはじまった。この提示によって、「分離」と総合計画官庁の拡充強化を一対の改革としてきた陸軍は、「分離」の実現を優先する態度へと転換したのである。近衛も「分離」に関心をもっていたゆえ、両者の利害は一致したかにみえる。しかし実際は、内閣・陸軍がそれぞれに想い描く「分離」のかたちを追求することで両者の溝は深まり、新たな対立関係を発生させていった。くわえて議論は、内閣と陸軍がそれぞれ、「分離」をいかに活用して主導権を握るか——内閣側は新しい規定にもとづく政務官の導入、陸軍側は総合計画官庁の拡充強化・専任総裁の任命——という各々の思惑を牽制するかたちで進んだため、何一つ成果があがらない状態が続いた。両者には「分離」の実現という共通目的があるにもかかわらず、対立のほうが意識されていったところに、完全な対立よりも複雑な利害関係をみることができる。

その結果、一九三七年一一月の風見案をきっかけとして、「分離」案はなりをひそめることになった。しかし実際のところ近衛は、風見との連携によって、組閣当初から抱いていた「分離」の実現を総辞職直前まで追い求めていったのである。風見案の提示後も議論が継続していくことを考えると、風見案により「分離」の挫折がもたらされたと解する先行研究の理解は正確でなく、むしろ風見案が陸軍側の態度を問いただし、議論を活発化させたととらえるべきであろう。前述した複雑な利害関係を、内閣は「分離」を実現するための原動力へと変えていったのである。その後、憲法学者への委嘱によって法制等の疑義が晴れたと確信した近衛首相は、「無任所大臣会議」の設置を提起する。そのときが、改革に最も勢いがついた瞬間であった。しかし、「無任所大臣会議」で目指された強力な国策決定は、既存の五相会議を国策形成・決定面で支える五相会議連絡委員会の設置という対応にかたちを変えるにとどまる。

以上の経過をふまえ、陸軍との対抗によって議論が活発化したがゆえにもたらされた影響を二点、指摘しておきたい。

一点目は、参議や大本営政府連絡会議、インナーキャビネットを模した五相会議などが、すべて「分離」の議論の途上で派生した機関だということである。第一次近衛内閣は、これらの過渡的な機関を次々と生み出すことで、国策決定過程を今まで以上に複雑にした。同内閣の政治力の乏しさは、各機関の位置づけを明確にする整理を怠り、各々を有機的に連携させることができなかった点はもちろん、「分離」の実現が可能か否かという揺らぎのなかで、これらの機関を生み出してしまった点にもみいだされるべきであろう。

二点目に重要なことは、「分離」の議論の盛り上がりと断念の仕方の相関関係である。広田内閣から林内閣にかけての「分離」の議論は、陸軍側の要求に押され、内閣が重い腰を上げて改革の俎上に載せるという消極的なものであった。しかし第一次近衛内閣は、陸軍の要求に正面から向き合った。陸軍と対抗することで「分離」断行への意欲を強め、長期間、その意欲を持続させることができたのである。その分、陸軍側に屈するかたちではなく、内閣自身による判断で「分離」を断念した影響は大きい。内閣による自主的な断念によって、以後の首相および内閣は主体的に「分離」を導入しようとする態度がみせづらくなると考えられるからである。

ただし「分離」の研究自体は、第一次近衛内閣以後も閣外を中心に継続的に進められていった。では、第一次近衛内閣以後の内閣は「分離」などの内閣機能強化策にどのような対応をみせていくのか。次章でみていきたい。

註

（1）国立公文書館所蔵「内閣審議会官制・御署名原本・昭和十年・勅令第一一八号」（KS―〇〇〇―〇〇、御一九六三四一〇〇、リール番号〇〇五一〇〇、開始コマ番号〇四八三）。

（2）国立公文書館所蔵「御署名原本・昭和十年・勅令第一一九号・内閣調査局官制」（Ref. A〇三〇二一九八八七〇〇、JACAR、アジア歴史資料センター）。

（3）池田順「ファシズム期の国家機構再編―広田内閣期を中心に―」（『日本史研究』第二八八号、一九八六年八月、のち加筆され前掲『日本ファシズム体制史論』に収録）や手嶋泰伸「二・二六事件後の陸海軍関係」（『年報 近現代史研究』第六号、二〇一四年）の「第二章 軍部の議会制度改革論とその反響」などを参照。

（4）政策の決定から執行までの円滑な行政運営を目的とする「総合国策機関」の設置に関しては、井出嘉憲『日本官僚制と行政文化―日本行政国家論序説―』（東京大学出版会、一九八二年）、前掲、古川隆久『昭和戦中期の総合国策機関』、前掲、御厨貴『政策の総合と権力―日本政治の戦前と戦後―』、前掲、池田順『日本ファシズム体制史論』、前掲、村井哲也『戦後政治体制の起源――吉田茂の「官邸主導」』らの手厚い研究がある。

（5）前掲「御署名原本・明治二十二年・勅令第百三十五号・内閣官制」。

（6）一八八八年、伊藤博文に特旨が下されて以降、大木喬任、黒田清隆、西園寺公望が枢密院議長の就任と同時に無任所相に任用されている。一九三〇年には、軍部の「統帥権独立」の主張を受け入れるため、陸軍次官の阿部信行中将が任じられている（古屋哲夫「翼賛体制と対米英開戦―第七六回帝国議会～第八〇回帝国議会―」の「無任所大臣の変遷」と題するコラム、内田健三・金原左門・古屋哲夫編『日本議会史録3』第一法規出版、一九九一年、三八六頁）。

（7）前掲、加藤陽子「昭和一二年における政治力統合強化構想の展開―大本営設置と内閣制度改革―」、前掲、池田順「ファシズム期の国家機構再編―広田内閣期を中心に―」、同「日中全面戦争下の国家機構再編（Ⅰ）（Ⅱ）」（『政治経済史学』第二六五、二六六号、一九八八年五、六月）、いずれものち加筆され前掲『日本ファシズム体制史論』に収録。

（8）前掲、山口浩志「昭和研究会と近衛内閣の政治改革―内閣強化から国民組織へ―（Ⅱ）～（Ⅳ）」のとくに（Ⅱ）。

（9）古川隆久『近衛文麿〈人物叢書・新装版〉』（吉川弘文館、二〇一五年）六九、七〇頁では、近衛が首相就任のかなり前から「分離」案を提起していたことが指摘されている。
（10）北河賢三・望月雅士・鬼嶋淳編『風見章日記・関係資料　1936―1947』（みすず書房、二〇〇八年）一九三七年一〇月下旬、三三頁。
（11）前掲、池田順『日本ファシズム体制史論』の「第一編　ファシズム期の国家機構再編」の「第一章　「庶政一新」下の国家機構再編」「第二章　日中全面戦争下の国家機構再編」（それぞれの初出は前掲「ファシズム期の国家機構再編―広田内閣期を中心に―」「日中全面戦争下の国家機構再編（Ⅰ）（Ⅱ）」）。「　」は同書の三九頁。改革案が提起される政治的背景は、御厨貴「国策統合機関設置問題の史的展開―企画院創設にいたる政治力学―」（近代日本研究会編『年報 近代日本研究 一―昭和期の軍部―』山川出版社、一九七九年、のち前掲『政策の総合と権力―日本政治の戦前と戦後―』に収録）や前掲、手嶋泰伸「二・二六事件後の陸海軍関係」五～七頁。
（12）前掲、池田順「日中全面戦争下の国家機構再編（Ⅰ）」四頁。
（13）原田熊雄述・近衛泰子筆記・里見弴など補訂『西園寺公と政局　第五巻』（岩波書店、一九五一年）一九三七年二月八日、二五二、二五三頁。
（14）「国策要綱」に関する史料の引用は、日本近代史料研究会編『日満財政経済研究会資料　第一巻〈日本近代史料叢書A―2〉』（日本近代史料研究会、一九七〇年）三二三頁。
（15）国務院総務庁に関しては、前掲、古川隆久『昭和戦中期の総合国策機関』四二、四三頁にくわしい。
（16）山崎志郎『物資動員計画と共栄圏構想の形成』（日本経済評論社、二〇一二年）五三～五五頁では、経済面の総動員体制を構築するという観点から、日満財政経済研究会による「国務院」「総務庁」案が紹介されている。
（17）以上は『東京日日新聞』一九三七年三月一一日付、三面、「トピック解剖〝総務庁〟機構」。
（18）前掲『西園寺公と政局　第五巻』一九三七年二月八日、二五二、二五三頁。
（19）『大阪朝日新聞』一九三七年三月一一日付、一面、「国策統合機関　総務庁案を変改し調査局の機構を拡充」。
（20）同右。
（21）『東京日日新聞』一九三七年三月一一日付、三面、「トピック解剖〝総務庁〟機構」。

(22) 同右。
(23) 『大阪毎日新聞』一九三七年四月二一日付、一面、「企画庁案　そつは無いが迫力に乏しい」。
(24) 以下の史料の引用は、前掲『日満財政経済研究会資料　第一巻〈日本近代史料叢書A―2〉』三三三、三三四頁。
(25) 二面、「首相・信念を披瀝」。
(26) 『大阪朝日新聞』一九三六年一〇月六日付、二面、「各省行政長官と国務大臣を分離」。
(27) 『東京日日新聞』一九三七年三月一一日付、三面、「トピック解剖〝総務庁〟機構」には、「林首相としては一歩後退して調査局の現機構を改組しただけで、お茶を濁しさうだが、それにしてもこの機関を廣田内閣のやうに開店休業とせず、大いに活用して首相のブレーン・トラストとしようといふことだけは廣田内閣に比し前進といへばいへよう」との論評がある。
(28) 『東京朝日新聞』一九三七年七月四日付、二面、「首相・信念を披瀝」。
(29) 同右。
(30) 『大阪朝日新聞』一九三七年一〇月一一日付、一面、「生れ出る〝内閣参議制〟」のなかの、当時の状況に関する記述。
(31) 『東京朝日新聞』一九三七年八月二一日付、二面、「無任所大臣設置問題」。
(32) 『大阪毎日新聞』一九三六年一一月三〇日付、一面、「国策綜合機関　官民を総動員した〝経済参謀本部〟たれ」。
(33) 『読売新聞』一九三八年七月二九日付、二面、「内閣制度改革の方向　事務長官と分離し国務院風の寡頭制へ」。
(34) 原田熊雄述・近衛泰子筆記・里見弴など補訂『西園寺公と政局　第六巻』（岩波書店、一九五一年）一九三七年六月ごろ、九頁。前掲、池田順「日中全面戦争下の国家機構再編（Ⅰ）」三、四頁でもふれられる。
(35) 『大阪毎日新聞』一九三七年八月二一日付、夕刊一面、「近衛首相時局を語る」。
(36) 『大阪毎日新聞』一九三七年九月一一日付、二面、「〝現下の最大目標は戦争に勝つ事だ〟近衛首相所信を語る」。
(37) 前掲、加藤陽子「昭和一二年における政治力統合強化構想の展開―大本営設置と内閣制度改革―」や前掲、池田順「日中全面戦争下の国家機構再編（Ⅰ）」にくわしい。
(38) 小山完吾『小山完吾日記―五・一五事件から太平洋戦争まで―』（慶応通信、一九五五年）一九三七年一一月一八日条、一九二、一九三頁。
(39) 矢部貞治『近衛文麿』（読売新聞社、一九七六年）三五四頁。

(40) 宇垣一成著、角田順校訂『宇垣一成日記2　昭和六年六月―昭和一四年二月』（みすず書房、一九七〇年）一九三七年一〇月七日条、一一九〇頁。
(41) 国立国会図書館憲政資料室所蔵「近衛文麿関係文書5　Ⅱ」（R五、憲政、K八、二―五）。
(42) 前掲『風見章日記・関係資料　1936―1947』一九三七年一〇月下旬、三三頁。
(43) 山口浩志氏は同一の史料を用い、昭和研究会等による「参政官制度」の構想と比較しながら風見の意図を論じている（前掲「昭和研究会と近衛内閣の政治改革―内閣強化から国民組織へ―（Ⅰ）」一五～一九頁）。「分離」との直接的な関連性は見受けられないが、内閣機能強化策という観点から注目すべき検討であろう。
(44) 前掲『風見章日記・関係資料　1936―1947』一九三七年六月中旬、五七頁。
(45) 同右、一九三七年一〇月下旬、三三頁。
(46) 同右。
(47) 『東京朝日新聞』一九三七年一一月二日付、夕刊一面、「内閣改造に慎重」。
(48) 前掲『西園寺公と政局　第五巻』一九三七年二月ごろ、二五七頁。
(49) 原田熊雄述・近衛泰子筆記・里見弴など補訂『西園寺公と政局　別巻』（岩波書店、一九五六年）一九三七年八月一三日条、二七六頁。
(50) 前掲『西園寺公と政局　第六巻』一九三七年一一月一六日、一四七頁。
(51) 『東京朝日新聞』一九三七年一一月二日付、夕刊一面、「内閣改造に慎重」。
(52) 前掲、『風見章日記・関係資料　1936―1947』一九三七年一〇月下旬、三三頁。
(53) 稲葉正夫解説『現代史資料三七―大本営―』（みすず書房、一九七七年）三三九、三四〇頁。この史料については、すでに加藤陽子氏や池田順氏が分析している（前掲、加藤陽子「昭和一二年における政治力統合強化構想の展開―大本営設置と内閣制度改革―」二六～二八頁、前掲、池田順「日中全面戦争下の国家機構再編（Ⅰ）」一九、二〇頁）。
(54) 加藤氏は両案を「実現可能性」の差としている（前掲、加藤陽子「昭和一二年における政治力統合強化構想の展開―大本営設置と内閣制度改革―」二八頁）。
(55) 前掲『西園寺公と政局　別巻』一九三七年一一月一六日条、二八四頁。

(56) 前掲『西園寺公と政局　第六巻』一九三七年一一月ごろ、一四三頁。
(57) 同右。
(58) 前掲『西園寺公と政局　別巻』一九三七年一一月一六日条、二八四頁。
(59) 前掲『西園寺公と政局　第六巻』一九三七年一一月ごろ、一五三頁。
(60) 前掲、加藤陽子「昭和一二年における政治力統合強化構想の展開―大本営設置と内閣制度改革―」の、とくに「第二章　内閣参議制」「第三節　大本営設置と内閣制度改革」。
(61) 前掲『西園寺公と政局　第六巻』一九三七年一一月ごろ、一五五頁。
(62) 同右、一六一頁。
(63) 同右、一六四頁。
(64) 同右、一六五頁。註(63)とともに、池田の話は『　』で引用されている。
(65) 小川平吉文書研究会編『小川平吉関係文書1』(みすず書房、一九七三年)一九三八年一月一五日条、三六一頁。
(66) 前掲『風見章日記・関係資料　1936―1947』一九三八年四月二日条、三九頁。
(67) 前掲『西園寺公と政局　第六巻』一九三八年四月ごろ、二九五頁。
(68) 同右、三〇五頁。
(69) 前掲『風見章日記・関係資料　1936―1947』一九三八年五月、六五、六六頁。
(70) 木戸幸一著、木戸日記研究会校訂『木戸幸一日記　下巻』(東京大学出版会、一九六六年)一九三八年五月三日条、六四〇頁。
(71) 同右、一九三八年五月一〇日条、六四二頁。
(72) 註(6)を参照。
(73) 前掲『木戸幸一日記　下巻』一九三八年五月一一日条、六四二、六四三頁。
(74) 前掲『西園寺公と政局　第六巻』一九三八年五月一二日、三一八頁。近衛案の引用も同じ部分から。
(75) 前掲『木戸幸一日記　下巻』一九三八年五月一二日条、六四三頁。
(76) 前掲『西園寺公と政局　第六巻』一九三八年五月一二日、三一八頁。
(77) 前掲『風見章日記・関係資料　1936―1947』一九三八年五月二四日条、四二頁。

(78) 前掲『西園寺公と政局　第六巻』一九三八年五月一三日、一四日、三一九、三二〇頁。
(79) 以上の「　」は、二面、「数名の無任所相創設　国策決定の機関とす」。
(80) この点にはすでに前掲、古川隆久『昭和戦中期の総合国策機関』九一頁が注目しているが、具体的な内容までは検討されていない。
(81) 国立国会図書館憲政資料室所蔵「近衛文麿関係文書8　Ⅱ」（R八、憲政、K八、一―八）に収録。
(82) 『大阪毎日新聞』一九三八年七月二五日付、二面、「内外重要対策・首相の腹案」。
(83) 宮沢の見解および以下の引用は、『東京日日新聞』一九三八年七月二八、二九日付、二面、「内閣制度の改革2、3」。宮沢は、無任所相設置問題の所在を「枢密院方面に多少の異論があるといふ。それは枢密院における国務大臣の表決権と関連すると察せられる」としている。
(84) 『読売新聞』一九三八年七月三〇日付、二面、「内閣制度改革の方向　事務長官と分離し国務院風の寡頭制へ」。
(85) 『大阪毎日新聞』一九三八年七月二六日付、夕刊一面、「再燃の無任所大臣　問題は人選如何」。
(86) 同右。
(87) 「速に～」以下の引用は、臼井勝美・稲葉正夫編『現代史資料九―日中戦争二―』（みすず書房、一九六四年）二六七頁。
(88) 国立公文書館所蔵「御署名原本・昭和十三年・法律第五五号・国家総動員法制定軍需工業動員法及昭和十二年法律第八十八号（軍需工業動員法ノ適用ニ関スル件）廃止（勅令第三百十五号参看）」（Ｒｅｆ．Ａ〇三〇二二一六四五〇〇、ＪＡＣＡＲ、アジア歴史資料センター）。
(89) 国立国会図書館憲政資料室所蔵「近衛文麿関係文書6　Ⅱ」（R六、憲政、K八、一―六）。
(90) 『東京日日新聞』一九三八年一一月二六日付、一面、「企画院・真の国策参謀本部へ　四大部門に調整改組」。
(91) 『読売新聞』一九三八年一一月三〇日付、二面、「総力戦への展望1」。

第二章　平沼騏一郎内閣以後の内閣機能強化論議

はじめに

本章では、第一次近衛文麿内閣以後、具体的には平沼騏一郎～第三次近衛内閣期（一九三九年一月五日～一九四一年一〇月一八日）の内閣制度改革論議を、「分離」および無任所相の導入、さらに内閣参議制の運用を比較しながら検討する。前章では強化策が徹底されない原因として法制等の問題が鍵であったことを確認したが、それにくわえて、本章で対象とする時期には指導者自らが各策を否定的にとらえていくなどの複合的な要素が作用したことを示したい。日中戦争の勃発以降、首相の権限強化や内閣の機能強化を実現することでの強力な戦時体制化が求められ、前章でみたように、第一次近衛内閣では「分離」をめぐる活発な内閣制度改革論議が行われた。結果的に抜本的な改革の断行にはいたらなかったものの、それ以降も内閣機能強化策は検討されていく。

ただし、第一次近衛内閣以後の内閣機能強化をあつかった研究が進んでいるとはいえない。多くは米内光政内閣以降の新体制運動から大政翼賛会設置にかけての政治過程分析が中心であり、既成政党が解党したあとの新政権構想のなかで強化策が紹介される程度である。代表的な研究として、赤木須留喜氏、雨宮昭一氏、伊藤隆氏、菅谷幸浩氏、山口浩志氏の各論考があげられよう。(1) 逆にいえば、新体制を推進する側ではない政権を担当している側が、行政運営をいかに強化しようとしたのかという点は限定的にしか取り上げられず、研究の空白となっている。新体制運動が盛り上がる前の平沼・阿部内閣期にいたっては、研究の対象にさえなっていない。

しかし実際、平沼〜第三次近衛内閣にかけては、戦時期のなかで数多くの強化策が検討され、しかも各案が交錯しあう時期であった。確かに、第一次近衛内閣期に「分離」の限界が示されたことで、のちの内閣は大胆な改革に及び腰となり、首相自身が先頭に立って議論を牽引することはなくなる。しかし無任所相の設置や「分離」といった議論は閣内外の機関において継続検討されていくし、阿部信行内閣が採用した少数閣僚制はこれまでにない強化策が断行された数少ない例である。さらに本章で着目したいのは、第一次近衛内閣期にブレーン機関として設置された内閣参議制のそのあとの動向である。日中戦争の処理にあたる職として設置されたこの制度は[2]、東条英機内閣の成立まで運用された。前章の表1に示した通り、各内閣では多方面から多くのメンバーが就任したのであるが、平沼内閣以降の活動実態の大部分が不明である[3]。近衛新党運動・新体制運動を推進する側・政権側をとわず、「分離」・無任所相・参議制の関連性に着目しながら平沼〜第三次近衛内閣期を一続きでみることによって、この時期の新たな政治的な特徴が得られるのではないか。

とくに、内閣機能強化策が憲法や内閣官制の規定に抵触するという恐れを、当事者がどの程度認識していたかという点を論点としたい。加藤陽子氏は、明治憲法第五五条の国務大臣単独輔弼責任制にしたがえば、強化策は首相のもとに幕僚的な官庁機構を整備することと、他閣僚に対する首相の権限を強めるという対応が考えられると指摘した。その関連で、「分離」は内閣官制の改正を必要とするが、各省長官に対する首相の指示権はその必要がないという考え方を示している[4]。この理解に立てば、第一次近衛内閣以降も継続的に研究されていった「分離」が、阿部内閣期に成立した「内閣総理大臣ハ関係各庁ニ対シ国家総動員法ノ施行ニ関スル事項ニ付統轄上必要ナル指示ヲ為スコトヲ得」などを定めた「国家総動員法等ノ施行ノ統轄ニ関スル件[5]」にとってかわっていくことへの説明がつく。では、米内内閣以降にも「分離」が精力的に研究されていくことをどう説明すればよいのだろうか。

首相の権限強化策と、それが法制等に抵触するか否かに関しては、増田知子氏が、一九三〇～四〇年代にかけてあらわれた「分離」や無任所相の設置、「国家総動員法等ノ施行ノ統轄ニ関スル件」の議論を、同時代の知識人の言説を手がかりに分析している。(6) その結果、法制等の面もさることながら、独裁的首相の実現を自ら規制する動きがあったことを導き出した。ただ、知識人の見解が当時の政権にどのくらい影響を与えたかが不明確である。また「分離」や省庁の統廃合を取り上げるのであれば、阿部内閣期の少数閣僚制の意義にもふれるべきであろう。首相の機能を強化する取り組みはほかに多くあるにもかかわらず、種々の強化策を関連づけて論じていない点に、研究の積み残しが認められる。

次に参議制を検討対象にふくめる意義を述べたい。池田順氏は、同制度が「準政府的のもの」になることを懸念する宇垣一成の意見を紹介し、責任内閣制に抵触するという認識が存在していたことを指摘している。(7) 加藤陽子氏も、参議制が枢密院とは異なり、参議自らが発言し得る機関という特徴にふれ、ゆえに責任内閣制に反すると陸相が批判したことを紹介した。(8) では、どうして参議制は長期にわたり継続運用されていくのか。第一次近衛内閣期には内閣制度改革の先駆けと位置づけられたものの、(9) その後は「もはや、参議の機能は、内閣安定のため、政党や諸勢力代表者に分け与えるべきポストとして問題になっているにすぎない」(10)や、有名無実のまま推移し内閣顧問制に継承されたという評価が大半を占めている。(11) であるならば、なおのこと参議制存続の理由が追究されねばならない。松浦正孝氏は第一次近衛内閣期の参議制を、池田成彬を中心とする経済政策面で高く評価するが、(12) 以後の内閣も同様の観点から活用していくのだろうか。先行研究は、第一次近衛内閣以後の参議制に関してはほとんど分析しておらず、各勢力の〝猟官の具〟という利用価値だけで何代もの内閣に残されたのかを判断する根拠に乏しい。参議の存続時期と内閣機能強化論議の盛り上がった時期は重なり、これらにはすべて〝首相の補佐を行うことでの政策決定力の強化〟という共通の目的があるゆえ、互いがなんらかのかたちで影響しあっていたのかも追究されるべきである。かりに各措置が関連しあっていないことが示せれば、それはそれで内閣機能強化策の可能性が確実に狭められていく過程として意義をもつ成果になると考える。

このように、平沼～第三次近衛内閣に「分離」や参議制といった内閣機能強化の動きが集中しているにもかかわらず、研究は未だ不十分な状態である。各内閣期の強化策のあつかわれ方や相互の関連を整理することにより、中国との戦闘にくわえて東南アジアや太平洋へと戦線が拡大していく時期に内閣が何を課題とし、どのような手段で閣内をまとめ上げようとしたのかを明らかにする必要があろう。そこで本章では、平沼～第三次近衛内閣期の内閣制度改革論議を通してみることで、なぜ種々の案が検討されながらも断行にいたらなかったのかを検討したい。当然考えられる法制等の問題のほかに、実現を阻む要素が提示できれば、アジア・太平洋戦争の開戦前には、すでに強力な戦争指導体制の構築がかなりの度合いで困難な状態にあった根拠となる。ひいては、内閣機能強化策の限界という観点から、戦争の長期化の原因を補強することにつながると考える。

一　平沼騏一郎内閣期の内閣機能強化に関する動き

1　内閣制度改革の可能性

平沼騏一郎内閣（一九三九年一月五日～八月三〇日）における内閣制度改革の可能性について、昭和研究会に深くかかわった矢部貞治は組閣直後、「平沼首相の車中談によると「革新」は一切やらぬといふに帰着する。官吏制度も手を触れず、専ら運用の妙に俟つといふらしい(13)」と書きとめている。現状の行政機構をそのまま活用するという方向性を示すものであり、平沼内閣が大がかりな改革を行う意思の薄い様子がうかがえる。また海軍省軍務局では一九三九年三月二五日、「貿易政策ヲ一元的ニ且強力ニ実施スルコトヲ得(14)」という見解に関連して、「省ノ数少ナキトキハ全体ノ事務ヲ敏活ニ処理シ易キ訳ナリ、然レドモ国力ノ発展ニ伴ヒ事務増加シ且複雑多岐トナルハ当然ナルヲ以テ省ノ数ガ激増スルハ已ムヲ得ザル所(15)」という意見が出されている。省が少ないほうが迅速な事務処理が可能との考えが読み取れよう。現実は増加傾向にあるものの、省数を減らすのではなく「事務ノ敏活ハ五相会議ノ如キモノノ運用ニ依リ解決シ得ベシ(16)」という現状維持の方針がやはり選ばれている。

　ただし平沼内閣は、大がかりな改革を否定する一方で、組閣当初に「今後必要に応じて前記関係五相会議を開催し対支処理に関し協議するも原則として前内閣のごときインナーキヤビネツト制は採らぬことを」表明していた。「これ〔五相会議〕に代るべき国防会議とも称すべきものを開催し前記五相のほか統帥府の武官をも加へて実質上この会議において対支問題を協議決定したい意向」と、具体案も示している(17)。五相会議に関しては、同じ時期、西園寺公望の私設秘書である原田熊雄が「「五相会議の決定と、会議に出た五省の大臣と次官との連絡が各〻よく行つてゐないと、またおんなじやうな失敗を繰返しやあせんか」と言つたところが、次官も「それはよく注意して連絡をとるつもりだ」と言つてをつた(18)」と述べ、平沼とは違う観点から問題点を指摘していた。

　以上から平沼内閣は、制度変革をともなう大々的な行政機構改革には消極的であったが、五相会議の運営形態を改める程度の変更は念頭に置いていた。周囲からも、現在の行政機構の運用面の改善だけで、行政運営の円滑化をはかることができるのかという点に不安を指摘する声も上がっていた。しかし結局、明確な方向性を定めることができないまま、行政運営は進んでいったのである。こうした現状を反映してか、出所は明確でないが「議題案（国民組織問題）」という史料の「問題の取扱方法(1)政治性に重点を置く場合」において「八相案（内務省中心主義）」が案出されている。ここでは省庁の統廃合をともなうであろう行政府の機能強化が提起されている[19]。同じ時期、矢部貞治も大学の「講義で、内政改革の問題を論じ」ている。それは「強力内閣の下で興亜院と企画院と強力な書記局の三位一体論」というものであった[20]。

2　無任所相の運用と問題点

行政機構の改革よりも簡便に対応できる内閣機能強化策が、ブレーンの設置である。各省長官を兼任しない無任所相の設置は組閣当初から検討されており、その候補にあげられたのが、前首相で枢密院議長の近衛文麿であった。一九三九年一月四日、平沼内閣に内相として入閣する木戸幸一は、平沼内閣への入閣をどうするかという近衛からの相談に対して、「拓相の如き地位につかる、よりは寧ろ枢密院議長として特旨を以て国務大臣として閣議に列する方が可なること判明したる」と考えるにいたった[21]。拓相ではなく無任所相として入閣するほうが、国家意思決定の中枢に関与できると考えていることがわかるだろう。立憲民政党（以下「民政党」と表記）所属の斎藤隆夫が「近衛公枢府議長、無任所大臣と為る。強力内閣の前途如何[22]」との感想を抱いているのも、近衛の無任所相就任によって内閣の政策決定力が強化される可能性を認識しているからだと思われる。

ただし、近衛を無任所相として入閣させようと動いたのが陸軍だったことにも留意しなければならない。矢部貞治は一九三九年一月六日の日記に「近衛公は陸軍の要望で、結局無任所大臣となった[23]」としているし、真崎甚三郎も「柳川〔平助―陸軍皇道派、当時は興亜院の総務長官〕ノ陸軍ノフアツシヨ組ガ近衛ノ無任所大臣ヲ迫リシコト等ガ主ナル話題ナリシ[24]」と書きとめている。「〔板垣征四郎〕陸相が〔中略〕就任方を強く懇請するので、汪工作〔汪兆銘を首班とする南京政府を介しての、蔣介石の重慶政府との和平工作〕との関係もあって〔近衛が無任所相の就任を〕結局承諾した」[25]とする記述や、元政友会所属の帝国議会議員であった小川平吉が「〔第一次近衛内閣総辞職に対し近衛に〕尚無任所大臣ならば入閣して可ならんかと進言」[26]したこともあり、近衛は就任することになった。板垣や柳川、小川といった陸軍およびそれに近い面々が近衛に無任所相就任をすすめているのは、彼らに有利な方向へ政策を誘導する狙いがあるのだろう。当時、議論されていた日独伊防共協定の対象国にイギリスやフランスをふくめるという主張など、陸軍の目指す路線は周知の通りである。その主張を、議論という方法とは別に、政策決定のあり方そのものに手をつけることで実現させようとする行動は注目に値する。

では、海軍は無任所相の役割をどのように考えていたのだろうか。「無任所大臣問題」[27]——作成時期や執筆者は不明だが、昭和研究会が出所で海軍の便箋であるため、海軍関係者の意見と考えられる——のなかでは「国務院長官ヲ無任所大臣若ハ他ノ国務大臣ヲシテ兼ネシムルモノ」という項目が立てられ、「本案ノ利トスル点ハ立案ノ当局者ヲシテ閣議ニ於テ強ク主張セシムルニアリ」との意見が述べられている。すなわち、「〔各省の〕連繋調節ヲ適当ナラシムルコトハ首相ノ最重要ナル職掌ニシテ之等ニ関スル調査立案其ノ他事務的処理等ハ首相、幕僚機関タルベキ国務院ヲシテ管掌セシムルハ必要ナレドモ之ガ掌理ヲシテ無任所大臣ヲ用フルハ首相ヲ純然タルロボット化スル、不合理アルノミナラズ却テ無任所大臣ト他ノ閣僚トノ対立ヲ増加スルノミニシテ内閣統一上不都合ヲ生ズベシ」というのである。無任所相を「国務院」の長官に据えるか否かによって、首相の指導力が低下する恐れがあるという主張が確認できよう。国務大臣が各々単独で天皇を輔弼する以上、各省長官を兼ねる大臣と無任所相が連携して政策決定を強力に導くことはできないという認識もみられる。「専ラ国策ヲ議スル為数名ノ無任所大臣ヲ置カントスル」点に関しては、「一般国策ガ右無任所大臣ノミニヨリ決定セラルル権能アラシメバ強力政治遂行策トシテハ一案ナルモ別ニ各省長官タル国務大臣ヲ有スル場合益々国務大臣数ヲ増シ統一ヲ困難ナラシムルノミニシテ問題ニナラズ」という考察も同様であり、単に無任所相を設置するだけでは国家意思決定の強力化・迅速化は実現できないとの意識がうかがえる。

やはり作成された時期や機関は特定できないが、「高木〔八尺と思われる〕博士」の執筆による「無任所大臣論（手書）」も参照してみたい(28)。そこでは「〔無任所相が〕首相と同意見ならば、首相の意見を纏め若くは強調するに役立つも、反対の時は反て閣内の不統一を激化するのみ。又首相にして意見なく全く無任所大臣の意見に追従せんか、結果は首相のロボット化のみ」と指摘されている。無任所相の設置が首相の指導力強化に結びつくとは限らないという点は、海軍側の考えと共通している。「固より首相も万能に非ず、国策の凡てを極めて首相を支える非るも、少なくとも現在の世界動向を日本の行く道さへ知れる大局的見識あらば余はこの大綱に準じて裁断せば足る。その個々具体問題に就ては調査局即ち総務院の調査並に個人的最高秘書（ブレーン・トラスト）の二、三を別に備へて、その意見を参考とせば足る」との記述は、無任所相以外にも首相を補佐する措置はあるゆえ、あえて閣僚として迎える必要はないとの趣旨と考えられる。「他の大臣以下に無力化するか、反対に首相以上に独裁化するか、何れかの極端に走り易く、之を設置せる趣旨は達せられないであらう」や「無任所大臣をしてその設置目的に適せしめるには、各省大臣たる国務大臣と同数若くは尠なくとも半数位の無任所大臣を置く事により、初めて其設置の趣旨を達する事が出来やう」という記述でも、前出と同じく、首相の「ロボット」化のみならず、ほかの各省大臣との関係悪化の可能性が指摘されている。無任所相には、省務に拘束されないがゆえの効果が期待される反面、閣内不一致を招く危険性も指摘されていたことを押さえておきたい。

3　内閣参議の活動

もう一つのブレーンの形態として、内閣参議の運用をみていく。無任所相と同様に国政への意見具申を期待された内閣参議は、前章の第二節でみた経緯により、第一次近衛内閣期の一九三七年一〇月、次に掲げた勅令第五九三号の「臨時内閣参議官制」によって設置された。第三次近衛内閣までの発令者は前掲の表1を参照のこと。

第一条　支那事変ニ関スル重要国務ニ付内閣ノ籌画ニ参セシムル為臨時内閣参議若干人ヲ置ク　内閣参議ハ之ヲ勅命ス

第二条　内閣参議ハ国務大臣ノ礼遇ヲ受ク(29)

平沼内閣期の参議の具体的な活動をうかがい知れるのが、西園寺公望の私設秘書・原田熊雄による「参議の連中――たとへば郷〔誠之助〕とか池田〔成彬〕とか、町田〔忠治〕とかいふやうな連中は非常に心配して、外務大臣にときぐ〳〵会ひ、側面的にやつぱり英米に対する感情、或は英米に対する接触をより以上によくしなければいかん、といふことを総理にも言」っていたという記述である。参議たちはアメリカとイギリスへの配慮を示すよう、首相や外相に献策していた。郷や池田が「外務大臣とも話して、なんとか財界の方面からこの問題を重要視して、将来の打開を考へるやうな話もしてをつた」ことを考えると、経済が絡む外交問題について、その方面に明るい参議が自身の意見を開陳していたのであろう(30)。こうした参議個々の活動だけではなく、設置以降、参議会という機関も活動している(31)。たとえば一九三九年二月一五日に木戸幸一内相が「正午、参議会に出席、島田〔俊雄―編者註〕参議と町村制改正案につき懇談(32)」しており、閣僚と参議の連携が読み取れる。しばらくして木戸のもとを「島田参議来訪(33)」しているが、これも「町村制改正案」に関する相談と思われる。

このように、参議および参議会が機能している様子は確認できるものの、参議側から不満の声もあがっていた。池田成彬は原田熊雄に「〔一九三九年五月〕十三日の晩『星ヶ岡』で、参議が総理を招いて外交上の意見を交換してみるつもりである」と語っている。この話しあいは「特に目立つて会議のやうになつてきけば新聞がうるさいしする（マ　マ）から、『星ヶ岡』に食事に招んで、意見をきいたり、こちらの意見も言はうぢやないか、といふのが話の初めでかういうになつた」。参議側はどうしてこのような会の開催を提起したのか。

池田によれば、「実は参議といふものが出来た所以はこの対支問題の相談に与るといふことであり、陸軍は、日独伊協定の成立が対支問題解決の鍵である、と言つてゐるに拘はらず、この問題について政府は自分達に何等の相談もしなければ、話もしない」という状態だったからである。そこで「我々参議にも多少考があるし、何のためだかちつともわけが判らないやうでは困るから、参議が総理にいろ〳〵きゝたい」ということになった。日中戦争処理の相談に応じるという参議本来の役割が与えられていないという不満が、参議側の根底にあったことがわかる。(34)

結局、「『星ヶ岡』での会合では、総理は抽象的な話ばかりして具体的な話は少しもしなかつた」。それは「総理の話によると、まづ大体ヨーロッパには戦争が起らないと見てゐる。また万一起つた場合でも、日本は決して捲き込まれない」と述べたことを指すのだろう。この首相の発言に対し「参議からもだいぶいろ〳〵、ヨーロッパの戦争に捲き込まれないやうに、独伊に致されないやうに、といふ意味の話が出」た。(35)

以上のやりとりをみる限り、参議制がブレーン機関として積極的に活用されているとはいいがたい。くわえて、近衛の無任所相就任以来、前内閣で試みられた「無任所大臣会議」のような機関を立ち上げ、国政に関与しようとする動きもみられず、内閣制度改革の研究が進んでいる様子も確認できない。以下で述べるように、平沼内閣も末期になると、強力な戦争指導体制の構築を求める動きがあらわれはじめてくるが、それは同内閣に対する期待というよりも、次期内閣への要望というものであった。

たとえば一九三九年八月二四日、参謀本部は「現下国内対策」を検討している。(36)そのなかの「戦時国家指導機構の確立」には、「事変処理を中心とする挺身殉国の指導機構を確立し茲に人心の一新と挙国の一致とを図る戦時態勢に最も欠除せるは最高指導機構なり」と記されている。日中戦争の処理には最高戦争指導機関の確立が必要という主張である。具体的には「総理権限の強化特に総動員指導権の設定」と「大本営機構の強化　陸軍省部間、統帥部と政府間、特に陸海軍間の一体的機構を強化し以て真の戦時態勢をとる」というものであった。

この研究をふまえて、「新内閣に対する要望」では「一、政戦両略の協調を容易にし且事変処理を活発ならしめ得る如き内閣の機構を設定し若くは運用をなすこと　二、総理の権能を強化して内外の施策実施を敏活ならしめ特に総動員指導権を確立すること」が提起されている。平沼内閣の瓦解を見据え、「国務」機関と「統帥」機関の意見の一致を実現し得る内閣の構築と、政策を強力に遂行するために首相の機能強化をはかることが、とくに重視されたのである。日中戦争の処理やヨーロッパでの戦争に対応するために、まずは内閣の基盤を強化すべきという認識が読み取れよう。この具体的な動きが次の阿部信行内閣であらわれ、少数閣僚制を契機とする抜本的な行政機構改革が目指されることになるのである。

二　阿部信行内閣期の内閣制度改革論議①——少数閣僚制の導入

1　少数閣僚制の採用と陸軍

阿部信行内閣（一九三九年八月三〇日～一九四〇年一月一六日）は組閣段階から、複数の省の大臣を兼任することでの少数閣僚制の導入を決定していた。海軍の高木惣吉は、「岩畔〔豪雄〕課長〔陸軍省軍事課長〕談要旨」として、「陸軍ヨリ阿部大将ニ対シ、何等カ組閣条件ヲ提出セリヤト質問セル所、「世上伝フル少数閣僚主義ノ如キ、我々陸軍側ノ条件的ニ主張セルモノニアラズ。阿部大将平常ノ持論ナリト兼々ヨリ承知シアリ」(37)と書きとめている。少数閣僚制は阿部首相自身の発案というのである。また『大阪毎日新聞』一九三九年八月三〇日付は、「遠藤柳作、唐沢俊樹両氏を参謀として組閣の根本方針につき意見を交換」するなかで「阿部大将が板垣〔征四郎〕陸相を訪問の際陸軍側から要望のあつた少数閣僚制についてはこれまた大将独自の考へをもつて、結局これを採用することに決定、従つて、その数はなるべく十名以内をもつて内閣を組織することになつ」たと報じている。(38)「陸軍側からは閣議の運用上兼務を多くして閣僚の数を最小限に止めることを熱望して閣員数十名以内の少数閣僚制実現の方針を内閣書記官長たるべき遠藤柳作氏に伝へてあつたさうである」からは、陸軍側の要求が内閣書記官長を介して組閣方針になっていく様子がうかがえよう。しかし阿部は近衛文麿との会談で「少数閣僚制の要望が一部にあるようであるが〔中略〕大体従前通りに閣員を設けるつもりであると所信を披瀝した」(39)。「〔少数閣僚制が阿部首相〕自らの発意ではなく、外部の力が非常に動いたと聞くのは国民の気を暗くさせぬではない」(40)や「阿部首相は〔中略〕行政機構改革に関して何等具体的な方針は持つてゐない」(41)という批判的な記事もみられる。同時代の評論家である山浦貫一も「阿部大将始め、組閣参謀群の間には最初、少数閣僚主義などと云ふ観念論はなかつた」(42)とみている。

以上から、阿部首相は少数閣僚制の運用を困難と考えており、逆に陸軍側は積極的に導入の意思を示していたことがわかる。「〔阿部首相が少数閣僚制の導入に前向きでないことに対し〕陸軍側の不満が披瀝されたことは想像に難くない。組閣成否の鍵は少数閣僚制を採用するか否かにかゝつて来た」(43)との記事から、陸軍側の要求が組閣に影響を与えたと考えてよい。

では少数閣僚制の狙いはどこにあったのか。まず「閣僚中心主義を確立するとともにそれ〴〵の両省事務統合の実を挙げさせる目的」(44)があげられる。さらに「〔閣僚の兼任は〕将来起ることあるべき機構改革論に対し含みを与へたことは事実[45]」であり、陸軍の岩畔も「新首相ノ今後ニ於ケル出様如何ニ依リテハ、右方針〔少数閣僚制〕ヨリ更ニ省ノ廃合等内閣、或ハ行政機構ノ根本的改廃ニ進展スルヤモ知レザルベキ[46]」と観測していた。また、阿部首相の意思が固ければ「行政機構ノ根本的改廃」に進む可能性があるものの、「自分〔岩畔〕個人トシテハ余リ興味ヲ喚起セラレズ[47]」とも述べている。これが陸軍全体の見解かははかりかねるが、少なくとも岩畔は少数閣僚制に関心を示す反面、抜本的な内閣制度改革まで希望していたわけではなかったことがわかる。

2 少数閣僚制と「閣議中心主義」

結果的に「阿部内閣は、前内閣の五相会議を廃し、組閣当初は少数閣僚制による閣議中心主義をとり、首相が外相を兼摂したほか、〔小原直〕内相が厚相を、〔伍堂卓雄〕農相が商相を、〔永井柳太郎〕逓相が鉄相を兼任した[48]」。『東京朝日新聞』一九三九年八月三〇日付は、農相兼商工相として入閣する伍堂卓雄が「新内閣は閣議中心主義即ち近衛平沼内閣のやうな五相会議といつたものを設けず重要問題は閣僚全体でやつて行きたいと条件をつけ」たことを伝えている。国家意思決定を担う機関は、特定閣僚のみの五相会議と全閣僚による閣議の二つあるゆえ、意思の集約が行いづらいとの主張だろう。それに対して阿部首相は、「今回は閣議中心主義で行く積りで五相会議制の如きはとらない旨を明言」し、前向きな姿勢を示した[49]。「平沼内閣および近衛内閣が五相会議のごときものを作つて国内に幾多の障壁を作り、内閣全体としての融和も欠き内閣の最高能力の発揮をなし得なかつた[50]」や「五相会議もその運用によつては必ずしも悪くはない。しかしその決定に権威なく、他の閣僚の意見と間隙を生じ、総親和がまづ政府において破れるといふようなことでは面白くない[51]」という論説もみられ、閣僚全員で決定してこなかったことの弊害にもふれている。そこで「事変処理の最高国策をはじめ一切の問題を閣議に上し忌憚なき所信を発表検討をなす[52]」や「総親和のもとに縦論横議して、国政を最善に導くといふこそ理想でなければならぬ」[53]とし、「閣議中心主義」が採用されることになったのである。

この措置に対しては「従来の五相会議による国務大臣、行政大臣分離の構想を改め」[54]たとの理解もみられる。五相会議を「分離」と同義にとらえている点は興味深い。実際は特定閣僚による会議体にすぎず「分離」はしていないが、省益よりも国益を優先できるという利点を指摘したものと推測できる。対する「閣議中心主義」は、国策の決定・執行すべてを行政長官を兼ねる国務大臣全員で行う体制を指し、閣僚を少数にすることで意思決定の煩わしさを解消しようとする狙いをもっていた。

3　行政機構改革構想の出所

以上でみた少数閣僚制を契機とする行政機構改革構想は、国策研究会の創設者である矢次一夫の案が取り入れられた可能性が高い。矢次が「〔一九三九年〕八月初め以来、ひそかにひとり構想した「強力内閣案」の骨子は〔中略〕、第一に行政機構の改革を断行すること、この改革の断行を通じて、政治改革を行なう、というものであった」[55]。具体的には「陸、海軍と司法、文部は兼任というわけにいかないので、普通十四人を必要とする閣僚を、兼任制によって九名とし、そして兼任制のままで、まず行政機構を改革しようと」[56]するものである。矢次はまた、「永井〔柳太郎〕や私は、組閣に当り兼任によって大臣の数をへらし、手っ取り早く行政改革を断行することによって次々と内閣改造を行ない、政治的実力者と入れかえることを考えていた」と述べている。「無遠慮に言えば、閣僚の消耗品に過ぎぬとし、それで充分と考えていた」[57]と表現するものまであった。組閣は、内閣の理想形を徐々に完成させていく体裁づくりにすぎないという考えが読み取れよう。矢次は、この行政機構改革を考える契機になったのが一九四〇年一月の日米通商航海条約破棄にともなう南進政策であり、それを推し進めるため、政治体制の刷新を必要としたと説明している。[58]

なお、矢次の考える「政治改革」とは、「行政の簡素化と、強力化とを、組閣と同時に断行する決意を明らかにし、阿部首相を総裁に、永井を理事長にすえて、政、民両党の実力あるものを加えた「行政機構改革本部」を内閣に置く」ものだったようである。「政党や民間からも豪傑の士を動員して、内閣に「行政改革審議会」を特設し、政府と呼応して「企画と実践」の国民的大運動を巻き起す、そうしなければ、とても官僚の金城鉄壁を改革することは出来ない」とも述べている。[59] 官僚政治の弊害を是正するために各政党の協力をあおぐという発想は、のちに盛り上がりをみせる新体制運動の狙いに通じるものといえよう。あわせて彼は無任所相の設置も提起しているが、これも官僚主導ではなく政治主導を実現させる目的をもつものと理解できる。[60] さらには「これがある程度目鼻がつく、と見当がついたところで、「陸海軍行政」を統合に追い詰めて行く。文官行政が大改革された勢いに乗じて、軍部行政もまた改革されるべきは、論理上当然であ」[61]るとまで考えられていた。

このように矢次の案は、少数閣僚制をあくまで行政機構改革、さらにはその先の「政治改革」の入り口とする壮大な計画であった。最終的な目標は国民再組織化によって、官僚主導ではない「強力内閣」を実現しようとする構想だったのである。矢次と陸軍の密な関係を考慮すると、彼の提起する軍部改革は、軍を内閣に従属させるための措置とは考えにくい。したがって、先に示した行政機構改革に対する岩畔の消極的な姿勢は、あくまで彼個人の考えにもとづくものだったと判断できよう。

矢次の立案した改革構想に対して、法制局長官である唐沢俊樹は「この考えかた〔少数閣僚制〕は、昭和初頭から内閣制度の再吟味ということが政治課題となったころから出てくる構想で、行政整理、省の廃合といった考えかたに通ずるものであり、一つの筋の通ったものがあり、農林、商工を合併して「産業省」とせよ、といった主張は、しばしば行なわれたものであった[62]」ととらえ、少数閣僚制から抜本的な改革にいたる流れを自然なものとみていた。評論家である堀眞琴も「強力内閣論」と題して、「斎藤〔実〕内閣以来実施されて来た四相或は五相会議も、やはり同一目的の下に行はれたのであるが、阿部内閣の場合には、単に閣僚を少数ならしめるといふだけでなく、閣僚をして担当の行政事務を兼任せしめることによって、将来の行政機構改革にも備へるといつた一石二鳥の妙案[63]」と評価している。「内閣制度をはじめ行政機構全般に再検討を加へ必要なる機構の刷新をなすことを重要使命なりとしてゐるものごとくである[64]」という指摘から推測するに、阿部内閣が少数閣僚制にこだわりをみせないのは、その先の抜本的な行政機構改革のほうを重視していたからではないか。

4　改革への期待

改革の中心である省庁の統廃合に関しては、具体的に「内務省、厚生省を内政省に、農林省、商工省を産業省に、逓信省、鉄道省を交通省に統合しようとする含みをもったもの[65]」であった。ただ「行政機構を整理統一しないで、兼任閣僚を置くと云ふことは根本的な誤謬だといふ極めて簡単なことを銘記すべきだ[66]」という批判も存在した。少数閣僚による組閣よりも、まず省庁の統廃合を先に行い、それから大臣を選任するのがあるべき順番との主張である。そのほかに、「対外政策検討の政府機関として五相会議、内閣参議制、閣議などの運用ならびに存廃などをも新たな立場から検討し、また外交の挙国一致具現を使命とする外交審議会などの設置をも考究する[67]」と述べるものもあり、国家の意思決定にかかわる既存の各機関をいかに整理するかという点にも注目が集まっていた。総じて、五相会議から閣議中心の意思決定に変更することの効果があらわれるかという点には懐疑的な意見といえよう。

ともあれ、行政機構の改革は実現に向けて動き出した。企画院の武部六蔵は一九三九年九月一日の日記に、「本日の閣議にて行政機構改革が問題なりたる趣にて、企画院にて案を作ることとなる」(68)と書きとめている。武部が「永井〔柳太郎―編者註〕逓鉄相に会見、行政機構改革問題に関し懇談した」のは、改革案の作成に際しての閣僚への調査であろう。その結果、「大臣は交通省大賛成とのことであつた」(69)。現職の永井鉄相に可否をたずねるという行動から、改革が現実味を帯びている様子がうかがえる。

同時期には、「政府各部の連絡協調を緊密ならしめるためには現内閣組閣当初よりの方針たる閣議中心主義をもつて臨むことゝし行政機構の改革としては〔中略〕総動員指導権の確立と共に省の新設若くは廃合をも考慮に入れ」(70)るという、改革を要望する論調が多くみられる。原田熊雄が一九三九年九月一三日、内閣書記官長の遠藤柳作にあてた「諸制度ノ刷新並ニ運用」でも「政府各部ノ連絡協調ヲ一層緊密ナラシメ、敏速ニシテ統一アル処理ヲ確保スルハ刻下ノ急務」と述べられ、各省間の連絡調整の円滑化に期待を寄せていた。「行政機構、官吏制度其他各般ノ刷新並ニ運用ノ改善ニ付適切ナル方策ヲ講ゼンコトヲ期ス」では、よりいっそうの改革を要望している。このように、少数閣僚制にとどまらない「強力内閣」を構築する動きは、閣外でも注目を集めていた(71)。

5　大次官制案

省庁の統廃合の効果を上げる方法として、国立国会図書館憲政資料室所蔵の「阿部信行関係文書」に収録されている「政変対策案」もみておきたい(72)。これは「平沼内閣崩壊を数日後に期待しての政変対策」であり、「独ソ条約あれど当面はドイツと親善関係保持、日英同盟は無用」との考え方がみられることから、陸軍によるものと推定できる。

このなかで、内閣の運営方法に変更をおよぼそうとする項目は、①文官身分保証令の撤廃、②行政機構改革への措置、③内外施策大綱の決定、④政務官制度の改正、⑤少数閣僚制の採用（七〜一〇人程度）、⑥大次官制（次官の前歴をもつ者を行政長官とし、閣僚は国防国家整備拡充に専念させる）、⑦政党からの人選によって官僚と議会両方への睨みをきかせる、があげられる。

「少数兼任閣僚制」と行政機構改革の併記、そして五相会議が「内閣の指導性を強化する所以にあらず」とされている点は、これまであげてきた構想とおおむね共通する。そのなかでとくに「大次官制」に注目したい。前章で紹介した「風見案」が各省次官の活用にふれていたが、この時点では導入の目的がいっそう明確になっている。したがって、次官を「事実上の行政長官」として重要視し、閣僚は大所高所から国政に関する事項に注力させるという方法は、強力な行政運営を行う有効な手段として浸透していたと考えてよいだろう。ちなみに矢次一夫によれば、「大次官制」は「〔陸軍の富田直亮（軍務課内政班長）が思いきって民政党の永井柳太郎鉄相に対し〕人事に軍部として注文[73]」をつけたことに端を発するものであり、そのさい「法制局長官に内定している唐沢氏に、この際「大次官」ということで、内務次官になってもらい、長官には、横山助成氏を任命してほしい[74]」という要求がなされたということである。

このように「大次官制」は、次官に省務の多くを委ねることで、大臣を国益優先の政策決定に専念させる目的をもつものであった。陸軍が自身の政治進出に利用しようとする側面が強いが、少数閣僚制によって手薄になる省務を補うために、次官に期待をかけるという発想そのものは、「強力内閣」を構築するうえで参考になる。実際、「永井柳太郎の鉄道兼逓信は比較的に難がない」が「逓信、鉄道は現業者だから、演説が専門の素人がなまじつか下手な口を出すより、人事だけ整へて、あとは次官委せにして置けばすむ」という論評もあるし[75]、法制局長官の唐沢俊樹も「小原

〔直〕は内務行政について素人であるので、補佐役として適当な次官を求めた。唐沢と遠藤は、大達茂雄を推挙した」[76]と記し、次官に期待を寄せていた。その一方で「石黒次官が、善人荒木大将をロボツトにしてやつた滅茶苦茶な非常識」[77]という過去もあるゆえ、省務の重要な部分は大臣がしっかりと目を行き届かせる必要性も唱えられていた。

三　阿部信行内閣期の内閣制度改革論議②——少数閣僚制の破綻後

1　行政機構改革構想の破綻

ただし、省庁の統廃合を軸とする行政機構改革は、伍堂卓雄による商工相と農相の兼任や、「貿易行政を一元化」することを目的に据えた貿易省設置構想に対する外務官僚の批判[78]などがあって頓挫した。前者に関しては、日本商工会議所や東京商工会議所の会頭を歴任してきた伍堂に対し「農業団体からきびしい批判が加えられた。伍堂の人柄は商工大臣的と見られた」ことが原因である。[79]その結果、一九三九年一〇月に酒井忠正が農相に就任する。ここにいたって少数閣僚制は維持し得なくなり、くわえて「一〇名の閣僚の顔ぶれが、あまり魅力ないんだね。大それたことのできる、豪傑のそろっている内閣とは、どこからも認められないんだね」[80]という矢次の見方も作用したのか、「この際政民両党から更に一人づつとつて内閣強化と対議会策の一石二鳥を狙はうといふことに大体意見が一致」[81]した。閣僚数はふえるが、政党に接近し政党の大物を入閣させることが内閣機能強化の実現に必要という発想の転換である。その結果、一九三九年一一月二九日に衆議院議員の秋田清が厚相に、貴族院議員の永田秀次郎が鉄相にそれぞれ就任する。

この人事に陸軍省軍務局長の武藤章は「数次の政策変更即ち公約違反で世論は囂々とな」り「各政党も倒閣の空気

が濃厚となった」と否定的な見方を示している。つづいて「畑〔俊六〕大臣は私〔武藤〕に「阿部総理は政党からもう三名の欠員大臣を補充したいといっておられるがどう思うね」との諮問があった。私は「少数閣僚制などは政策ではない、手段ですからこれを政府の都合で変えられるのは問題ではないでしょう。しかし苟くも政党から大臣を補充されるなら、党首もしくはこれに次ぐ大物でないと意味ないでしょう〔以下略〕」」というやりとりがあった[82]。ここからも、内閣の基盤を強化するには、政党の中心人物を据えるのが条件という考えが確認できる。

矢次一夫は「兼任制による行政機構大改革の目標と意欲とは、全く消失し、むしろそれよりも内閣の政治力強化こそ、当面最も必要という方向に脱線した[83]」と振り返るが、この「政治力強化」は政党の重視を指すのだろう。「大麻〔唯男〕は、内務省以来の仲良しである唐沢法制局長官を動かし、遠藤書記官長を口説いて、内閣補強を進め、ひそかに、町田〔忠治―民政党総裁〕入閣の必要を囁いた」との回想からは、阿部政権への町田入閣を「内閣補強」の手段と位置づけようとする意図が読み取れる。しかし「阿部内閣は、町田の入閣勧誘に失敗したため、いわゆる挙国一致体制の具現で出直す、という構想は、水泡に帰した」のであった[84]。

2　政党勢力と内閣参議

少数閣僚制の破綻が決定づけられたことで、行政機構改革の断行は不可能となり、その後は政党へ接近することで「内閣補強」をはかる軌道修正がなされていった。少数閣僚制の破綻から政党への政治工作が進められる三カ月ほどの間には「国家総動員法等ノ施行ノ統轄ニ関スル件」が審議され、一九三九年九月に勅令として出されている。これは国家総動員法の施行に際し、首相が関係各省に対して統轄上必要な指示をなし得ることなどを定めた首相権限の強化策であった[85]。ただし、同じ内閣機能強化策という共通点があっても、行政機構改革との関係性は確認できない。

政党への接近で注目したいのは、阿部内閣が入閣要請した民政党総裁・町田忠治が参議をつとめていた点である。また政友会正統派総裁の久原房之助は、少数閣僚制が破綻したのちに参議へ就任する。そこで以下では、閣僚として入閣することと、参議として閣外から協力することの違いが当事者にどう認識されていたのかを確認したい。

まず、枢密顧問官である金子堅太郎から町田忠治に宛てた書簡を紹介する。これは「翁〔町田〕が阿部内閣に入閣を拒絶したことをラジオで聞き、その〔一九三九年一一月二八日〕夜直に左の手紙を翁に送つてその態度に賛意を表し、将来の自重を望んだ」ものである。金子は「手紙」で、「率直に愚見を開陳せば貴兄は入閣するよりは閣外にて国民を統轄して国政の方針を確定し、之を阿部内閣に進言すること緊要と確信致候」と述べている。(86) 少数閣僚制が危機をむかえ政権基盤が揺らいでいることから、入閣拒否に賛成したのだろう。これに対して「〔民政〕党の大勢は〔町田〕総裁が入閣拒絶の理由として挙げてゐる〔中略〕衆議院においては大会派も小会派も一団となつて現内閣を支援し事変処理に邁進することの出来るやうに閣外に在つて極力努力する〔中略〕との信念を支持し(87)」ており、やはり閣外協力する姿勢に賛同している。

つづけて金子は、「貴兄〔町田〕は近々首相として国政を調理すべき人物と断定致居候様相見へ申候。依て暫時自重して其時機を御待被成様希望致候。就ては参議として左の件々を総理に御進言相成度候」と綴っている。町田は首相の器であるため、大臣として入閣するのではなく、今は参議という立場で阿部内閣に意見を具申するのが得策というのである。さらに「不急の事業は官僚の主唱するを排斥し専ら支那事変を一日も速に終局を告ぐる様御尽力有之度候事」や「欧州戦乱中を利用し不介入の態度を以て目下中立を維持する米国との従来の懸案六百十数件を迅速に処理し米国の感情を緩和せしむる事」をあげ、日中戦争の解決と、アメリカとの関係改善が急務であることを指摘した。「昨今独、蘇、伊、日連合同盟を主唱するものあれ共、是は米国をして英仏と同盟せしめ、欧州、東亜をして一大戦場とならしめ、欧州の戦乱は日本、支那を犠牲として終局を附くる手段に陥るの大害有之候事」とあるゆえ、日独伊の提携強化がアメリカを刺激するという懸念が根底にあるのだろう。金子はこれらの対応を〝参議〟の町田に期待しているのである(88)。

同じく政党の領袖であった久原房之助は、入閣を断ったあとに参議へ就任した。これに対して、「久原氏の就任は専任補充当時既に閣内でも首相に熱心に起用を勧めた向もある位だから参議就任はむしろ当然である、たゞ久原氏は既に公党総裁の地位にありながら未だ政界上層の一部からは煙たい存在と見られてゐたのを、政府が人材総動員の見地から起用したことは政府としては英断の措置といへる(89)」という評価がある。国政に対する影響力がどの程度かはともかく、参議という存在がまだ政党側に社会的な意義のある地位として認識されている様子がわかる。しかし他方で、「久原が参議の交渉を受け、これを党の幹部にはかつた所、猛烈な反対論が起きた。最初から政党を無視してかゝつてゐる阿部内閣、殊に頬被りに日は暮れかけた内閣の参議になるテはない(90)」や「〔党内では〕挙国体制をさへとり得ざる弱体内閣の下の参議となつても実際問題として事変処理に寄与することは殆ど不可能である(91)」との意見もあり、参議の評価はわかれていた。

久原の伝記には、彼が「内閣参議制度は、支那事変の完遂に挙国一致の実を挙げる目的で創設されたものであるが、従来その運用振りに対してはとかくの議論もあった」や「欠点があれば是正に努力せねばならぬと思ふ」と述べたことが紹介されている。これから参議制の運用を工夫していこうとする前向きさがみられる。「自分は今後個人として努力すると共に政党統率の地位にもあるものだから飽くまで民意の暢達を期して事変処理のため御奉公致したいと考へてゐる」との記述は、阿部内閣と国民をつなぐ立場として、参議や党首という地位を利用しようという姿勢のあらわれであろう(92)。町田と同じように、久原も国民の代弁者という点を重んじていた。

3　内閣参議の位置づけ

阿部内閣組閣当初における参議の活用度については「各界の大物を揃えた内閣参議制は、寧ろ邪魔物のように見られて」おり、政策の形成に活用される存在とはみられていない。「また参議の中にも新内閣を白眼視する者が多く、政府の出方如何によっては、全員辞職しかねない空気であった」。(93)

そこで参議の一人である秋田清は、次のような行動に出た。まず「内閣参議制度は、主として支那事変処理に誤りなきを期するために設けられた最高国策機関である。その支那事変が二か年の日子を費して何等解決の兆を示さず、却って拡大の一途を辿り、時局は愈々重大を加える今日こそ、参議制度が最も活用さるべき秋と言わなければならない。然るに前内閣以来、遺憾ながらこの制度運用の熱意に欠けるものがある」と主張することで、参議に対するこれまでの内閣の消極的な姿勢を批判する。そのうえで「政府が最早内閣参議制に価値を認めずと云うならば、形式的にこれを存置して有名無実の晒し物にするよりも、断然これを廃止すべきである。然らずして、政府が依然参議制を重要視するのであれば、此の際、これを充分に活用して時局匡救に役立たしむべき」と、参議制を活用する気があるのかを厳しく追及した。

もう少し具体的にみていきたい。秋田の目的は「まず政府の意向を質し、阿部首相の本意がこの制度を無用視するものでないことを確かめ、次いで参議側の意見も聴いて、政府、参議間の斡旋に努め、最後に参議側を代表して、政府との間に次のような覚書を作成交換」することにあった。(94)「覚書」は、「一、政府ハ内外ノ状況ヲ其侭停滞ナク参議ニ報告スルコト　一、重要国務ニ対スル政府ノ計画ハ予メ参議ニ諮ルコト　一、参議会ノ意見（各個意見、多数意見、一致意見）ハ忌憚ナク政府ニ進言スルコト」というものであり、参議と内閣の密な意思疎通による信頼関係の回復を提起している。その動機になったのが前述した趣旨と同じく「内閣参議ハ支那事変ニツキ重要国務ニ関シ政府ノ籌劃ニ乗セシムル為メ創設セラレタル機関ナリ、然ルニ其運用適正ヲ欠グ（ママ）ニ於テハ動モスレバ無用ノ長物タルニ堕スル虞ナシトセズ。仍テ今後政府ハ真ニ官制ノ本旨ヲ体シ、能ク其運用ヲ誤ラズ以テ国務参画ノ実ヲ挙ゲシムルヤウ深ク留意サレンコトヲ望ム」というものであった。最後に「固ヨリ各参議ニ於テモ此趣意ニ基キ努力アルベキコト勿論也」との一文を入れ、参議側による改善も宣言している。(95)

その結果「各参議とも釈然として其の侭留任することになった(96)」。しかし「一、応前参議全部の留任を求めるの態度に出ることになつた(97)」ともあるゆえ、参議の「留任」が今後の活動を保障するものであったかは疑問が残る。参考になるのが、一九三九年三月に外務省を退職していた吉田茂が同年九月二〇日、宇垣一成へ送った書簡である。ここでは「池田〔成彬―編者註〕氏の趣旨ハ参議御就任ハ将来自然大命降下の機縁を作るへしとの考(98)」えであることが示され、新政権の成立に向けた参議の政治的利用がはかられている。池田の考えを受けて吉田は「夫れニても尚希望せらる丶ニ於てハ御快諾可然と愚考致候(99)」と述べていることから、両者は参議を完全に有名無実化した職とはみなしていないことがわかる。

このように阿部内閣では、秋田や池田といった当事者を中心に参議制に積極的な価値をみいだそうとしていた。少数閣僚制の導入から破綻までの間、同内閣が参議を積極的に活用しようとする姿勢に乏しいのは、「閣議中心主義」を理想に掲げているがゆえに閣僚以外の政策関与の必要性を感じていなかったことが理由の一つとして考えられる。一方で、参議を完全に有名無実の職にしようという明確な意思表明も確認できない。こうした判然としない位置づけに多少の変化が生じるのが、政党の領袖の取り込みを「内閣補強」ととらえていく時期と思われる。

4　再人選後の参議

すでに述べたように、少数閣僚制が破綻した影響として、「内閣参議の欠員補充も行つて今回の閣僚補充によつて満たし得なかつた点を補強する予定[100]」、あるいは「閣僚補充の失敗を内閣参議の拡充によつて補ふ方針[101]」がとられた。参議の人選過程では、「政友会では中島派の島田〔俊雄〕参議との振合ひ上久原房之助氏が最有力で、民政党は小泉又次郎、櫻内幸雄の両氏が有力と見られてゐる[102]」とあり、三党のバランスへの配慮がみられる。また、「〔小泉又次郎を参議にしても〕参議会が重きをなす訳でもなければ機能を発揮する訳でもない」や「〔第一次近衛内閣期に荒木貞夫が〕参議となり文部大臣となつては、一向に凄味もなく、多分にロボット性を有する好人物といふ正札がついてしまつた。阿部内閣が彼を参議として迎へたのは、バランス・オブ・パワーで、荒木〔貞夫〕、真崎〔甚三郎〕の側を代表させた積りと見られぬことはない[103]」という評価からわかるように、マスメディアや評論家は参議の補充が政策形成の強化につながるとはみていなかった。あくまで、各勢力の均衡を保持し政権基盤を安定させようとする目的が強いと観測されていたのである。

人選のあと、秋田清は「今度参議に小泉、久原、荒木、勝田の四氏に加わって頂いた。参議制は、元来決議機関でもなく諮問機関でもないのだが、内閣のブレイン・トラストとして阿部首相は大いに重用される方針であり、実際いろいろの場合に重用されているように私は承知している[104]」と発言したとされる。秋田が一九三九年一一月二九日に厚相へ昇格し参議を辞任していることから、彼自身が閣僚として参議との連携を進めることによって参議の存在意義を高めようと考えていた可能性もある。

参議の活用に関しては、山浦貫一の見方も参考になる。彼は「〔参議の補充で〕閣僚には危険とした久原房之助を誘つた。民政党からは、党代表の意味で町田総裁の推薦に委せ、小泉又次郎を入れ、つけ合せとして、勝田主計と荒木貞夫を加へた」とみていた。しかし「それでも未だ修繕が不足と見えて、第三幕には町田、久原、中島、安達、安部の五党首会談の開催と出た」と述べるように、参議制の運用で不十分な面を五党首会談が補完する狙いがあったと指摘するのである。[105]『東京朝日新聞』一九三九年一二月二日付によれば、五党首会談は「挙国一致政治体制の強化を図る意味の」ものとして「恒久的性質の会合として続けられることになるかも知れない」と期待されていた。[106]矢次一夫も「〔一九三九年〕十二月一日、荒木貞夫、勝田主計、久原房之助、小泉又次郎等を内閣参議に任命して、何とか形を取りつくろうことに努め」、くわえて「四日には、「日華事変処理」の名目で、町田忠治、中島知久平、安達謙蔵、安部磯雄との五党首会談を行なって、協力を求めたりした」と記す。[107]人選をし直し活動を再スタートさせた参議と、運営を開始した五党首会談という両機関によって、強力な政策の形成が期待されている様子がわかるだろう。内閣の機能を強化するため、閣僚補充の行き届かなかった点を参議の人選で補い、それでも足りない部分を五党首会談でうめるという相互関係が浮かび上がってくる。五党首会談との連携によって、半ば有名無実化していた参議の存在が注目されはじめたのである。ただそれは、それぞれの機関が個々で役割を完遂できないということの裏返しでもあった。ほどなくして「もうどうにもならない」[108]という末期症状に陥り、阿部内閣は瓦解する。

四　米内光政内閣期の内閣制度改革論議

1　参議の辞任と補充

米内光政内閣（一九四〇年一月一六日〜七月二二日）にかわると、参議制はどのような変化をみせるのだろうか。参議の入れかえから傾向をつかみたい。

まず、参議自らが辞任するケースをみる。一九四〇年一月二〇日、松岡洋右は近衛に対して「米内が政党の代表を入閣させたことは、政党を公然と是認して、近衛内閣以前に逆転したもので、自分は政党解消論者として賛成できないということ」と「八方美人的外交はあり得ず、米国の主張に屈して、支那事変以前に立還るのでない限り、日米の衝突は不可避で、その線に沿う外交でなければ駄目だと思う」と語り、「この内閣に賛成できないと」の意思表明を行った。さらに「末次〔信正〕も松井石根も、参議に留任するのを拒絶した」のである。[109] 米内内閣による政党重視の姿勢が、辞任の要因の一つであったことがうかがえよう。具体的には「閣僚に民政党二名、政友会両派各一名を入れ、これを経済関係大臣に据えたのみならず、財界から藤原銀次郎氏を起用して商相としたことから、政民両党や財界からは好感を以て迎えられた」[110]という事情が背景にある。その結果、「陸軍や政党革新派は親英米的であるとして批判的」な動きをみせ、「末次信正、松井石根、松岡洋右は首相の留任懇請にも拘らず内閣参議を辞任してしまった」のである。[111]「このような経緯で、米内内閣は、今迄の親独伊的立場から、親米英的傾向をとるもの、との印象を、一般に与えたようである」[112]という点からは、参議による辞任が内閣の政策に対する評価を推しはかる指標の一つであったことがうかがえよう。参議の行動に対する周囲の注目度は高かった。

参議の辞任を受け、原田熊雄が「有田〔八郎〕外相　○参議の件　廣田氏のこと、外務の補欠」[113]と記すように、改めて人選が課題にのぼることになった。そのさい、「〔有田〕外務大臣は「実は君〔原田〕に頼みたいことがある。それは、この内閣が参議の補闕をやらうと思つてゐるのだけれども、松岡が辞めたあとにぜひ廣田〔弘毅―首相・外相経験者〕を推したい[114]〔以下略〕」」と述べている。広田への就任要請は松岡の後任というかたちであり、外交に長じている人物を確保する狙いがあったが、「廣田は、どうしても出ない、と言つて断つて来た」ことに対して有田は

「「〔前略〕自分もいま一度督促してみるつもりだけれども、君からもぜひ一つ出るやうに頼んでくれないか。」といふ話であつた」[115]。米内首相も「廣田を参議の補闕に入れることについては、外務大臣と同様に、「ぜひ一つ言つてくれ」といふ話であつた」[116]ゆえ、広田への参議就任要請は内閣の総意と考えてよい。さらに有田は、松岡と違って日独伊三国同盟の締結に反対である広田を参議に推薦したと語っている[117]。陸相の畑俊六が後年、「廣田氏ハ米内々閣ノ参議トナリタルガ、外交上ノ意見ヲ徴セラレタル時、日英同盟ノ復活ヲ建議シタルニ、米内モ同意見ナリシコトナリ」[118]と回想している点からも、米内・有田の外交方針と同じ広田を参議に迎えようとしたと解釈して差支えないだろう。

要請の結果、「廣田は断つたが、有田は今一度督促して見る積り」[119]であり、原田も「〔広田を訪問し説得すると、広田は現在の政治に対する批評など話していたので原田は〕「〔前略〕やはり参議といふ地位にゐて、総理にも会ひ、閣僚にも会はれて、みづから直接忠告された方が寧ろよいのではないか」」と説得している。「「〔前略〕せつかく米内大将が大命を拝して出て、事に馴れないのであるから、かくの如き場合に援けられたらどうか」といふ話を」持ちかけ、説得にあたった[120]。「有田外相が切望し、原田も脇から奨めて受けしめた」[121]ように、広田に対する期待度は高かった。その結果、広田は参議に就任する。

ただ注意すべきは、広田の参議受諾が内閣の政策に合致するという理由だけではなかった点である。「廣田氏は「実はこの前、近衛内閣の時にも参議の交渉があつて、或は枢密顧問官とか参議とかいづれかになれ、といふお話であつたけれども、その時に両方とも断つたといふ事情があるので、陸軍(マヽ)から近衛公の諒解を得てくれれば、自分は受ける」[122]と述べており、近衛枢密院議長などの意向に配慮した面もあった。広田には、自身の外交姿勢を貫くという信念とは別に、勢力の均衡に配慮した面があったことがわかる。

同様の傾向は、末次信正の後任を選定する過程からもうかがえる。有田外相は「海軍としては、末次のあとには、安保〔清種〕大将が既に前からをられるから、末次の補充はしない」と発言し、末次の補充を見送る理由として安保という〝海軍枠〟の存在を示唆している。陸軍・海軍・政党の割り当て数が明確に決まっているわけではなさそうだが、ゆるやかな配分はあったと考えられよう。そのほかにも「陸軍の松井大将のあとは、まあいろんな右翼に対する関係があつて大井〔成元〕大将を持つて来、内務からは望月圭介を採りたいと思ふ」という例があり、各方面ににらみがきく人物が求められている。[123] 参議就任要請では、内閣の政策と合致することもさることながら、各勢力の均衡が重視されたとみてよい。

以上の過程をへて一九四〇年二月一二日、「参議の補充　廣田、大井、中村〔良三〕、望月〔圭介〕」[124]が決定した。参議が完全に有名無実化しているのであれば、補充は行わないはずである。あえてそれを行っているということは、今後の政局・戦局に果たす役割に期待する部分があるからか、それとも完全に各勢力の〝猟官の具〟と化しているかのどちらかである。かりに前者だとしても、「参議自体の中にも常に不満」があり、「参議会と政府との感情的な摩擦」が問題化していたことから、[125] 彼らを活用することは困難であったと推察される。

2　内閣制度改革に関する動き

参議の補充と並行して、阿部内閣以来、閣内外では行政機構改革に関する研究も取り組まれていた。企画院次長の武部六蔵は一九四〇年二月六日の日記で「米内内閣の短命説」をあげ、「次の内側が陸軍担当がよいと云ふ議論も少くない。本年は事変処理をめぐる我国情は息のとまるやうな場合を現出するであらうことを惧れる」と書きとめている。中国との戦闘行為が際限なく拡大していくことへの懸念である。その解決策として「どうしても根本的に、事変

処理、軍備拡充計画、生産力拡充、国民生活、対外関係、政治機構の全部に亘り大転換を為するを要する」と主張する。(126)

同じ時期には、矢次一夫主宰の国策研究会の総務委員会において「強力な政府が出来ること、混ぜ合せ内閣はいけない」という意見がでていた。「強力な政府」を構築するには、閣僚個々の意見が一致し、大所高所から国策が決定・遂行されるべきという意味だととらえられる。「首相は国民の自覚を求める一方、身を挺して自ら政治の陣頭に立ち範を示し、思ひ切った方策を命懸けで実行すること」は、首相の強力な指導力を期待する発言である。(127)ただし具体的な改革案までは詰められず、その後数カ月間、行政機構改革の提言は確認できない。

それが一九四〇年六月になると、「昭和研究会事務局」によって「政治機構改新大綱」が案出される。すでに赤木須留喜氏らのまとまった研究があるが、(128)内閣機能強化に関する部分を改めて取り上げてみたい。

まず「議会制度改革は、先づ大臣長官分離制、少数閣僚制、総務局、企画局、情報局等内閣直属部局の新設拡充を骨子とする、内閣制度の改革を前提としなければならぬ（内閣制度改革要綱参照）」とある。改革は内閣制度の改正をともなう抜本的なものでなくてはならないとし、そのうえで「第二部　行政組織改革要綱　第一項　内閣及び各省機構改革要綱」の「(1)内閣制度の改革」では、「一、各省大臣を以て国務大臣とする現制を改め、国務大臣に行政上の職責を大きく分担せしめ、その下に別に行政各部長官を置くこと。而して国務大臣の数は可及的に之を減少すること。所謂大臣長官分離制之である」という具体案が示された。この「分離」案の狙いは「現行の各省大臣の職務権限を出来得る限り下級機関に移し、国務大臣の直接司掌する行政事務を可及的に減少し、国務大臣をして主として国策の企画統合及びその施行の監督に当らしむるものとする」点にあった。国務大臣による国政関与を強めようとする措置といえよう。ただし「分離」の効果を上げるには、次の点が懸案とされている。

〔前略〕今日各省に於て次官専決事項の定めがあつて次官限りの決裁により処理せらるゝ事項も相当あるが、事の少しく重きものは悉く大臣直接の決裁を要し、行政事務の遂行に無用の時日を空費し、その反面に於て大臣たる機能を阻害しつゝある。固より現行大臣の決裁事項を悉く各省長官に移管するのは国策施行の統一を妨ぐのみならず、大臣をして行政事務の実情に疎ならしむる為め、却つて国策の決定を誤らしむるものなるを以て、その職務権限の配分については慎重を期するを要するであらう。

昭和研究会ではもう一つ、「国務大臣数を可及的に減少せしめるのは、現制に於て例へば四相会議、五相会議等の設置せらるゝ所以に鑑み、現行十四人の大臣に依る閣議は構成員の数多きに過ぎ、国策の速かなる企画及び施行を確保するに妨げある」と、大臣の数が閣内の意思統一を妨げていると指摘している。ゆえに「内閣総理大臣の外に内政、外政、経済、交通、陸軍、海軍の六大臣を設くるを適当とする（各省機構の改革要綱参照）」ことを提起する。

なお、同じ時期の一九四〇年六月二〇日、海軍大学校の資料「緊急国内対策ニ関スル研究（其ノ一）」には「内閣官制ノ改正　少数閣僚制ノ制度化　(a)首相、陸相、海相、外相、経済相ヲ以テ内閣ヲ組織ス　(b)他ノ大臣ヲ行政長官トス　(c)要スレバ副総理、無任所相一、二名ヲ内閣ニ加フ」とある。[129]「政治機構改新大綱」と同様、各省大臣の負担を軽減し、各省の所掌事項をまとめることで閣僚数を減少させ、国益重視の政策決定を実現させる狙いがみられる。「七月三日午後矢部嘱託講話（内外政治機構について）　一五―七―四（海軍省）調査課」[130]のなかに同種の内容がみられるため、矢部貞治の構想が反映されたものと推測できよう。この理念は、阿部内閣期の大次官制案や行政機構改革構想を引き継ぐものであった。

3　内閣機能強化と参議制

これまでにあげた諸案は、平沼・阿部両内閣では表立って提起されてこなかった。平沼内閣は近衛前内閣期の政治機構を引き継ぐ現状維持的な性格が強く、阿部内閣では少数閣僚制が導入されていたからだと思われる。一九四〇年六月という時期に抜本的な改革案が数多く検討されるのは、新党結成の動きに近衛文麿が乗り出し、新体制運動として盛り上がっていく経過と関係があると考えられる。また、政界再編を企図するこの運動のなかでは、政党所属の参議に一定の役割が期待されていく。

木戸幸一内大臣は一九四〇年五月二六日、「紀尾井町錦水別宅に於て近衛公、有馬伯と会食、新党問題につき意見の交換し〔ママ―編者註〕」た。註(131)にあげた論考でふれられる有名な会談だが、新政権構想の部分のみ改めて検討する。

まず「大命降下ありたる場合考慮すべき事項　(イ)陸海軍両総長、内閣総理大臣、陸海軍大臣を以て最高国防会議を設置すること」や「総理と陸海軍大臣だけにて組閣し他は兼任とすること。但し情勢により二三の閣僚（例へば外務等）を選任すること」に注目したい。新党樹立後の大命再降下によって成立する新内閣は、少数閣僚制を採用するということである。閣僚は首相と陸海相――場合によっては外相――のみと読めるが、別の部分では「新党成立の暁党員中より人材を抜擢して全閣僚を任命すること。新党結成前に選任したる閣僚は必ず新党に加入すること」とされた[131]。同時期の一九四〇年六月に案出された「亀井貫一郎らの新党計画」でも「小数〔ママ―編者註〕五六人ノ閣僚ノ兼任」が提起され、「ソレハ首相ノ自由トナル条件ノモノ、例之東条、白鳥、結城、後藤ノ如キ又ハ中野或ハ末次、有馬、千石、松岡ノ如キモノニテ posts ヲ残」すことが想定されている[132]。前述した昭和研究会の「分離」案は、省務に縛られない国務大臣による意思決定を狙いとしているが、亀井の案は、「分離」ではない方法で首相が閣僚を束ねやすい環境をいかにつくり出すかという点を重視している。陸軍の武藤章が「近衛公爵が新党運動に乗り出し、これを地盤として強力内閣を作る企図があるかの如き記事が新聞を賑わし[133]」ていると回想するように、新党運動の目的は「強力内閣」の構築にあった。木戸や亀井の案はその具体策といえよう。

「強力内閣」構築のためには、既存の米内政権になんらかの変更を迫る必要がある。一九四〇年六月六日、参議であり政友会正統派の領袖でもある久原房之助は米内首相に対し「一、速カニ英米追従方針ヲ更改シテ新外交方針ヲ確立スル事　二、支那事変ノ解決ヲ促進スル為メ断乎トシテ交戦権ヲ発動シ欧州交戦国ノ支那ニ於ケル駐兵ヲ撤退セシメシンガポール以来ニ於ケル敵性国家ノ船舶及貨物ニ対シテ必要ナル処置ヲ講ズル事」などを求めるとともに、内閣の進退を明らかにするよううながした[134]。すでに「久原は、五月二十三日、定例参議会終了後、米内首相と会見し、政党革新に関する所信を開陳し、国内全勢力が一体となって事変処理に当るべきときであるから、政府も戦時体制の強化については大勇猛心を振起されたいむね強調」し、「ついで六月六日、再度会見のうえ、米内の考慮を求めた[135]」のである。

六月六日の様子をもう少しこまかくみてみたい。「翁〔久原〕は、午前十時から開かれる定例参議会の開会前、官邸で首相に面会、近衛枢密院議長の推進する挙国政党への所信を表明し、政友両派、社大〔社会大衆党〕、小会派の解党工作が出来て、民政党の態度決定を待つばかりに在る状勢を述べ、首相の善処を要望するところがあった[136]」。西園寺公望の私設秘書・原田熊雄は、「先日久原は総理を訪ねて自分の意見をしきりに述べたが総理が容れなかつたので、遂に参議を辞し、声明書を発表した」と記し、つづけて「その声明書は要するに、倒閣の動機に出るものではないことをしきりに言つてゐるけれども、その辺はよく判らない」と述べている[137]。

結果として、「米内首相は、翁のこの進言にも拘らず、依然、静観の態度を変えることがなかったので、翁は直ちに内閣参議を辞し、翌七日次の声明を出して、去就を明らかにした」(138)。久原は反米内内閣の態度を決め、新党への合流を明示したのである。民政党の斎藤隆夫が「久原総裁内閣参議を辞す。新党運動に拍車をかく」(139)と書きとめているように、彼の辞任は新党運動の促進力となるものであった。真崎甚三郎は「久原ノ参議辞職ハ倒閣ノ意ヲ有」するものとみており、その「背后ニ武藤等アリト云フ。或ハ真ナラン」(140)と推測し、陸軍と政党の連携による新党樹立の動きととらえている。さらに「これから起つて来る問題は、松野〔鶴平〕鉄道大臣は久原派の代表として入つてゐるのであるから、この事態についてもかれこれ言はれるだらうといふことである」(141)ともされ、久原に近い松野の行動が米内内閣の去就に影響を与える可能性も指摘されていた(142)。

このように、久原の行動は、新党運動にはずみをつけるものであった。参議は内閣と進退をともにする必要はなく、首相の従順な補佐者というわけではない。自身の不満を率直に開陳することができ、場合によっては辞任という手段で圧迫をくわえる力を有していたのである。新党運動が盛り上がっていく理由の一つとして、強力な戦時体制化に移行できない米内内閣に対し、政党所属の参議が軍部と共同歩調をとった点にあるといえよう。

4　参議の活用と新党運動

久原の辞任後、新党運動の推進者の一人であり、第一次近衛内閣の内閣書記官長をつとめた風見章が、一九四〇年六月に「結党方略」と題する案を六種類検討している。そのなかで内閣参議制に関するものは一六日と二一日の二つある。

一六日の案では、「内閣参議制はこれを存続」するが「旧参議の辞表は尽くこれを受付け」るとしている。「暫らく参議を選任せず」ともあるゆえ、参議制の運用を休止する意図かと思いきや、「政界旧人物操縦の謀略に利用するを可とすべし」との考えも示していた。[143] 運動によって発足するであろう新党に新しい参議を活用する狙いが読み取れる。

二一日になるとさらに具体的な手順が想定されている。

〔前略〕一、参議の辞表は此れを受付け、参議制を存続するも参議の選任は結党後にこれを行ふ。参議制を廃止するも一案なれども、党の運営上この制度を当分利用するを可とすべし。

一、結党完了まで（長くとも約十五日間）は結党工作を円滑ならしむるため、有馬〔頼寧〕又は風見〔章〕両氏の中、臨時にその職に就くを便宜とするやも知れず。

一、その場合は結党後、直ちに代議士中より適任者を選任す。出来得れば、最初より代議士中の適任者を選任するを可とすれども、従来党派間の摩擦深刻なりしが故に、結党前に政党出身者を選任せば、無用の摩擦起るの危険多かるべし[144]

新党に「代議士」を参議として呼び込むことは派閥対立を起こす危険性があるゆえ、新党結成前に人選を行わないという姿勢が確認できる。日中戦争の処理に益するという参議制本来の目的から、新党の基盤を固める役割へと変化している様子がわかるだろう。「当分」という表現からも、風見が参議制を永続的に運用していくものとはみなしていないことがわかる。参議制は制度として残すものの、あくまで新党発足の補助的なあつかいとするのが、風見の考える参議制の活用方法であった。このとらえ方を参考にするなら、前述した久原の参議辞退は、参議という役職ではなく、政党の領袖という立場が米内内閣に圧迫を加えたと解釈するのが正確と思われる。

「結党方略」ではそのほか、政治システムの変革をも提起している点に注目したい。

〔前略〕一、総理、陸、海三者にて組閣す。随つて各省大臣は三者にて兼任す。或は書記官長を国務大臣とし、総理は外務のみを兼任し、書記官長を兼任する国務大臣が外務以外の各省大臣を兼任し、又は書記官長と陸海三大臣にて他の各省大臣を兼任するも一案なり。

〔中略〕

一、組閣と同時に内閣に十人内外の参政官を置き、書記官長の下に在りて内閣のスポークスマン、結党工作との連絡、内閣関係の諸事務、各省との連絡等に当らしめ、書記官長を補佐せしむ。この参政官は岸、牛場両氏の外は代議士中より選任す。〔以下略〕(145)

最初の「一」は、五月に近衛文麿・木戸幸一・有馬頼寧が話し合ったさいの「総理と陸海軍大臣だけで組閣し、他は兼任とする」という点と同じである。ただし別の部分で「結党完了まで各省の大臣は此れを補充せず、優秀なる次官を選任して事務を執らしむ」と定め、陸海相以外による省務の運営を「次官」に担わせるとも明記している。くわえて組閣後の対応を示した二つめの「一」は、前章でみたように、第一次近衛内閣期に風見が構想した参政官の登用、および閣内外の情報を内閣書記官長のもとに一元管理する構想と共通している。

以上のように近衛を党首にあおぐ新党運動が具体案をともなって進みだし、以後、既成政党の解党が進むことで、「分離」や省庁の統廃合などの内閣制度改革が米内内閣のもとで断行される可能性は断たれた。陸軍軍務局長の武藤章も「鈴木〔貞一〕少将もやはり「現内閣ではとても駄目だ。次に出来る内閣のやり方は、どうしても閣僚を少くして、仕事の運ぶやうにするより途がない」と言つて、一つの案を自分に見せてかれこれ言つてをつた(146)」と回想し、次の政権に改革の期待を寄せていく。

矢部貞治による「新しい政治体制とは」では「内閣制度については、何よりも、国務大臣が徒らに日常の煩瑣な行政事務に没頭して綜合的大局的な国策の企画や統合といふ重大な任務を損ぜられることのないやうにしなければならない」ないため「大臣の数を少くし、類似の数省を大きく分轄せしめ、各省に行政長官を置いて、日常行政事務は出来るだけこの長官に移管するといふやうな改革が必要」と述べたうえで、「有力な総務局、企画局、情報局を整備し、総務局には、統一的でかつ公正な人事行政のため人事部を含め、企画局には、現行制度の主計局や法制局や、物動計画の諸機関をも統合するといふやうな改革も必要である」と主張している。(147)これも次期内閣への要望といえよう。

一方で、米内内閣総辞職直前の海軍省調査課による「強力内閣制度ニ関スル意見・一五、七、一七」(148)では「国務大臣ノ数ヲ出来得ル限リ少クス」とされ、その理由として、日中戦争および南方施策の実施のためには「国務」事項の一切を戦争指導に集中させて「国防国家」の建設をはかる必要があること、したがって「国防ノ要求ニ副フ如ク一切ノ国務ヲ統制シ而モ迅速ニ断行スルコト緊要ナリ、国務大臣ヲ出来得ル限リ少クスル所以茲ニ在リ」という点が示されている。「各省ニ行政長官ヲ置ク、行政長官ハ之ヲ親任官トシ其ノ権限ヲ従来ノ次官ヨリモ大トス」という点については、「各省長官ニ従来ノ次官ヨリモ大ナル権限ヲ与フルヲ以テ兼務大臣案ノ欠点ヲ補フコトヲ得ベシ」という記述をあわせ考えると、次官よりもさらに強い権限が付与された「行政長官」を設置することで、省務を専門的に担わせる目的であろう。また「第二、内閣制度（試案）」に示されている「総理大臣、外政大臣（外務省、拓務省）、内政大臣（内務省、司法省、文部省、厚生省）、陸軍大臣（陸軍省）、海軍大臣（海軍省）、経済大臣（大蔵省、農林省、商工省）、交通大臣（逓信省、鉄道省）」という各省庁の統廃合案は六月のものを踏襲している。

ただし、以上の各構想に、従来の参議制および新党運動・新体制運動の過程で考案された参議や参政官とかかわらせようとする姿勢はみられない。ここからも、参議制の活用が新体制運動とのかかわりのなかでは限定されたものだったことが確認できる。参議制が新体制発足のさいの補助的な存在としかみられていなかったことは、その新体制運動の中心である近衛が運営した次期内閣でのあつかいにも影響をあたえ得るものだったと考えられる。

五　第二・三次近衛文麿内閣期の内閣制度改革論議

1　参議の影響力

一九四〇年六月二四日に近衛が枢密院議長を辞職し、新体制運動に自ら乗り出したことにより、既成政党も競って解党していった。七月二二日には第二次近衛文麿内閣が成立する（～一九四一年七月一八日）。では、自身の第一次内閣で設置した参議制、また議論を活発化させた内閣制度改革論議に、近衛はどのような態度をとっていくのだろうか。参議についていえば、「秋田〔清〕氏参議会の状を語る。初め新内閣の成るや参議辞表を提出す、首相驚き秋田氏に面会を求めて引き留めを策す(149)」という動きがあった。真崎甚三郎が「〔勝次による〕諸情報ニヨリ参議ハ少数トシ、野村、頭山、秋山及予ト外二名ノ呼声高シト云フ(150)」とみるように、参議の選任が現実味を帯びていく。

近衛首相からの慰留を契機として、秋田清は「首相に談じて参議会の活用を論じ、遂に首相と議して三ケ条の覚書を作」っている。彼が提示した条件とは「㈠は参議制度に国務に参画すとあるを実現すること、㈡は重要国務は悉く協議すること、㈢は内外重要事項は一々速かに参議会に報告すること、の三ケ条を二通に認め各一通を所持することとす」るものであった(151)。阿部信行内閣と交わした「覚書」同様、参議（会）の意思が実際の政治に反映されるよう、またその結果を参議がしっかりと把握できるように釘を刺したのである。当時、「参議会の権限増大は時局収拾、民意貫徹には好都合なり」とする一方で、「内閣としては厄介ならん」という見方もあった(152)。参議の意見を徴していたら政策の実行が遅延するため、参議の活用を渋る態度が内閣側にあったことを指摘するものと考えられる。参議の活用に本腰を入れようとしない内閣に秋田は活用を迫ったのだが、第二次近衛内閣はむしろ参議を意識的に忌避する態度をとっていた可能性がある。[153]

同様の傾向は、池田成彬の言からも裏づけられる。彼は「あの〔三国同盟の締結〕時は米内内閣が潰れて第二次近衛内閣が出来た時です。ところが私は、その前から内閣参議というものになっていた。第一次近衛内閣の時です。ところがその後の平沼内閣でも阿部、米内内閣でも、参議は一応辞表は出すけれども、まあやってくれ、頼むというわけで、引続きやっていました」と述べたうえで、「参議制度をこしらえた近衛さんが第二次内閣をこしらえた時に、参議が辞表を出したらそれっきりで、そのままになっていてくれとも何ともいわない」という変化が生じたと指摘している。これを彼は参議制の「自然消滅」と理解した。ただ「そうこうしておるうちに十月頃に三国同盟が出来た〔正確には九月二七日調印〕。それが済んでから、「また参議になってくれ」ということ」があったため、池田は「三国同盟をつくる間だけ参議をはずした」と考えるにいたった。[154]「なぜ三ケ月か四ケ月抜いたのか、その間に三国同盟を拵へた。三国同盟は先生〔近衛首相〕は好んでやる人ではないが、三国同盟をやるには、内閣参議やいろいろのやつがあつて、ぐずぐずいふと面倒だと思つて抜いたとも考へなければならぬ[155]」と勘ぐっているのである。「三国同盟というとそれぞれ各参議は変った意見を持っておるから、議論百出して面倒だと思ったのでしょう[156]」とも推測している。

以上から近衛首相は、三国同盟を無事に締結させるため、政治や外交に関する参議の献策を排除した可能性が高い。本来、提言を行う権利が与えられているはずの参議が、ないがしろにされたという不満が池田にはあったと思われる。

2 参議の存在意義

ただしそれでも、第二次近衛内閣は参議制を廃止しなかった。「新体制の見透もついたので、九月二十八日には、兼任になっていた鉄道、拓務、厚生の各大臣に、それぞれ小川郷太郎、秋田清、金光庸夫が親任され」るとともに、

「参議は政変の際辞表を出したままになっていたが、十月三日の閣議で、改めてこれを任命することになった[157]」。前項の内容をふまえると、これは「新体制の見透もついた」ことにくわえて、三国同盟が締結されたことも大きいといえよう。

近衛首相は荒木貞夫に参議への就任を求めた。しかし同じ派閥に属する真崎甚三郎は「〔小俣の情報では〕荒木ノ参議辞退ハ日独以〔伊〕同盟ニ反対ノ為ナリトシ[158]」と日記に書きとめている。極東国際軍事裁判における弁護側の「冒頭陳述」でも「翼賛会設置問題と三国同盟締結問題に対しては荒木は断固反対、就任を辞退[159]」したとされている。

荒木の辞退理由をもう少し具体的に伝えるものに、原田熊雄による「近衛　○参議　荒木大将は断る。赤化運動の心配。○大谷、林等をする[160]」という記述がある。日独伊の枢軸強化が親ソ主義であることや、海洋政策を重視し南方に進出しようとしている点を理由とするものもあった[161]。荒木の周囲には新体制を「即赤色系ノ構成」と断ずる者が多いゆえ今後の荒木の動向を注視すべき[162]という指摘からは、陸軍皇道派の多くが新体制運動を共産活動ととらえている様子がうかがえる。荒木の参議辞退は、三国同盟および新体制運動への反対によるものであったと考えてよい。

内閣の政策と対立する荒木をあえて参議に据えようとした近衛の真意ははかりかねる。以前からの皇道派への配慮の一環とした場合、参議を自身の政策ブレーンとして活用することは念頭に置いていないことになる。また、真崎甚三郎によれば「近衛公ハ最初予〔真崎〕ヲ採用セントセシモ軍ヨリ〔武藤〔章〕ノ一味ナラント予ハ考フ〕反対アリ[163]」という経緯もあった。「予ハ参議ノ問題ニアラズシテ公ガ二、三幕僚ノ言ニヨリ左右セラルルヲ悲ミ[164]」からは、近衛が参議制をどの程度活用しようとしていたか、やはり疑問といわざるを得ない。参議の人選に対して、木戸幸一が近衛にいだく「どうもあゝいふ風な思付きでぱつ〳〵とやるやうなことぢやあ、実に困る[165]」との感想も同様である。

荒木以外の人選についてはどうか。「大谷光瑞の参議は尊由から頼まれた」や「久原が、大口喜六と岡田忠彦を是非用いてくれというので、近衛は久原自身は引退するのだと思ったら、久原自身も出て来た」[166]、あるいは「久原は断ると思つたら入つた〔安達〕[167]」との記録もある。「安達謙蔵には枢密顧問を勧めたが、この時期になりたくないというので参議にしたということである[168]」との記述もふくめて、各方面の支持を取りつける手段として、参議というポストが利用されているように見受けられる。一九四〇年一〇月一日、有馬頼寧が「首相を訪ね、〔政友会〕久原派より大口氏を参議とすることにつき中島派、民政納まらず苦慮されたが、津雲氏より大口氏を常任、岡田氏を平にてよろしき様いはれたので無事につむ〔ママ―編者註〕[169]」としていることからも、政党間の派閥人事の性格が強い。

以上からは、参議制の運用が近衛自身によって敬遠されていたことをとくに押さえておくべきであろう。〝猟官の具〟という位置づけにくわえて、参議が内閣の政策遂行を邪魔する存在とみられるまでになったことが、彼らの政治関与を今後、不可能にしていったと考えられる[170]。

3　内閣制度改革をめぐる議論

一方、行政機構改革が断行される可能性はあったのか。すでに述べたように、昭和研究会は「政治機構改新大綱」で「分離」と少数閣僚制を提起していたが、ほかの政治団体はそこまでの制度改革を考えておらず、温度差が生じていた。たとえば海軍は、加藤陽子氏が指摘するように、大胆な改革の断行を主張する陸軍に対して慎重な姿勢をみせていた[171]。

一九四〇年七月の「大本営政府連絡会議決定」による「世界情勢ノ推移ニ伴フ時局処理要綱[172]」のなかで、改革構想にふれた部分が「第四条　国内指導ニ関シテハ、以上ノ諸施策ヲ実行スルニ必要ナル如ク、諸般ノ態勢ヲ誘導整備シツツ、新世界情勢ニ基ク国防国家ノ完成ヲ促進ス」の、とくに「一　強力政治ノ実行　二　総動員ノ広汎ナル発動」

である。この点について、陸軍省による「「時局処理要綱」第四条の具体的要目」[173]の「㈠総理大臣ノ権限強化」には「1各省間ニ於テ意見ノ一致ヲ見サル問題ニ対スル決裁権確立」と「2国家総動員ノ計画実施ニ関スル統轄権把握」があげられている。さらに「㈡各省割拠主義ノ打破」では、「1企画院ヲ拡大強化シ特ニ監察的機能ノ具備及総力戦的調査並ニ計画ヲ行フヘキ機構ノ整備ヲ図リ之ニ統制省的実質ヲ具有セシム」という構想があげられていた。「2内閣官制ノ再検討（各省ノ整理統合及少数国務大臣制ト行政大臣トノ権限区別ニ関スル件ノ如キ）」や「3綜合人事局ノ設置」からは、陸軍が内閣官制の改正をともなう「分離」を提起していたことが確認できよう。

それに対して、海軍省の調査課長による「第四条の陸軍省案に対する意見」[174]は、「総理大臣ノ権限ヲ相当強化スル必要ヲ認ムルモ㈠各省間ノ意見ノ不一致ヲ決裁スル権限ヲ総理大臣ニ与フルハ行キ過ギニシテ斯ノ如キ最高決定権ノ確立ハ憲法ノ精神、我国体ニ反スルモノナルヲ以テ本項ヲ削除スルヲ要ス」と否定している。行政機構改革に対しても、「国務大臣ヲ少数トスル必要ヲ認ムルモ国務大臣ト行政長官トヲ分離スルハ適当ナラズト思料ス」と判断され「分離」を否定した。それは「事務ヲ離レテ国務ハアリ得ザルモノナルヲ以テ国務大臣ハ同時ニ事務大臣タルベキモノナリ、憲法ノ精神ハ国務大臣ハ同時ニ事務大臣タルヲ正道トスルモノト認ム」という理由からであった。

海軍省は一九四〇年八月七日の「内閣新制度ニ関スル意見」[175]でも「イ国務大臣ノ数ヲ出来得ル限リ少クス　ロ国務大臣ト事務大臣トヲ分離セズ　ハ省ノ数ハ必要ニ応ジ増加スルヲ妨ゲズ、省ノ上ニ府（仮称）ヲ新設ス（府ノ中必要アルモノハ数省ヲ統合シタルモノトス）」や「国務大臣ト事務大臣トヲ分離スルハ適当ナラズト思料ス、事務ヲ離レテ国務ハアリ得ズ、国務大臣ハ行政事務ニ付テモ最高ノ責任者トスルヲ至当ト認ム」と述べ、「分離」に固執しない対応、具体的には複数の省を統合した「府」の新設を提起している。複数の省を大臣が兼任する効果があがるように、内閣が「府」を統制する狙いがみてとれよう。「内閣新制度要綱案」には、「府」が既存のどの省で構成されるのかという点とともに、その所管大臣の呼び方が表組みで示されている。これらと同じ内容は、八月一二日の「内閣及各省ノ新制度ニ関スル意見[176]」でも繰り返されている。

かりに各省大臣の兼任制を採用しないとなると、平沼内閣のような「四相会議又ハ五相会議ノ如キ「インナーカビネツト」」の運用を重視することも考えられるが、それよりも海軍は「新体制ヲ各部面ニ亘リ確立スベキ秋ニ当リ本案ノ如ク改ムルヲ時宜ニ適シタルモノト思料ス」とするのである。[177]「兼務大臣制ヲ以テ国務大臣数ヲ減少スルコトモ考ヘラレザルニ非ルモ各省次官ノ権限ガ従来通ナル以上大臣ガ各省事務ニ追ハルル弊、各省割拠ノ弊ヲ脱ガルル能ハズ、本案ノ如クシテ各省長官ノ権限ヲ大ニシ且府所属ノ各省ヲ統制シ得ル如クセバ、此ノ弊ヲ除キ得ルニ庶幾カランカ[178]」という主張からも、特定閣僚ではなく閣僚全員による意思決定が基本とされていることがわかる。また政策の執行については、各省のセクショナリズムを打開するシステムの構築が目指されている。

このように、内閣制度改革に関しては陸海軍のあいだで可否両方の主張があり、それが改革を前進させられない要因の一つとなっていたと考えられる。

4　企画院を中心とする研究

行政機構改革の動きはしばらくなりを潜めたが、一九四一年三月六日に海軍の高木惣吉が「近衛総理ノ心境、陸軍ノ結束ニ関スル件、内閣強化ノ問題等[179]」と記すように、この間、近衛首相は内閣機能強化策の断行を気にかけていたようである。この近衛の懸念にこたえるように、外部ブレーン機関では精力的に研究を行っていく。たとえば「昭和十六年三月報告書第廿七号　行政新体制に関する研究報告　国策研究会」では、行政機構改革に関して首相の行政長官に対する指導力の強化を期待すること、内閣の補佐機関として「総務庁」を設置すること、経済参謀本部や人事庁を設置することを提起している。また各省機構の改革では、各省次官の地位を高めるとともに、「次官の地位向上に伴ひ大臣の地位がロボット化さるゝことなきやう」と、各省大臣の役割が有名無実化しないように注意をうながしている。[180]海軍と同様に「分離」の実現の可能性は低いとみて、制度変更をともなわない行政運営の円滑化を模索していた。[181]この作成に企画院の秋永月三が主要な役割を担っていることから、内閣の政策立案に対する影響は多分にあったと考えられよう。

他方で、首相の各省に対する指示権については、内閣官制の改正が視野に入れられている。一九四一年六月三〇日に「内閣総理大臣ノ権限強化ニ関シ内閣官制改正ノ件（案）」が作成された。[182]そこには「内閣官制中左ノ通改正ス」として「第二条ノ二　内閣総理大臣ハ戦時又ハ事変ニ際シ勅令ヲ以テ定ムル事項ニ付統轄上必要アルトキハ命令ヲ発シ又ハ行政各部ニ対シ指揮命令ヲ為スコトヲ得」と記され、具体的なケースが項目立てられている。「右ニ依リ総理ノ法令上ノ権限ヲ強化スルト共ニ一方総理ノ下ニ強力ナルスタッフヲ設ケ、総理ノ権限ヲシテ名実相伴ハシムベキコト」では、首相の法制等における権限を強化するとともに、首相の下に強力なブレーン機関を設けるという考えが打ち出されている。各省に対する指示権だけではなく、首相が強力な権限を発動できる国家システムの構築が、企画院が思い描く理想の内閣機能強化策であった。

企画院では七月一一日にも「行政事務ノ戦時化ニ関スル方策」をまとめ、行政機構の改革として、各省に戦時対策班を設置し戦時施策の強力な推進・統制を遂行することや、戦時業務に応じるために必要な行政機構改革を断行することなどを説いた。[183]池田順氏は首相の権限強化の動きを第三次近衛内閣成立以降とみているようだが、[184]すでにそれ以前から具体案は検討されていたのである。ゆえに、日米交渉の開始以降、開戦が現実味を帯びていくなかで戦時体制化への移行が求められ、そのための行政機構改革の必要性が徐々に高まっていったととらえるのが正確であろう。その後、一〇月三日の「内閣官制改正要綱（案）」では、「第二条ヲ左ノ如ク改ムルコト　内閣総理大臣ハ各大臣ノ首班トシテ機務ヲ奏宣シ旨ヲ承ケテ施政ノ方向ヲ指示シ行政各部ヲ統督ス」という、一八八五年制定の内閣職権に近い表現が使用されている。これに関連して前述の「第二条ノ二」についても「内閣総理大臣ハ別ニ勅令ヲ以テ定ムル事項ニ付統督上必要アルトキハ行政各部ニ対シ指揮命令ヲ為スコトヲ得」という変更を提起している。(185)

このように政府内では、企画院において首相の機能強化策が継続的に検討された。しかし、第一次近衛内閣以来の「分離」の議論や少数閣僚制の実践の成果をふまえた場合、断行に移すのはかなり厳しかったといわざるを得ない。

5　無任所相の設置

参議の活用も「分離」の断行も省庁の統廃合も見込めないなか、最終的に実現可能な措置とされたのが無任所相の活用であった。第二次近衛内閣では、法制等を整備したうえで無任所相の設置に踏み切っている。

無任所相として入閣した平沼騏一郎は、その経緯について次のように述べている。まず平沼が「大政翼賛会〔一九四〇年一〇月に発足〕の天下となれば皇室は廃止となる、さうなればあなた〔近衛首相〕の責任だと言つた」。「すると近衛公は、〔中略〕兎に角翼賛会を率ゐてやつて下さい、総裁は総理がやるので出来ないが、副総裁としてやつて下さいと言つた。が、私〔平沼〕は出来ぬと答へた。然しこのまゝで推移してはいけぬから、内閣に入つてやらうと、それで国務大臣を作つて入つた」のであった。(186)内閣書記官長の富田健治は「その頃大政翼賛会が赤だというデマは、観念右翼の人達を中心として、しきりに放送されていたが、其の一方の中心が、国体明徴派の平沼騏一郎氏であったことも事実である。そこで先ず十二月初旬平沼氏を無任所大臣として入閣せしめ、この方面の風当りを弱めたいというのが近衛公の考えであり、木戸内大臣の助言でもあった(187)」と述べており、平沼に大政翼賛会が「赤」であるとの批判を払拭させる狙いがあったことがわかる。

この対応に有馬頼寧は、「総理は何を考へて居るのか。翼賛会関係の事なら、具体的になつた時に考へることにする」と否定的に書きとめている。[188] 海軍の高木惣吉も「平沼男ヲ国務大臣トシテ内閣ニ招ジ入レタル近衛総理ノ肚裏ハ詳ナラザル」としている。ただし高木は他方で「挂冠後ハ男ニ後図ヲ托スルノ意嚮アルニアラズヤト察セラルル所アリ」と観測していた。「近衛公ノ後ヲ引承ケ得ルハ乃公ヲ措キテ他ニ無シト平沼男自ラ側近ニ洩セシ由伝ヘラル」という状況であったが、実際には「平沼男ハ河田、安井、風見及小林ノ四相ノ更迭ニヨル改造ヲ示唆シツヽアリ」といったように、後々の人事に目を配っていた。[189]

しかし平沼は、ほどなくして内相に転換する。木戸幸一は「安井内相の辞意─無任所大臣の設置決定─平沼男起用、無任所相か内相か─内閣一部改造、安井、風見の勇退─等〻」[190]と書きとめ、平沼の入閣が当初から内相就任をふくむものであったことを伝えており、近衛が無任所相としての活用をどれほど意識していたかは不明である。

その一方で、無任所相の設置は周到に準備された措置でもあった。一九四〇年一二月六日、勅令によって「内閣官制第十条ノ規定ニ依リ国務大臣トシテ内閣員ニ列セシメラルル者ハ親任官トス　前項ノ規定ニ依ル者ノ員数ハ三人以内トス」ることが発表されている。[191] その前日の「内閣書記官長発表要領」では、「従来、無任所大臣に関しては官等等の規定もなく其の地位が明確でなかつた為〔鉛筆で消去線あり〕実際上他の官職に在る者に命ぜられるの外道がなかつたのである。政府は此の際無任所大臣を以て親任官たることを明確にして他の官職に在る者以外の者も無任所大臣となし得ることとなすの必要を認め、勅令案を立案した」と説明されていた。[192] 平沼内閣以来、設置されてこなかった無任所相が設置にいたった背景には、「分離」のような内閣官制の大幅な改正をともなわず、かつ首相の補佐と同等の効果が期待できる点があげられよう。参議制の狙いを兼ねる性格をもっていたことも影響を与えていると思われる。

こうして平沼は一九四〇年一二月、無任所相として入閣することになり、星野直樹も企画院総裁という地位で就任した。この二人の力関係について平沼は、近衛が「国務大臣はあなた〔平沼〕を入れる為に作つたので、他の者は無意味だと言つた。近衛公は今は余程堅実になつたやうだ」[193]と述べたと回想しているが、前述したように、平沼は二週間ほどで内相へ異動する。その後、無任所相の入れかえが行われ、「近衛、平沼ヨリ小倉〔正恒〕ニ要請。小倉ノ条件　賀屋→企総〔企画院総裁―編者註〕　八田→商工」という配置になった。小倉に対する無任所相への就任要請に平沼がくわわっている点に、平沼の影響力を推しはかることができる。[194]

小倉については、彼が無任所相と蔵相の在任時に秘書官をつとめた日向方齊が「近衛さんの経済最高顧問的立場で入閣したので無任所ではあった」と回想している。二人いる無任所相のなかでも、小倉の役割は「経済関係」という面に限定されたものであった。「経済閣僚の一段上に在った」や「何れにせよ小倉さんの無任所大臣は経済閣僚の纏め役として第二次近衛内閣に重きをなしていた」という表現からは、大蔵大臣よりも重要な役職という認識がうかがえる。[195]「経済閣僚が弱体だというので、四月二日小倉正恒氏を無任所大臣に、四月企画院総裁も星野直樹氏から鈴木貞一陸軍中将にと改造が行なわれたのであった」[196]という点からは、小倉以外の無任所相が果たす役割分担も読み取れよう。

以上から、第二次近衛内閣における無任所相の特徴として、まず制度を拡充することで設置への疑義を払拭した点をあげておきたい。無任所相は次の第三次近衛内閣（一九四一年七月一八日〜一〇月一八日）で三人、その次の東条英機内閣では定数が三人から六人へと増やされ、小磯国昭・鈴木貫太郎両内閣でも複数人が就任していった。鈴木内閣期の活動については第二部第三章でふれたい。もう一つ、第一次近衛内閣期を中心に議論された閣内をまとめ上げる役割というよりも、それぞれの得意な分野で手腕を発揮させるといった業務の分担化がはかられた点も大きな変化といえる。

本章でみてきたように、平沼～第三次近衛内閣の議論を経て、「分離」の断行に対する慎重な姿勢は固定化した。参議に関しては、度重なる参議側の改善要求も効果がなく、第二次近衛内閣以降は活用が規制されるまでになっていった。種々の内閣機能強化策の着手が滞るなか、近衛が最後にたどりついたのが、無任所相の常設だったのである。第三次近衛内閣以降、「分離」の検討はほぼみられなくなり、参議制は東条英機内閣において内閣顧問制としてテコ入れされる。第三次近衛内閣を境に内閣機能強化策の実現可能性が低くなったことは確実にいえるが、それでもなお戦時内閣は新たな強化の可能性を求めてアジア・太平洋戦争期をむかえていくことになる。

おわりに

以下では、「はじめに」で掲げた課題に対する結論を述べていく。まず、第一次近衛内閣以後の参議制を評価したい。

参議の活動に対しては、内閣が担うべき天皇への輔弼責任に抵触するとみる向きがあった。参議が首相やほかの国務大臣以上に発言権を握って国家の意思決定を左右することになれば、明治憲法第五五条に違反するという見方である。では参議はなぜ残置され続けたのか。まず各勢力の重鎮が就任したことが大きい。参議の任免に際して、各勢力の配分比率が崩れたときの反発は、政権基盤を揺るがすほどの影響力があったからである。また、参議個々人の発言や行動が与える影響も無視できないものがあった。久原房之助の参議辞任が新党運動に拍車をかけた点や、参議制の改善要求を何度も行う秋田清、三国同盟に反意を示す池田成彬らは、内閣にとってうとましい存在だった。であるがゆえに、参議の活用に対して内閣側の自己規制が働き、活用の可能性を欠いたまま推移し、しだいに有名無実の役職へなっていったと考えることができよう。くわえて、新党を根拠とする新政権構想のなかでは参議の活用が盛り込まれたものの、彼らを長期的に国政へ参画させる意図はみられなかった。先行研究が指摘するように、確かに参議は第一次近衛内閣以降、特段の成果をあげていない。しかしだからといってすぐに閑職化したわけではないし、〝猟官の具〟と化したわけでもなかった。活用の可能性が完全に断たれるのは、第二次近衛内閣が彼らの国政関与を忌避したあたりからだと考えられる。

国務大臣単独輔弼責任制という独裁的な首相を生み出さないシステムが存在するなかで、ブレーン機関の活用が今度は内閣の輔弼責任を脅かすという構図は、参議制に限ったことではない。無任所相も同様であり、無任所相的閣僚を前提とする「分離」も同じ問題を抱えていた。内閣が当初からこの問題を強く意識していたとすれば、内閣機能強化の取り組みはきわめて実現度が低いものであったということになる。また、本章でみた各内閣は第一次近衛内閣と同様に、法制等の問題から改革を断念したという面ももちろんあるが、内閣みずからが強化策の断行に及び腰となっていった印象が強い。各内閣によるこの態度の積み重ねによって、種々の改革案は次期政権への課題として持ちこされるケースが目立った。内閣制度改革に関する研究は継続的に行われていくにもかかわらず、具体策が検討されればされるほど集約がしづらくなり、かえって断行が遠のいていく。そのほか、陸軍が現政権に見切りをつけたり、陸海軍と内閣の間で意見対立が繰り返されたりすることで、断行が順送りされていくこともしばしばであった。内閣機能強化の可能性を各勢力が一つずつ断念していった結果、断行への思い切りや時機を逸し、改革が実行に移されなかったと考えられる。

最後に、首相の政策決定力を強化するという共通の目的をもつ参議制と無任所相、そして「分離」案が互いに関連づけられなかったという問題を指摘しておきたい。第一次近衛内閣において、「分離」や無任所相の設置が困難ゆえ参議制が導入されたという経緯があった。「分離」案が内閣官制の大幅な改正を不可避とすることから、無任所相による会議体が構想されるというつながりも、前章でふれた通りである。にもかかわらず、平沼内閣から第三次近衛内閣にかけての政治過程では、新党運動のなかで若干、参議の役割に意識が向けられたものの、基本的に各措置はそれぞれ個別の対応にとどまった。また、各省を束ねる役割は参議や無任所相ではなく、企画院や昭和研究会案の「総務庁」といった総合計画官庁にあるとされた点も大きい。これにより、政策の形成から決定、執行にいたるすべての過程を強化するシステムが構築される可能性も狭まったといえる。以上にあげた点は、〝内閣機能強化を実現させることによる新しい国家体制の構築〟という長期的視点の欠如をあらわすものである。アジア・太平洋戦争に突入する前段階で、明治憲法体制が規定する諸機関の分立性はきわめて克服困難なものという認識を内閣自らが形成していった意味は大きいといえよう。ブレーン機関を政策形成や決定にかかわらせるという構想がみられるようになるのは、東条英機内閣で内閣顧問が設置されて以降、小磯・鈴木両内閣による同制度の活用まで待たねばならない。その成果については次章でみていくことにする。

註

（1）序論の註(26)を参照。

（2）近衛に対する大命再降下後の閣僚昇格予定者を「グルーピング」する狙いをふくむものであったとされる（前掲、加藤陽子「昭和一二年における政治力統合強化構想の展開―大本営設置と内閣制度改革―」一二九頁）。

（3）第一次近衛内閣期の参議制は、前掲、加藤陽子「昭和一二年における政治力統合強化構想の展開―大本営設置と内閣制度改革―」や前掲、松浦正孝『日中戦争期における経済と政治―近衛文麿と池田成彬―』を参照。

（4）前掲、加藤陽子「総力戦下の政―軍関係」一五頁。
（5）国立公文書館所蔵「御署名原本・昭和十四年・勅令第六七二号・国家総動員法等ノ施行ノ統轄ニ関スル件」（Ｒｅｆ．Ａ〇三〇二二四〇一九〇〇、ＪＡＣＡＲ、アジア歴史資料センター）。
（6）前掲、増田知子「「立憲制」の帰結とファシズム」。
（7）前掲、池田順「日中全面戦争下の国家機構再編（Ⅰ）」六頁。
（8）前掲、加藤陽子「昭和一二年における政治力統合強化構想の展開―大本営設置と内閣制度改革―」一七頁。
（9）同右、二一～二三頁。
（10）前掲、加藤陽子『模索する一九三〇年代―日米開戦と陸軍中堅層―』二九八、二九九頁。
（11）前掲、神田文人「近現代史部会共同研究報告　明治憲法体制における天皇・行政権・統帥権」一三四頁。
（12）前掲、松浦正孝『日中戦争期における経済と政治―近衛文麿と池田成彬―』。
（13）矢部貞治『矢部貞治日記　銀杏の巻―自昭和一二年五月二八日至昭和二〇年一二月三一日―』（読売新聞社、一九七四年）一九三九年一月一三日条、一八四頁。
（14）大久保達正・永田元也・兵頭徹編著『昭和社会経済史料集成　第7巻―海軍省資料7―』（大東文化大学東洋研究所、一九八四年）収録の「貿易行政統一ニ関スル意見」二二一頁。
（15）同右、二二二頁。「（注18）書込」という編者による註がある。
（16）同右。
（17）『大阪朝日新聞』一九三九年一月六日付、朝刊一面、「国防会議を創設し今後の対支策協議」。
（18）原田熊雄述・近衛泰子筆記・里見弴など補訂『西園寺公と政局　第七巻　自昭和一三年六月至昭和一四年六月　事変処理と三国同盟問題』（岩波書店、一九五二年）一九三九年二月一日、二七七、二七八頁。
（19）大久保達正・永田元也・兵頭徹編著『昭和社会経済史料集成　第34巻―昭和研究会資料4―』（大東文化大学東洋研究所、二〇〇七年）一一三頁。
（20）前掲『矢部貞治日記　銀杏の巻―自昭和一二年五月二八日至昭和二〇年一二月三一日―』一九三九年三月一〇日条、二〇二頁。
（21）前掲『木戸幸一日記　下巻』一九三九年一月四日条、六九四頁。

(22) 斎藤隆夫著・伊藤隆編『斎藤隆夫日記　下』（中央公論新社、二〇〇九年）一九三九年一月五日条、三〇七頁。
(23) 前掲『矢部貞治日記　銀杏の巻―自昭和一二年五月二八日至昭和二〇年一二月三一日―』一九三九年一月六日条、一八二頁。
(24) 真崎甚三郎著・伊藤隆ほか編『真崎甚三郎日記　第四巻―一四年一月～一五年一二月―』（山川出版社、一九八三年）一九三九年一月一七日条、三三三頁。
(25) 前掲、矢部貞治『近衛文麿』三九七頁。
(26) 前掲『小川平吉関係文書1』一九三九年一月五日条、四三五頁。
(27) 以下の段落の引用は、「無任所大臣問題」（日本貿易振興機構〈ジェトロ〉アジア経済研究所図書館、岸幸一コレクション〔インターネットホームページでデジタルアーカイブとして公開〕、B．太平洋戦争前政治、経済、B七．行政機構改革問題他、B七―五六三）。
(28) 以下の段落の引用はすべて、「無任所大臣論（手書）高木博士」（前掲、日本貿易振興機構〈ジェトロ〉アジア経済研究所図書館、岸幸一コレクション、B．太平洋戦争前政治、経済、B七．行政機構改革問題他、B七―五六四）。
(29) 国立公文書館所蔵「御署名原本・昭和十二年・勅令第五九三号・臨時内閣参議官制」（Ｒｅｆ．Ａ〇三〇二二一三八五〇〇、ＪＡＣＡＲ、アジア歴史資料センター）。
(30) 以上の「　」は前掲『西園寺公と政局　第七巻　自昭和一三年六月至昭和一四年六月　事変処理と三国同盟問題』一九三九年二月一一日、二九二頁。
(31) 一九三七年一〇月一九日の初顔あわせの席上、毎週火曜日の正午に首相官邸で会合することが決められた。ただ近衛首相は「是非御出席を願ふといふ意味ではなく成るべくこの日に御参集を願ひたいといふ意味」と挨拶し、会への参加を絶対的なものとはしていない（『東京朝日新聞』一九三七年一〇月二〇日付、夕刊一面、「成べく懇談的に意見を聴きたい」）。
(32) 前掲『木戸幸一日記　下巻』一九三九年二月一五日条、七〇一頁。
(33) 同右、一九三九年二月一九日条、七〇二頁。
(34) 以上の「　」は、前掲『西園寺公と政局　第七巻　自昭和一三年六月至昭和一四年六月　事変処理と三国同盟問題』一九三九年五月一二日、三六四頁。
(35) 以上の「　」は、同右、一九三九年五月一三日、三六六頁。

(36) 前掲『現代史資料九―日中戦争二―』五七二、五七三頁。以下、次節の手前までの引用もすべて同じ。
(37) 編者代表伊藤隆『高木惣吉―日記と情報―上』(みすず書房、二〇〇〇年)一九三九年八月三一日条、三五四頁。
(38) 『大阪毎日新聞』一九三九年八月三〇日付、夕刊一面、「少数閣僚制を採用」。
(39) 同右、朝刊二面、「〝少数閣僚制〟発表で組閣工作急速調」。
(40) 『大阪毎日新聞』一九三九年八月三一日付、二面、「社説　阿部新内閣の発程」。
(41) 『東京朝日新聞』一九三九年八月三一日付、夕刊一面、「機構改革に備ふ」。
(42) 山浦貫一「阿部内閣人物論」(『改造』一九三九年一〇月号)二六七頁。
(43) 『大阪毎日新聞』一九三九年八月三〇日付、二面、「〝少数閣僚制〟発表で組閣工作急速調」。
(44) 『東京朝日新聞』一九三九年八月三一日付、夕刊一面、「機構改革に備ふ」。
(45) 同右。
(46) 前掲『高木惣吉―日記と情報―上』一九三九年八月三〇日条、三五四頁。
(47) 同右。
(48) 吉田弘苗『秋田清』(秋田清伝記刊行会、一九六九年)六四九頁。
(49) 以上の「　」は、『東京朝日新聞』一九三九年八月三〇日付、二面、「万事閣議中心主義」。
(50) 『大阪毎日新聞』一九三九年八月三一日付、一面、「政策の一貫性確保」。
(51) 同右、朝刊二面、「社説　阿部新内閣の発程」。
(52) 『大阪毎日新聞』一九三九年八月三一日付、一面、「政策の一貫性確保」。
(53) 同右、朝刊二面、「社説　阿部新内閣の発程」。
(54) 前掲、吉田弘苗『秋田清』六四九頁。
(55) 矢次一夫『昭和動乱私史　中』(経済往来社、一九七一年)九八頁。
(56) 同右、九九頁。
(57) 同右、一〇五頁。
(58) 中村隆英・伊藤隆・原朗「〈連載〉現代史を創る人びと72　矢次一夫(国策研究会常任理事)〈第六回〉―戦時内閣の舞台裏―」

（『エコノミスト』第四九号、一九七一年一一月）八九頁。
(59) 以上の「　」は、前掲、矢次一夫『昭和動乱私史　中』九九頁。
(60) 前掲、中村隆英・伊藤隆・原朗「〈連載〉現代史を創る人びと72　矢次一夫（国策研究会常任理事）〈第六回〉―戦時内閣の舞台裏―」八九頁。
(61) 前掲、矢次一夫『昭和動乱私史　中』九九頁。
(62) 有竹修二『唐沢俊樹』（唐沢俊樹伝記刊行会、一九七五年）一七三頁。
(63) 堀眞琴「強力内閣論」（『中央公論』一九三九年二月号）一一九、一二〇頁。
(64) 『大阪毎日新聞』一九三九年八月三一日付、一面、「政策の一貫性確保」。
(65) 前掲、吉田弘苗『秋田清』六四九頁。
(66) 前掲、山浦貫一「阿部内閣人物論」二六七頁。
(67) 『大阪毎日新聞』一九三九年八月三〇日付、一面、「外交打開に積極的態勢」。
(68) 田浦雅徳・古川隆久・武部健一編『武部六蔵日記』（芙蓉書房出版、一九九九年）一九三九年九月一日条、三九一頁。
(69) 以上の「　」は、同右、一九三九年九月六日条、三九三頁。
(70) 『東京朝日新聞』一九三九年九月一四日付、一面、「首相の地位強化企図」。
(71) 以上の「　」は、国立国会図書館憲政資料室所蔵「諸制度ノ刷新並ニ運用」（「原田熊雄文書　文献番号　二四―一〇～四七―一九　No.二九」分類番号二五―三、コマ番号〇〇四二、〇〇四三）。
(72) 国立国会図書館憲政資料室所蔵「阿部信行関係文書」（分類番号Ⅰ―七、一九三九年）R―一。以下の引用や内容も同じ。
(73) 前掲、矢次一夫『昭和動乱私史　中』九三頁。
(74) 同右。
(75) 前掲、山浦貫一「阿部内閣人物論」二六八頁。
(76) 前掲、有竹修二『唐沢俊樹』一七三頁。
(77) 前掲、山浦貫一「阿部内閣人物論」二六九頁。
(78) 戸部良一『外務省革新派』（中央公論新社〈中公新書〉、二〇一〇年）一九一～一九五頁などを参照。

(79) 前掲、有竹修二『唐沢俊樹』一七三頁。
(80) 前掲、中村隆英・伊藤隆・原朗「〈連載〉現代史を創る人びと72　矢次一夫（国策研究会常任理事）〈第六回〉―戦時内閣の舞台裏―」九〇頁。
(81) 『東京朝日新聞』一九三九年一〇月三一日付、二面、「決定は首相の肚一つ」。
(82) 以上の「　」は、武藤章著・上法快男編『軍務局長　武藤章回想録』（芙蓉書房、一九八一年）一四〇頁。
(83) 前掲、矢次一夫『昭和動乱私史　中』一二二頁。
(84) 以上の「　」は、同右、一二三、一二六頁。
(85) 前掲、池田順「日中全面戦争下の国家機構再編（Ⅱ）」四一～四三頁。前掲、増田知子「「立憲制」の帰結とファシズム」二〇五～二〇八頁は、国務大臣単独輔弼責任制に抵触するという法制面で「分離」と関連づけているが、実際の政策をみる限り、両者に直接的なつながりは見受けられない。同時代人の見解としては、前掲、山崎丹照『内閣制度の研究』の「第五章　所謂内閣政治力強化の問題」三八五～三九一頁を参照。
(86) 以上の「　」は、松村謙三『町田忠治翁伝』（町田忠治翁伝記刊行会、一九五〇年）三五二、三五三頁。同様の書簡は、町田忠治伝記研究会編著『町田忠治（史料編）』（桜田会、一九九六年）四九九頁でも紹介されている。
(87) 『東京朝日新聞』一九三九年一一月二九日付、二面、「民政は積極的支持」。
(88) この段落の引用は、すべて前掲『町田忠治翁伝』三五三頁。前掲『町田忠治（史料編）』四九九、五〇〇頁も同様。
(89) 米本二郎『伝記久原房之助翁を語る』（リーブル、一九九一年）九七〇頁、もとの典拠は『報知新聞』一九三九年一二月二日付、二面、「参議補充の新意義、挙国体制の一翼、勝田、久原両氏起用に期待」。
(90) 山浦貫一「五党首会談と政治様相」（『中央公論（新年特大号）』第六二九号、一九三九年一二月）六三頁。
(91) 『東京朝日新聞』一九三九年一二月一日付、二面、「内閣参議補充」。
(92) この段落の引用は、すべて前掲、米本二郎『伝記久原房之助翁を語る』九七〇頁。
(93) 以上の「　」は、前掲、吉田弘苗『秋田清』六五一頁。
(94) 本節のここまでの引用は、すべて同右。
(95) 「参議制運用ニ関スル阿部内閣トノ覚書」の「参議制運用ニ就テ」（国立国会図書館憲政資料室所蔵「秋田清関係文書」資料番号

四九）。なお小川平吉も、阿部が首相に進言した「三ケ条」を日記にかきとめているが、内容は若干異なる。以下は日記からの引用。「㈠は参議制度に国務に参画すとあるを実現すること、㈡は重要国務は悉く協議すること、㈢は内外重要事項は一々速かに参議会に報告すること」（前掲『小川平吉関係文書1』一九三九年九月一一日条、五〇九頁）。

(96) 前掲、吉田弘苗『秋田清』六五二頁。

(97)『大阪毎日新聞』一九三九年八月三一日付、一面、「参議制も存続」。

(98) 財団法人吉田茂記念事業財団編『吉田茂書翰』（中央公論社、一九九四年）一二八頁。

(99) 同右、一二九頁。

(100)『東京朝日新聞』一九三九年一一月二九日付、二面、「心機一転で再出発」。

(101) 同右、一九三九年一二月二日付、二面、「五党首会談を開催し阿部首相、協力を求めん」。

(102) 同右、一九三九年一一月二九日付、二面、「参議の補充」。

(103) 前掲、山浦貫一「五党首会談と政治様相」六四頁。

(104) 前掲、吉田弘苗『秋田清』六五九頁。

(105) 以上の「　」は、前掲、山浦貫一「五党首会談と政治様相」六三頁。

(106) 二面、「五党首会談を開催し阿部首相、協力を求めん」。

(107) 前掲、矢次一夫『昭和動乱私史　中』一四四頁。

(108) 同右。

(109) 前掲、矢部貞治『近衛文麿』四二八頁。

(110) 前掲、吉田弘苗『秋田清』六七四頁。

(111) 同右。

(112) 前掲、矢次一夫『昭和動乱私史　中』一五二頁。

(113) 前掲『西園寺公と政局　別巻』一九四〇年二月六日条、三一五頁。

(114) 原田熊雄述・近衛泰子筆記・里見弴など補訂『西園寺公と政局　第八巻　自昭和一四年六月至昭和一五年一二月　内外危機の切迫』（岩波書店、一九五二年）一九四〇年二月七日、一八〇頁。

(115) 同右、一八一頁。
(116) 同右。
(117) 国立公文書館所蔵「有田八郎宣誓供述書　広田の内閣参議就任事情（米内内閣）、三国同盟と広田」（「A級極東国際軍事裁判記録（和文）（№一一五）」四B―〇二二―〇〇、平一一法務〇二一五三一〇〇、資料番号D二五五二、法廷証拠番号三二九〇、整理番号D四三五、リール番号〇〇七〇〇〇、開始コマ番号一〇五四）。
(118) 軍事史学会編、伊藤隆・原剛監修『元帥畑俊六回顧録』（錦正社、二〇〇九年）一九四六年六月一一日条、二三七頁。
(119) 前掲『西園寺公と政局　別巻』一九四〇年二月六日条、三一五頁。
(120) 以上の「　」は、前掲『西園寺公と政局　第八巻　自昭和一四年六月至昭和一五年一二月　内外危機の切迫』一九四〇年二月七日、一八二頁。
(121) 石渡荘太郎伝記編纂会編『石渡荘太郎』（石渡荘太郎伝記編纂会、一九五四年）三三一頁。
(122) 前掲『西園寺公と政局　第八巻　自昭和一四年六月至昭和一五年一二月　内外危機の切迫』一九四〇年二月七日、一八二頁。
(123) 以上の「　」は、同右、一八〇頁。
(124) 前掲『西園寺公と政局　別巻』一九四〇年二月一二日条、三一五頁。
(125) 『大阪毎日新聞』一九四〇年二月一四日付、一面、「意思疎通に万全」。
(126) 以上の「　」は、前掲、『武部六蔵日記』一九四〇年二月六日条、四〇七頁。
(127) 以上の「　」は、内政史研究会・日本近代史料研究会編『大蔵公望日記　第3巻〈内政史研究資料別集2―1、日本近代史料叢書A―3〉』（内政史研究会ほか、一九七四年）一九四〇年二月九日条、二四四頁。
(128) 前掲、赤木須留喜『近衛新体制と大政翼賛会』三六六～三六九頁を参照。以下に掲げた「政治機構改新大綱」に関する史料の典拠は、今井清一・伊藤隆編『現代史資料四四―国家総動員二―』（みすず書房、一九七四年）。中央政府に関する部分は一六一～一六九頁。
(129) 「緊急国内対策ニ関スル研究（其ノ二）」（前掲、岸幸一コレクション、B．太平洋戦争前政治、経済、B六．近衛新体制、B六―四六八）。
(130) 大久保達正・永田元也・兵頭徹編著『昭和社会経済史料集成　第10巻―海軍省資料10―』（大東文化大学東洋研究所、一九八五年）、史料全文は一四四～一四八頁。

(131) 以上の「　」は、前掲『木戸幸一日記　下巻』一九四〇年五月二六日条、七八六、七八七頁。この様子は種々の論考でも紹介されている。たとえば前掲、菅谷幸浩「第二次近衛内閣成立前後における陸軍と政党」一三四、一三五頁。

(132) 前掲『現代史資料四四―国家総動員二―』一八七頁。

(133) 前掲『軍務局長　武藤章回想録』一四三頁。

(134) 国立国会図書館憲政資料室所蔵「真崎甚三郎文書」（憲政M二二―三―七一　文献番号二五三八～二五八〇　№七一）に収録の「久原参議ノ米内首相ニ対スル進言書」（分類番号二五四九）。久原参議辞任の経緯は、すでに前掲、雨宮昭一「大政翼賛会形成過程における諸政治潮流―「権威主義的民主主義派」・「国防国家派」・「自由主義派」―」三〇、三一頁、筒井清忠『昭和十年代の陸軍と政治―軍部大臣現役武官制の虚像と実像―』（岩波書店、二〇〇七年）二二四頁、などで取り上げられている。

(135) 久原房之助翁伝記編纂会編『久原房之助』（久原房之助翁伝記編纂会、一九七〇年）五一七頁。

(136) 前掲、米本二郎『伝記久原房之助翁を語る』九七九頁。

(137) 前掲『西園寺公と政局　第八巻　自昭和一四年六月至昭和一五年一二月　内外危機の切迫』一九四〇年六月七日、二五九頁。

(138) 前掲、米本二郎『伝記久原房之助翁を語る』九七九頁。

(139) 前掲『斎藤隆夫日記　下』一九四〇年六月七日条、三六八頁。

(140) 前掲『真崎甚三郎日記　第四巻―一四年一月～一五年一二月―』一九四〇年六月八日条、三八五頁。

(141) 前掲『西園寺公と政局　第八巻　自昭和一四年六月至昭和一五年一二月　内外危機の切迫』一九四〇年六月七日、二五九頁。

(142) 前掲、雨宮昭一「大政翼賛会形成過程における諸政治潮流―「権威主義的民主主義派」・「国防国家派」・「自由主義派」―」三〇頁でもふれられる。

(143) 以上の「　」は、前掲『風見章日記・関係資料　１９３６―１９４７』一九四〇年六月一六日条、一六六頁。

(144) 同右、一九四〇年六月二一日条、一六六、一六七頁。

(145) 同右、一六六頁。

(146) 前掲『軍務局長　武藤章回想録』一八三頁。この出典は前掲『西園寺公と政局　第八巻　自昭和一四年七月至昭和一五年一一月　内外危機の切迫』一九四〇年七月一二日、二八四頁。

(147) 前掲『現代史資料四四―国家総動員二―』二三三～二三七頁。

(148) 前掲『昭和社会経済史料集成　第10巻―海軍省資料10―』二一五～二一九頁。以下の出典も同じ。「内閣制度（試案）」は、表組みで載せられている。

(149) 前掲『小川平吉関係文書1』一九四〇年九月一一日条、五〇九頁。

(150) 前掲『真崎甚三郎日記　第四巻―一四年一月～一五年一二月―』一九四〇年九月六日条、四四一頁。

(151) 以上の「　」は、前掲『小川平吉関係文書1』一九四〇年九月一一日条、五〇九頁。この条件は註(95)で紹介した阿部内閣に対する条件とほぼ同じである。

(152) 同右、一九四〇年九月一一日条、五〇九頁。

(153) ちなみに「秋田に就いては、閣内では松岡外相、閣外では秋山定輔の強力な推薦があり、近衛自身も参議制度創設以来の秋田の知謀、力量を高く評価していたので最先に入閣交渉を進め、九月二十二日の近衛、秋田の会見で入閣が内定し、そのポストは拓務大臣と決まった」（前掲、吉田弘苗『秋田清』六八五頁）。

(154) 以上の「　」は、池田成彬著、柳沢健編、吉野俊彦解説『財界回顧〈経済人叢書、小島直記監修〉』（図書出版社、一九九〇年）二四〇頁。

(155) 前掲『石渡荘太郎』三九四頁。

(156) 前掲、池田成彬著、柳沢健編、吉野俊彦解説『財界回顧〈経済人叢書、小島直記監修〉』二四〇頁。

(157) 前掲、矢部貞治『近衛文麿』五一〇頁。

(158) 前掲『真崎甚三郎日記　第四巻―一四年一月～一五年一二月―』一九四〇年一〇月一日条、四五八頁。

(159) 国立公文書館所蔵「A級　極東国際軍事裁判記録（和文）（No.110）」（Ref．A〇八〇七一二九五五〇〇、JACAR、アジア歴史資料センター）。

(160) 前掲『西園寺公と政局　別巻』一九四〇年一〇月一日条、三三〇頁。

(161) 「政治情報　荒木大将ノ動向並ニ之ヲメグル国内政治情勢不安ノ件」（前掲、岸幸一コレクション、B．太平洋戦争前政治、経済、B六．近衛新体制、B六―四六二）。

(162) 同右。

(163) 前掲『真崎甚三郎日記　第四巻―一四年一月～一五年一二月―』一九四〇年一〇月二日条、四五九、四六〇頁。
(164) 同右、四六〇頁。
(165) 前掲『西園寺公と政局　第八巻　自昭和一四年六月至昭和一五年一二月　内外危機の切迫』一九四〇年一〇月一日、三五七頁。
(166) 前掲、矢部貞治『近衛文麿』五一〇頁。
(167) 前掲『西園寺公と政局　別巻』一九四〇年一〇月一日条、三三〇頁。
(168) 前掲、矢部貞治『近衛文麿』五一〇頁。
(169) 有馬頼寧著、尚友倶楽部・伊藤隆編『有馬頼寧日記４　昭和一三年～昭和一六年』（山川出版社、二〇〇一年）一九四〇年一〇月一日条、三九三頁。
(170) ただし参議会の活動は、継続して行われていたようである。高木惣吉は「自分〔郷誠之助〕ハ参議会ニ於テ軍部大臣、特ニ海軍大臣ニ対シ、海軍ガ従来三国条約ニ対シ抱懐セラレタル所信ト今回之〔三国同盟〕ニ賛成セラレタル理由ノ明確ナル相異ヲ質サント考ヘツヽアリ」と書きとめ、閣僚も参加する意見交換の形態を伝えている（前掲『高木惣吉―日記と情報―上』一九四〇年一〇月五日条、四六三頁）。注意が必要なのは、意見交換の内容と国政への反映は必ずしも一致しないということである。
(171) 加藤陽子「大政翼賛会の成立から対英米開戦まで」（大津透・桜井英治・藤井譲治・吉田裕・李成市編『岩波講座　日本歴史　第一八巻　近現代四』岩波書店、二〇一五年）一〇、一一頁。
(172) 前掲、矢次一夫『昭和動乱私史　中』二九四～二九九頁。以下の典拠も同じ。
(173) 前掲『現代史資料四四―国家総動員二―』二二四～二二六頁。以下の典拠も同じ。
(174) 同右、二二六～二三三、五三〇、五三一頁。以下の典拠も同じ。
(175) 前掲『昭和社会経済史料集成　第10巻―海軍省資料10―』三七七～三八四頁。以下の典拠も同じ。
(176) 「内閣及各省ノ新制度ニ関スル意見　説明」および「内閣及各省ノ新制度ニ関スル意見」（前掲、岸幸一コレクション、B．太平洋戦争前政治、経済、B七．行政機構改革問題他、B七―五八一、五八五）。
(177) 前掲『昭和社会経済史料集成　第10巻―海軍省資料10―』三七七～三八四頁。
(178) 同右。
(179) 編者代表伊藤隆『高木惣吉―日記と情報―下』（みすず書房、二〇〇〇年）一九四一年三月六日条、五一七頁。

(180) 以上の「　」や内容は、国立国会図書館憲政資料室所蔵「美濃部洋次文書」(YE一〇〇、M二〇―憲政―一―八九、原史料は東京大学附属総合図書館所蔵)R八九。

(181) 池田順「近衛新体制下の行政機構改革」(『帝京史学』第一一号、一九九六年、のち前掲、『日本ファシズム体制史論』に収録)一九、二〇頁でも、企画院による同様の動きが指摘されている。

(182) 国立国会図書館憲政資料室所蔵「美濃部洋次文書」(YE一〇〇、M二〇―憲政―一―八八)R八八。以下の典拠も同じ。これらの構想は、前掲、池田順「近衛新体制下の行政機構改革」二〇、二一頁を参照のこと。

(183) 前掲「美濃部洋次文書」(YE一〇〇、M二〇―憲政―一―八八)R八八。

(184) 前掲、池田順「近衛新体制下の行政機構改革」一九頁。

(185) 国立国会図書館憲政資料室所蔵「美濃部洋次文書」(YE一〇〇、M二〇―憲政―一―九〇)R九〇。同右、二〇、二一頁や前掲、古川隆久『昭和戦中期の総合国策機関』二四六、二四七頁でも同様の史料を用いた指摘があるが、ここに掲げた改正案のほうが若干はやい日付である。

(186) 以上の「　」は、平沼騏一郎回顧録編纂委員会編『平沼騏一郎回顧録』(平沼騏一郎回顧録編纂委員会、一九五五年)一二〇頁。

(187) 富田健治『敗戦日本の内側―近衛公の思い出―』(古今書院、一九六二年)一二〇頁。

(188) 前掲『有馬頼寧日記4　昭和一三年～昭和一六年』一九四〇年一二月四日条、四一五頁。

(189) 以上の「　」は、前掲『高木惣吉―日記と情報―上』一九四〇年一二月一五日条、四八四、四八五頁。

(190) 前掲『木戸幸一日記　下巻』一九四〇年一二月二七日条、八三八頁。

(191) 『官報』第四一七六号、一九四〇年一二月六日、国立国会図書館デジタルコレクションや前掲、古屋哲夫「翼賛体制と対米英開戦―第七六回帝国議会～第八〇回帝国議会―」のコラム、三八六頁、前掲、増田知子「「立憲制」の帰結とファシズム」二〇一、二〇二頁など。

(192) 国立公文書館所蔵「内閣書記官長発表要領(昭和一五.一二.五)」(Ref.A一五〇六〇二九五七〇〇、JACAR、アジア歴史資料センター)。

(193) 前掲、平沼騏一郎回顧録編纂委員会編『平沼騏一郎回顧録』一二〇頁。

(194) 以上の「　」は、前掲『高木惣吉―日記と情報―下』一九四一年三月三〇日条、五二二頁。なおここには、「無任所相ノ無力ナル所以ヲ説明、了承」がなされたことも書かれている。「無任所相ノ無力」が、平沼が辞めたあとに一人で任にあたった星野の存在感の薄さを指すのか、それとも制度的な役割の限界を想定したものかは判然としない。

(195)　以上の「　」は、小倉正恒伝記編纂会編『小倉正恒』(小倉正恒伝記編纂会、一九六五年)九六三、九六四頁。秘書官起用の経緯などについては、日向方齊『日向方齊　私の履歴書』(日本経済新聞社、一九八七年)五四〜五八頁。

(196)　前掲、富田健治『敗戦日本の内側─近衛公の思い出─』一二〇頁。

第三章　アジア・太平洋戦争期の内閣顧問と内閣機能強化構想

はじめに

本章では、アジア・太平洋戦争期に運用された内閣顧問が、ブレーン機関という役割にとどまらず、国家の意思決定方式に大幅な変革をもたらすことを意図された存在であったことを指摘する。

すでに述べてきたように、明治憲法下にある戦時期の内閣は、強力な戦争指導体制を構築するために、閣内の意思統一を重要な課題とした。内閣参議制の廃止とともに設置された内閣顧問も内閣機能強化策の一つであった。

東条英機内閣期（一九四一年一〇月一八日～一九四四年七月二二日）の一九四三年三月に設置された内閣顧問の目的は、「大東亜戦争ニ際シ重要軍需物資ノ生産拡充其ノ他戦時経済ノ運営ニ関スル内閣総理大臣ノ政務施行ノ枢機ニ参セシムル」点にある。(1) 一九四二年後半ごろから企画院の物資動員計画にもとづく生産増強が深刻な課題と認識され、翌年には内閣顧問にくわえて、戦時行政特例法・戦時行政職権特例・戦時経済協議会の設置・行政査察制度の各措置が実行に移された。内閣顧問は、戦時行政職権特例で指定された五大重点産業の生産増強を担う役職として登場したのである。(2) 表2から、東条内閣期の顧問が実業家でほぼ占められ、「重要軍需物資ノ生産拡充」に期待が寄せられている様子がうかがえよう。その後、小磯国昭内閣期（一九四四年七月二二日～一九四五年四月七日）には、あつかう範囲が「広ク国政一般ノ運営ニ関シ枢機ニ参セシムルコトト為ス」(3) と拡大され、鈴木貫太郎内閣（一九四五年四月七日～八月

表2　内閣顧問の任免の変遷

<table>
<tr><th rowspan="3">内閣顧問名</th><th rowspan="3">主な経歴</th><th colspan="2">東条内閣</th><th colspan="3">小磯内閣</th><th colspan="2">鈴木内閣</th></tr>
<tr><th colspan="2">1941.10～1944.7</th><th colspan="3">1944.7～1945.4</th><th colspan="2">1945.4～1945.8</th></tr>
<tr><th>任命</th><th>免官</th><th>免官</th><th>任命</th><th>免官</th><th>任命</th><th>免官</th></tr>
<tr><td>豊田貞次郎</td><td>軍，政，実</td><td rowspan="7">1943.3(＊1)</td><td>→</td><td rowspan="2">1944.10(＊5)</td><td>1944.10(＊5)</td><td>1945.4(＊10)</td><td></td><td></td></tr>
<tr><td>大河内正敏</td><td>学，実</td><td>→</td><td></td><td></td><td></td><td></td></tr>
<tr><td>藤原銀次郎</td><td>政，実</td><td>1943.11(＊3)</td><td></td><td>1945.2(＊9)</td><td rowspan="2">1945.4(＊10)</td><td></td><td></td></tr>
<tr><td>結城豊太郎</td><td>銀，政</td><td>→</td><td rowspan="6">1944.10(＊5)</td><td rowspan="2">1944.10(＊5)</td><td></td><td></td></tr>
<tr><td>山下亀三郎</td><td>実</td><td>→</td><td>1944.12(＊6)</td><td></td><td></td></tr>
<tr><td>郷古潔</td><td>実</td><td>→</td><td></td><td></td><td></td><td></td></tr>
<tr><td>鈴木忠治</td><td>実</td><td>→</td><td></td><td></td><td></td><td></td></tr>
<tr><td>松本健次郎</td><td>実</td><td>1943.6(＊2)</td><td>→</td><td></td><td></td><td></td><td></td></tr>
<tr><td>鈴木貞一</td><td>軍</td><td rowspan="3">1943.11(＊3)</td><td>→</td><td></td><td></td><td></td><td></td></tr>
<tr><td>五島慶太</td><td>実</td><td>1944.2(＊4)</td><td></td><td></td><td></td><td></td><td></td></tr>
<tr><td>鮎川義介</td><td>政，実</td><td>→</td><td>1944.10(＊5)</td><td rowspan="9">1944.10(＊5)</td><td colspan="3">→</td></tr>
<tr><td>有田八郎</td><td>官，政</td><td></td><td></td><td></td><td>1945.4(＊10)</td><td></td><td></td></tr>
<tr><td>尾野実信</td><td>軍</td><td></td><td></td><td></td><td colspan="3">→</td></tr>
<tr><td>末次信正</td><td>軍，政</td><td></td><td></td><td></td><td>1944.12(＊8)</td><td></td><td></td></tr>
<tr><td>小泉又次郎</td><td>政</td><td></td><td></td><td></td><td rowspan="7">1945.4(＊10)</td><td></td><td></td></tr>
<tr><td>安東廣太郎</td><td>学</td><td></td><td></td><td></td><td></td><td></td></tr>
<tr><td>小泉信三</td><td>学</td><td></td><td></td><td></td><td></td><td></td></tr>
<tr><td>正力松太郎</td><td>官，政，実</td><td></td><td></td><td></td><td></td><td></td></tr>
<tr><td>古田俊之助</td><td>実</td><td></td><td></td><td></td><td></td><td></td></tr>
<tr><td>寺井久信</td><td>実</td><td></td><td></td><td></td><td rowspan="2">1944.12(＊7)</td><td></td><td></td></tr>
<tr><td>大谷光瑞</td><td>宗</td><td></td><td></td><td></td><td></td><td></td></tr>
<tr><td>八田嘉明</td><td>官，政，実</td><td></td><td></td><td></td><td>1945.2(＊9)</td><td colspan="2">→</td><td rowspan="11">1945.8(＊11)</td></tr>
<tr><td>澤田節蔵</td><td>官</td><td></td><td></td><td></td><td></td><td></td><td rowspan="10">1945.4(＊10)</td></tr>
<tr><td>櫻内幸雄</td><td>政，実</td><td></td><td></td><td></td><td></td><td></td></tr>
<tr><td>八角三郎</td><td>軍，政</td><td></td><td></td><td></td><td></td><td></td></tr>
<tr><td>淺野良三</td><td>実</td><td></td><td></td><td></td><td></td><td></td></tr>
<tr><td>八條隆正</td><td>政，実</td><td></td><td></td><td></td><td></td><td></td></tr>
<tr><td>津島壽一</td><td>官，政</td><td></td><td></td><td></td><td></td><td></td></tr>
<tr><td>千石与太郎</td><td>実</td><td></td><td></td><td></td><td></td><td></td></tr>
<tr><td>岩田宙造</td><td>弁，政</td><td></td><td></td><td></td><td></td><td></td></tr>
<tr><td>井上雅二</td><td>政，実</td><td></td><td></td><td></td><td></td><td></td></tr>
<tr><td>藤山愛一郎</td><td>政，実</td><td></td><td></td><td></td><td></td><td></td></tr>
</table>

註　典拠は以下の通り（すべて『朝日新聞』の記事）。

（＊1）＝1943年3月18日付，（＊2）＝1943年6月10日付（夕刊），（＊3）＝1943年11月17日付（夕刊），（＊4）＝1944年2月20日付，（＊5）＝1944年10月29日付，（＊6）＝1944年12月14日付，（＊7）＝1944年12月21日付，（＊8）＝1944年12月30日付，（＊9）＝1945年2月16日付，（＊10）＝1945年4月27日付，（＊11）＝国立公文書館所蔵「津島寿一外三名内閣顧問被免ノ件」（「任免裁可書・昭和二十年・任免巻百六十三」2A―022―00，リール番号110100，開始コマ番号0424），「八田嘉明外八名内閣顧問被免ノ件」（同，開始コマ番号0536）。

「主な経歴」欄の略記の仕方は以下の通り。

軍＝軍人，政＝政治家，実＝実業家，学＝学者，銀＝銀行家，弁＝弁護士，宗＝宗教家。

一七日）でも運用されていく。終戦後、東久邇稔彦首相が石原莞爾に就任を要請し拒否されると、任用は途絶えた。(4)

これまでの内閣顧問をあつかった研究では、生産増強対策に果たす役割が注目を集めてきた。その代表的な活動が行政査察である。古川由美子氏は、行政査察使に任命された内閣顧問の役割にふれながら、査察の意義や問題点を論じた。(5) 村井哲也氏は、査察のみならず、内閣顧問が参集する戦時経済協議会の活動にも注目している。生産増強をあつかう点では古川氏と共通するが、村井氏の問題意識は生産増強の方法を追究するというより、生産増強対策を通じて内閣がいかに閣内をまとめ上げるかという点にある。(6)

両氏の研究により、行政査察に果たす内閣顧問の役割が広く認知されるようになった。しかし行政査察は内閣顧問の職務の一部でしかない。ほかの多くを占める日常の活動については不明な部分が多く、ともすれば先行研究は顧問の活動に関して偏った認識を与えかねない。筆者は、行政査察以外の活動が看過されてきた理由として、内閣顧問の果たした目にみえる成果が乏しいゆえに、重要度が低いという先入観があったのではないかと考えている。しかし東条内閣が、それまでのブレーン機関であった内閣参議を廃止し内閣顧問を新設している点、(7) また小磯内閣においてあえて顧問の担う職務を刷新している点は、平沼内閣から第三次近衛内閣にかけて運用が意識的に避けられてきた参議制とは対照的である。ゆえに、内閣顧問の職務に着目する意義は少なからずあると思われる。ではなぜ、日常の活動が取り上げられないのか。それは史料上の制約が大きい。行政査察の報告書などは公文書として多く残されるが、それ以外はほとんどが記録として残らないのである。

本章では史料的な限界を認めながらも、当時の新聞などによってわかり得る限りの活動実態を提示し、これまでに形づくられてきた内閣顧問像の刷新を試みたい。筆者は、顧問が従来の国家意思決定方式を刷新することでの強力な意思決定の実現にかかわることが期待されたと考えている。このことを示すことができれば、現状の内閣顧問像は大きく変わるのではないだろうか。

では内閣顧問は、設置に際して、国家意思決定にどうかかわるように構想されていたのだろう。枢密院審議において、参議制の拡大ではなく、あえて顧問を設置する理由を問われた東条首相は、「之〔参議制〕ヲ拡大スルコトハ内閣制度ト紛更セラルル虞アリ唯生産拡充ノ如ク専問〔門〕的智識ヲ必要トスルモノハ之ヲ民間ニ求ムルヲ必要トシ仍テ今回ノ制度ヲ立案シタル」と述べている[8]。傍線部は、「もし参議会議なるものを、あまり有力に働かしむるにおいては、内閣制にもとづく憲法上の国務大臣との関係、すこぶる微妙複雑の関係を発生するにいたり、ひいては、内閣の不統一問題を惹起するにいたるべき懸念なきにあらず[9]」という小山完吾の言を交えるとわかりやすい。すなわち、国政へ影響をおよぼそうと自己主張の激しかった参議のような存在では、閣内に混乱を招く恐れがあるということである。また審議では、首相の補佐を行うには無任所相のほうが適当ではないかという質問も出た。これについては、東条首相が「閣僚ヲ増員スルコトハ国政運営ニ支障ヲ来ス虞モアリ且目下必要トスル国政ノ一部ノ分野ニ於テ参セシムル点ニ在ルヲ以テ本案ヲ立テタル[10]」と応じ、無任所相の定員を今以上拡大することは、閣僚間の衝突を助長しかねないと主張している。以上から東条内閣が、国家意思決定の中枢から一定の距離を置いたかたちで活用できるブレーン機関を求めていたことがわかる。

しかしこの方向性が、小磯・鈴木両内閣期にも貫かれるとは限らない。結論を先取りして述べれば、筆者は内閣顧問には、国家意思決定機関と首相の考えを連携させる役割が期待されたのではないかとみている。首相の補佐という限定をはずし、国家意思決定のシステムのなかに組み込むことで、内閣の意思決定力を底上げしようとする試みが、小磯・鈴木両内閣期の特徴なのではないか。そしてそれがうまくいかなかったことが、日中戦争の勃発以降、各内閣が取り組んできた内閣機能強化の破綻をさらに確実なものとしたのではないだろうか。以上を論証することが、アジア・太平洋戦争期における内閣顧問の新たな価値をみいだすことにつながると思われる。

一　東条英機内閣期の内閣顧問

1　内閣顧問会議と戦時経済協議会の関係

内閣顧問とあわせて設置された戦時経済協議会は、「内閣総理大臣の諮問機関」[11]であり、「関係国務大臣ト内閣顧問トノ連繋ヲ緊密ナラシメ内閣顧問ノ機能ヲ充分ニ発揮セシムルト共ニ戦時行政職権特例ノ施行ニ関シ関係国務大臣ノ意見ヲ反映セシムル等戦時経済ニ関スル政務ノ施行ノ円滑適正ヲ期スル」点を主な目的とした[12]。「戦時経済協議会規程」第二条の「委員ハ関係国務大臣及内閣顧問ヲ以テ之ニ充ツ」や「委員タルベキ国務大臣ハ内閣総理大臣之ヲ指名ス」との規定からも[13]、首相の諮問を契機として、内閣顧問と国務各大臣を連携させ閣内の連絡にあたらせようとする姿勢がうかがえる。「内閣顧問は単に首相の諮問機関たるのみでは実効のあがらざる点にかんがみ閣僚との懇談によつて相互の連絡を密にせんとするもの」や「閣僚との関係は戦時経済協議会で十分に膝を交へて協議を行ひ」といった新聞の見方は的を射たものといえる[14]。

ただし他方で、戦時経済協議会は「官民双方の隔意なき意見の交換を行ない、適切な具体案を実行することが任務であった」。協議会の設置が「顧問だけでいかによい意見が出されても、これをすぐ実行に移すわけにはいかないので、関係閣僚を加え、その協議会で決まったこと、あるいはよい意見をすぐに責任をもって、実行に移そうとする」ためとのとらえ方もあることから、内閣顧問は首相への献策のみならず、国務大臣を介して省務に影響を与えることが期待された存在だったのである[15]。そのほか、「実際には行はれつつある行政に直接携はつて政務執行の枢機に参画するもの」[16]でもあり、閣僚との関係は必須のものとはされなかった。以上から戦時経済協議会に対しては、活動形態に縛りを設けない運営が念頭に置かれていたことがわかる。

その点は、内閣顧問会議の議事からも裏づけられる。顧問の人選が完了したのち、新聞は「〔一九四三年三月〕廿二日午後二時首相官邸で内閣顧問、関係閣僚、幹事の第一回会合を行ひ戦時協議会の運営等につき意見の交換を遂げる筈」と報じた[17]。戦時経済協議会の運営方針は、この内閣顧問と国務各大臣の会議——以下では「内閣顧問会議」という表記で統一——で決定するということである。その後の記事では、「廿四日午前十時半更に同様の会合を開き戦時経済協議会その他の運営について急速に方針を決定する筈」[18]と表現され、協議会の具体的な運営が未だ決まっていないことを伝えている。三月二四日の第二回会議を報じた記事では、「前回に引続き戦時経済協議会の具体的運営その他戦力増強問題につき種々意見の交換」[19]となり、以後、同種の記述はなくなる。これ以降、戦時経済協議会を報じる記事をみつけることはできない。新聞が「正式な戦時経済協議会は顧問会議で運営上の具体的問題につき一応の結論を得、東条首相より関係各閣僚に対し戦時経済協議会に出席すべき指名があつた後開催されることになつてゐる」[20]と観測していることからもわかるように、当初は戦時経済協議会と内閣顧問会議を別々に運営するつもりだったのが、話しあいのなかで顧問会議が戦時経済協議会を兼ねることを決定したのであろう[21]。では、その効果はどこにあるのか。

2　内閣顧問会議の運営と個別献策

内閣顧問会議の出席者や議事内容をまとめたのが表3である。一九四三年三月二二日、二四日、四月二六日の開催状況から、内閣顧問以外の参加者は、常時参加者と特定の会議に参加する者に分けることができそうである。たとえ

表3　内閣顧問会議 開催一覧

内閣	年	月　日	開催時間	開　催　状　況	典	拠
東条内閣	1943	3月22日	10:00–12:00	内閣顧問参集，初会合（総理より挨拶）／顧問以外の出席者＝総理大臣・海軍大臣・農林大臣・商工大臣・逓信大臣・鉄道大臣・大蔵大臣・大東亜大臣・企画院総裁・書記官長・法制局長官・陸海軍省軍務局長	東条記録	168頁
			10:00–12:00	【第1回】東条首相はじめ賀屋蔵相，嶋田海相，井野農相，岸商相，寺島逓相，八田鉄相などの関係閣僚鈴木企画院総裁，星野書記官長森田法制局長官および佐藤，岡陸海軍軍務局長，顧問は病気欠席の郷古潔氏を除く六氏出席／東条首相より挨拶を行ひ顧問設置の意義と今後の運営について述べ，顧問の協力を求めたのち顧問，閣僚もそれぞれ意見を開陳	大阪毎日	3/23付（夕刊）
		3月24日	10:45–12:30	内閣顧問の参集懇談（顧問以外の参会者＝総理大臣・大蔵大臣・海軍大臣・農林大臣・商工大臣・逓信大臣・書記官長・企画院総裁・陸海軍省軍務局長）	東条記録	169頁
			10:30–12:00	【第2回】顧問側豊田，大河内，結城，藤原，山下，鈴木（郷古氏病気欠席）六氏，政府側東条首相，賀屋蔵相，嶋田海相，井野農相，岸商相，寺島逓相，八田鉄相ならびに鈴木企画院総裁，星野内閣書記官長，森山法制局長官ら出席／前回に引続き戦時経済協議会の具体的運営その他戦力増強問題につき種々意見を交換	大阪毎日	3/25付（夕刊）
		3月29日		（途中に奏上あり，会同は中座）	東条記録	170頁
			14:00–？	【第3回】東条首相，賀屋蔵相，嶋田海相，井野農相，岸商相，寺島逓相，八田鉄相，星野内閣書記官長，鈴木企画院総裁，佐藤，岡陸海軍両軍務局長，豊田貞次郎氏ほか各内閣顧問出席／前回に引続き戦力増強の諸方策につき意見を交換	大阪毎日	3/30付（夕刊）
		4月7日	13:30–15:00		東条記録	171頁
		4月13日	13:30–15:20			173頁
			13:30–15:30	政府側から東条首相，嶋田海相，賀屋蔵相，井野農相，岸商相，寺島逓相，八田鉄相，鈴木企画院総裁，星野書記官長，佐藤，岡陸海軍両軍務局長，顧問側から大河内，鈴木，藤原，山下四顧問出席（郷古，豊田，結城三氏欠席）／引続き戦力増強について意見を交換	大阪毎日	4/14付
		4月22日	15:35–17:50		東条記録	177頁

内閣	年	月　日	開催時間	開　催　状　況	典　拠	
東条内閣	1943	4月22日	15:30–17:45	政府側から東条首相，賀屋蔵相，嶋田海相，山崎新農相，岸商相，八田鉄相，寺島逓相，小泉厚相および鈴木企画院総裁，星野書記官長，森山法制局長官，佐藤岡陸海軍両軍務局長，内閣顧問は郷古氏を除き全員出席／戦力増強に関し懇談	大阪毎日	4/23付
		4月26日	14:00–15:45	主要議題は鉄鉱問題／郷古顧問は病欠，各顧問出席(総理大臣，大蔵大臣，海軍大臣，農林大臣，商工大臣，逓信大臣，鉄道大臣，厚生大臣，企画院総裁，内閣書記官長，陸海軍軍務局長，法制局長官(陪席)，山田調査官(陪席)，陸海軍軍務課長，海軍省軍務局二課長，川上企画院書記官)	東条記録	178, 179頁
			14:00–？	政府側から東条首相，賀屋蔵相，嶋田海相，山崎農相，岸商相，寺島逓相，八田鉄相，小泉厚相，鈴木企画院総裁，星野書記官長，森山法制局長官および佐藤，岡陸海軍軍務局長が出席／引続き戦力増強につき懇談	大阪毎日	4/27付
		4月28日		主要議題，鉄鋼問題	東条記録	179頁
			15:30–17:45	政府側から東条首相，嶋田海相，賀屋蔵相，山崎農相，岸商相，寺島逓相，八田鉄相，小泉厚相および鈴木企画院総裁，星野書記官長，森山法制局長官，佐藤岡陸海軍軍務局長，顧問側は郷古氏を除き各顧問出席／戦力増強に関し意見を交換	大阪毎日	4/29付
		5月13日			東条記録	182頁
			15:30–17:45	政府側東条首相，嶋田海相，賀屋蔵相，山崎農相，岸商相，八田鉄相，小泉厚相および鈴木企画院総裁，星野書記官長，森山法制局長官，佐藤，岡陸海軍軍務局長，顧問側病気全快によりはじめて出席の郷古潔氏ほか各顧問(結城，鈴木両氏欠)出席／戦力増強に関し種々意見を交換	大阪毎日	5/14付
		5月20日		鉄鋼問題，船舶運航能率向上問題	東条記録	185頁
			13:30–16:30	政府側から東条首相，嶋田海相，賀屋蔵相，山崎農相，岸商相，寺島逓相，八田鉄相，小泉厚相および鈴木企画院総裁，星野書記官長，森山法制局長官，佐藤岡陸海軍両軍務局長ならびに鈴木忠治氏を除く全顧問出席／戦力増強について意見を交換	大阪毎日	5/21付
		5月28日	13:00–16:00		東条記録	187頁
		6月3日	13:40–15:50			189頁
		6月11日	14:15–16:55			191頁

東条内閣	1943	6月24日	13:30–16:10		東条記録	196頁
		7月16日	13:30–16:10			199頁
		7月16日	13:30–16:30	政府側から首，蔵，海，農，商，逓，鉄，厚各相および鈴木企画院総裁，星野書記官長，森山法制局長官，佐藤，岡陸海軍両軍務局長，顧問側から結城氏を除き全顧問出席／戦力増強に関して意見を交換	大阪毎日	7/17付
		7月22日	13:30–15:40	鉄・アルミニウムの増産が主題	東条記録	206頁
			13:40–？	政府側から東条首相，賀屋大蔵，嶋田海軍，山崎農林，岸商工，寺島逓信，八田鉄道，小泉厚生の各閣僚および鈴木企画院総裁星野書記官長，森山法制局長官，佐藤岡陸海軍軍務局長，顧問側より結城，藤原両氏を除く各顧問出席／戦力増強に関する当面の諸問題につき種々懇談	大阪毎日	7/23付
		7月30日	13:30–15:30		東条記録	210頁
		8月12日		内閣顧問御進講，藤原行政査察使報告		219頁
			14:00–15:30	東条首相，賀屋蔵相，嶋田海相，山崎農相，岸商相，寺島逓相，八田鉄相，小泉厚相，星野内閣書記官長，鈴木企画院総裁，森山法制局長官，佐藤，岡陸海軍両軍務局長，豊田内閣顧問ほか五氏(結城，山下両顧問欠席)出席／戦力増強につき種々意見を交換	大阪毎日	8/13付
		8月19日	13:30–16:45		東条記録	220頁
			13:30–16:45	豊田顧問ほか各顧問(結城，山下両顧問欠席)政府側より東条首相以下関係閣僚出席，前回に引続き戦力増強の具体的諸問題に関し隔意なき意見の交換	大阪毎日	8/20付
		8月26日	13:50–16:50		東条記録	222頁
		9月2日	13:30–15:55			224頁
		9月16日	13:30–16:10			228頁
			13:30–16:10	政府側から東条首相，嶋田海相，賀屋蔵相，岸商相，寺島逓相，八田鉄相，小泉厚相および星野書記官長，鈴木企画院総裁，佐藤，岡陸海軍軍務局長，顧問側から郷古，鈴木を除く全顧問出席／戦力増強に関して意見を交換	大阪毎日	9/17付
		10月7日	13:30–15:30	政府側から東条首相以下大蔵，陸軍，農林，商工，逓信，鉄道，厚生の各閣僚，顧問側から豊田氏を除く全氏が出席／戦力増強について種々意見を交換		10/8付
				金融問題，石炭問題／軍需省と陸海軍省の業務の調節に関して，関係官参集。機構改	東条記録	267頁

内閣	年	月　日	開催時間	開　催　状　況	典	拠
東条内閣	1943			編の骨子につき協議		
		11月12日	14:00–16:30	各顧問，政府側より東条首相，賀屋蔵相，山崎農商相，八田逓信相，岸国務相出席，戦力増強の具体策につき協議	大阪毎日	11/13付
			14:10–16:35		東条記録	354頁
		11月18日	13:30–16:20	政府側より東条首相，賀屋大蔵小泉厚生，八田鉄道，山崎農商岸，藤原の各大臣および星野内閣書記官長，顧問側より各顧問出席／当面の諸問題につき種々懇談，〔中略〕各顧問の意見交換は極めて活発に行はれた	大阪毎日	11/19付
			13:35–16:20	山下亀三郎顧問の木造船関係報告	東条記録	368頁
		12月3日	13:30–17:20	政府側から東条首相のほか賀屋，嶋田，小泉，山崎，八田，岸，藤原各相，五島慶太ほか各顧問出席(大河内，郷古両氏欠席)戦力増強につき種々懇談	大阪毎日	12/4付
				木造船の件，工員輸送機関の件等	東条記録	374頁
		12月16日	14:00–16:25	政府側より東条首相，嶋田海相，小泉厚相，山崎農商相，八田鉄道相，岸国務相(賀屋蔵相欠席)顧問側より鈴木貞一，鈴木忠治両氏を除く全員出席，戦力増強に関し種々懇談	大阪毎日	12/17付
			13:30–16:25		東条記録	378頁
		12月22日		調査をさせるのは結構であるが，自分の判断で意見をいうべき		525頁
		12月30日	13:30–16:30	政府側より東条首相，嶋田海相，小泉厚相，山崎農商相，八田鉄道相，岸国務相および内閣三長官，佐藤，岡陸海軍軍務局長，顧問側より岩田鈴木(貞)鈴木(忠)結城，松本，山下，郷古，大河内各顧問出席(五島，鮎川両氏欠)戦力増強に関する当面の諸問題につき種々懇談	大阪毎日	12/31付
			13:30–16:40		東条記録	396頁
	1944	2月15日	14:00–16:45	東条首相，賀屋蔵相，嶋田海相，小泉厚相，山崎農商相，八田鉄道相，岸，藤原両国務相，顧問側から鈴木貞一，鈴木忠治両氏を除く各顧問出席／戦力増強に関する重要諸問題につき種々懇談	大阪毎日	2/16付
				五島慶太査察使の木造船に関する査察報告	東条記録	399頁
		2月24日	13:30–17:00			399頁
		3月16日	13:30–16:30	東条首相以下関係閣僚，豊田貞次郎氏を除く全顧問が出席，戦力増強の当面の諸問題を懇談	大阪毎日	3/17付
		3月16日	13:30–16:30	藤原銀次郎国務大臣の甲造船査察報告，松	東条記録	414頁

東条内閣	1944			本顧問の石炭関係報告		
		4月13日	13:30–17:00	政府から東条首相はじめ関係閣僚および星野内閣書記官長，陸海軍務局長，全内閣顧問出席当面の戦力増強問題について懇談	大阪毎日	4/14付
			13:30–16:30	アルミニウム対策＝鈴木顧問，石炭関係行政査察報告＝鈴木貞一顧問	東条記録	425頁
		5月11日	13:30–15:50			435頁
			13:00–16:00	各顧問と東条首相以下の閣僚が出席／戦力増強に関する当面の諸問題	読売報知	5/12付
		5月26日	13:30–15:45	第7回行政査察報告＝山下顧問	東条記録	443頁
				山下亀三郎査察使より報告／「山下顧問は不得要領の中にちやんと要領は摑んでゐる。査察使のよく云はれる第六感はさすがに当つてゐる〔東条の言〕」		546頁
			14:00–16:00	戦力増強に関する当面の諸問題	読売報知	5/27付
		6月22日	13:50–15:45	九州及瀬戸内海輸送の視察報告＝鈴木貞一顧問，電波兵器について＝大河内〔正敏〕顧問	東条記録	453頁
			13:30–16:00	戦力増強に関する当面の諸問題	読売報知	6/23付
小磯内閣		8月23日	昼		重光手記	31頁
		11月5日	17:30–？	小磯内閣での初会合（有田顧問以下各顧問，3顧問は欠席），政府側からは小磯首相以下全閣僚が出席	朝日	11/6付
			17:00–20:00	小磯内閣での初会合…有田・末次・豊田・鮎川・安藤・小泉（信）・正力・小泉（又）・古田の各顧問出席（星野・結城・山下各顧問は欠席），政府側からは小磯首相以下全閣僚が出席／小磯首相より顧問制設置の趣旨並に運営につき政府の方針を明らかにするとともにその運営に期待する旨の挨拶あり／引続き懇談	読売報知	11/6付
		11月9日	10:00–12:00	結城・山下・末次3氏を除く顧問が参集／今後の顧問としての使命達成方法に関し意見交換		11/10付
				顧問としての使命達成方法について意見交換／毎週金曜日午後2時より首相官邸で定例的に参集，綜合戦力拡充・当面の諸問題についての意見交換／会議には場合により，政府側より関係閣僚の出席を求めるはず		11/11付
		11月13日	13:00–16:00	有末陸軍少将から戦況を聴取		11/14付
		11月17日	13:00–16:00	当面の諸問題について，田中内閣書記官長・三浦法制局長官から事情聴取		11/18付
		11月29日	13:00–16:00	有田顧問以下出席（小泉・吉田・山下は欠）		11/30付

内閣	年	月　日	開催時間	開　催　状　況	典　拠	
小磯内閣	1944			／湯河食糧管理局長官より食糧事情を聴取	読売報知	
		12月4日	13:30–16:00	防空総本部次長から防空情況を聴取	朝日	12/5付
		12月6日		(政務官会同も同日開催)	重光手記	217頁
		12月11日	9:00–12:00	大蔵省総務局長より通貨問題に関し聴取	朝日	12/12付
			9:00–12:00	(臨時内閣顧問会議)末次，豊田，結城，山下，小泉(又)，古田顧問を除く各顧問出席し，山際大蔵省総務局長より最近の通貨問題と事情を聴取	読売報知	
		12月21日	9:00–12:00	有田顧問以下各顧問出席(末次・小泉・結城・吉田は欠席)／小野運通相自動車局長より運輸状況の説明を聴取		12/22付
		12月29日	16:00–18:00	政府，顧問と種々懇談〔内容不明〕		12/30付
	1945	1月6日	13:00–16:00	有末陸軍少将より最近の戦況につき聴取		1/7付
		1月9日	13:00–15:00	小磯首相と懇談		1/10付
		1月13日	13:00–15:00	来週より毎土曜日午後二時から三時まで顧問一名乃至数名を以つて小磯首相と会見，決戦施策の推進に関し重要進言をなすことゝしその内容の打合会については毎木曜日午前十時より正午まで首相官邸でこれを行ふことに決定		1/14付
		2月22日	10:00–12:00	陸軍軍務局長より最近の戦況を聴取	朝日	2/23付
				陸軍省の真田軍務局長から最近の戦況説明を聴取	読売報知	
		3月1日	10:00–12:00	意見交換		3/2付
鈴木内閣		5月2日	14:00–?	今後の顧問会議の運営を協議(①毎週木・金・土午前9時から顧問のみで開催，②定例顧問会議を毎週水曜日の午後2時から開催)	朝日	5/3付
			14:00–16:00	八田氏を除く全顧問出席，政府側より鈴木首相以下各閣僚出席し櫻内，千石，鮎川の三氏より発言あり，これに対し安倍内相，松阪法相，石黒農相よりそれぞれ説明あつて後懇談を遂げ午後四時散会した	読売報知	
		5月9日	14:00–16:00	東郷外相より最近の欧州情勢につき説明あり／藤山・岩田・澤田各顧問より意見の開陳あり		5/10付
		5月16日	14:00–17:00	小日山運通相より最近の輸送事情について説明を聴取		5/17付
		5月30日	13:00–17:00 ?	井上，津島，淺野，沢田の各顧問，政府側より安倍内務，岡田厚生，石黒農務，豊田軍需，櫻井国務，左近司国務，安井国務の各相出席，当面の問題に関し懇談		5/31付

鈴木内閣	1945	7月25日	14:00–16:00	政府より鈴木・迫水が出席／当面の問題について懇談	読売報知	7/26付

註　・「典拠」欄に記載の史料は以下のように略記し，新聞については「～新聞」の部分と面の番号，タイトルを略した。
・東条記録＝伊藤隆・廣橋眞光・片島紀男編『東條内閣総理大臣機密記録』(東京大学出版会，1990年)。
・重光手記＝伊藤隆・武田知己編『重光葵　最高戦争指導会議記録・手記』(中央公論新社，2004年)。
・「開催状況」欄には，典拠史料を引用または要約した文章を記した。

ば、一九四三年四月二六日の欄に「(陪席)」とある参加者は常時参加せず、専門性の高い議論が行われるさいにのみ出席したものと解釈できる。頻繁に参加しているのは、首相のほかは内閣書記官長、陸海軍軍務局長、企画院総裁であり、彼らは戦時経済協議会の幹事として選定されたメンバーでもあった。

一九四三年三月一〇日に行われた内閣顧問制の導入に際する枢密院審議で、潮恵之輔顧問官から「戦時経済協議会ノ幹事ハ職務ノ範囲及内閣書記官長等トノ権衡上ヨリ見テ陸海両省軍務局長ヨリモ陸海軍次官ヲ適当トスルニ非ズヤ」と質問された東条首相は、「戦時経済運営ニハ統帥方面トノ連絡協議会〔大本営政府連絡会議〕ノ幹事タル軍務局長ヲ以テ充当スルヲ適当ト認ムル旨」を述べた(22)。東条は、潮が提案する幹事の各省次官案、つまり閣内連絡の観点から内閣書記官長との連携の利便性を考慮した案ではなく、両軍軍務局長を据えることで「国務」「統帥」両機関の連絡を緊密にするという点を重視していた。審査の結果、戦時経済協議会規程の（備考）欄に「幹事ハ政戦両略一致ノ見地ヨリ連絡会議関係官ヲ以テ之ニ充ツルモノトス」(23)と明記され、戦時経済協議会と大本営政府連絡会議が関係づけられることになった。幹事には、東条の要望に沿うかたちで、内閣書記官長、企画院総裁、陸海軍省軍務局長が就任した(24)。新聞も、「国務と統帥との一体化を人的にはからんとするもので政戦両略の一致、作戦と戦力増強の調整を企図してゐる」(25)と期待を寄せている。

ただし、陸海軍軍務局長が幹事をつとめることが、即、政戦両略の一致につながるわけではない。顧問会議のなかに「統帥」機関の関係者がいないとその効果は薄れてしまう。実際、史

表4　内閣顧問の首相への面会一覧

内閣	年	月　日	概　　　要	行政査察関連	一般事項	典　拠
東条内閣	1943	5月13日	査察使に鈴木貞一国務大臣（企画院総裁）を任命し，官邸にて本省関係の査察実施（12，13日）／鈴木から首相に対し，本省関係で大福帳式のものを持っている者は1人のみとの発言あり，首相は覚書整理を3通り整理していると語る	○		503頁
		6月11日	藤原顧問と要談（17:10–17:30）		○	191頁
		8月9日	藤原顧問の行政査察報告（東北，北海道），内閣書記官長が同席	○		214頁
		9月14日	松本顧問，村松茂の来訪挨拶		○	228頁
		10月2日	藤原行政査察使の中間報告	○		265頁
		10月21日	藤原行政査察使報告（海相，岸国務大臣，陸海軍省両軍務局長，書記官長，山田調査官の同席）	○		275頁
		11月11日	藤原顧問報告（増産に関する件 海相，岸軍需次官，書記官長，山田参事官同席）	○		353頁
		11月18日	山下顧問と要談（16:20–16:30）		○	368頁
		12月24日	藤原国務大臣の行政査察の報告等	○	○	380頁
	1944	1月10日	藤原国務大臣報告	○		386頁
		1月13日	鈴木査察使の査察報告（書記官長，軍需次官，陸軍省軍務局長，海軍省軍務局第二課長同席）	○		386頁
		1月22日	山下内閣顧問の報告（青函間石炭輸送視察に関して），書記官長同席	○		389頁
		1月29日	藤原査察使の報告（海相，書記官長の同席）	○		391頁
		2月14日	藤原査察使の報告（甲造船関係の査察）	○		395頁
		3月22日	鮎川顧問と要談		○	416頁
		4月14日	藤原国務大臣と要談		○	425頁
		4月19日	山下査察使の来訪要談（査察について）	○		427頁
		5月10日	山下査察使の来訪報告（第7回査察状況に付）	○		435頁
		5月31日	鈴木貞一顧問の来訪要談		○	445頁
		7月17日	藤原国務大臣の来訪（軍需大臣就任の受諾）		○	466頁
小磯内閣		8月1日	豊田貞次郎が首相を訪問（9:00–），要談		○	読売8/2付
		8月4日	郷古潔が首相を訪問（16:30–），要談		○	読売8/5付
		8月5日	結城豊太郎が首相を訪問（15:00–），要談		○	読売8/6付

小磯内閣	1944	9月21日	東条内閣期の内閣顧問を嵯峨野に招待		○	472頁
		10月4日	結城豊太郎が首相を訪問(11:00–)，支那出発の挨拶等	○		読売10/5付
		10月6日	鮎川義介が首相訪問(16:40–)，要談		○	読売10/7付
			鮎川顧問による首相訪問(16:40–)		○	朝日10/7付

註 ・「典拠」欄の頁番号は，伊藤隆・廣橋眞光・片島紀男編『東條内閣総理大臣機密記録』(東京大学出版会，1990年)。新聞については「～新聞」の部分と面の番号，タイトルを略した。鈴木内閣期の記事は書籍・新聞でみられず。
・「概要」欄には，典拠史料を引用または要約した文章を記した。
・単に「要談」などと記されているものは，「一般事項」に○を付した。

料上、会議運営のなかで両軍軍務局長が大本営政府連絡会議の幹事を兼ねた効果、とくに政戦両略の一致の促進に与えた影響は確認できない。ゆえに、協議会の果たすべき役割はあくまで閣僚との意見交換であり、会で討議・決定した情報をもとに「統帥」機関側と調整するのは東条陸相や嶋田繁太郎海相の役割であったと考えられる。

以上から内閣顧問会議は、幹事が進行役になり、常時出席者である内閣顧問と国務各大臣が意見を交換し、必要に応じて専門知識をもつ者を招致し意見聴取を行うことで、戦時経済に関する具体的な討議を進めていったと考えられる。表3に示した通り、討議のほとんどが「戦力増強」に関する内容であり、行政査察の実施が決定したさいには、その計画を立案したり結果の分析を行ったりしていたのであろう。一九四三年八月一二日、一一月一八日、一九四四年二月一五日、三月一六日、四月一三日、五月二六日、六月二二日などにみられる記述では、内閣顧問の名が逐一記され、彼らが行政査察使という立場で報告を行っている様子がわかる。なお、第二回査察の最中と思われる会議で行政査察使の藤原銀次郎が自身の考えを披露したさい、反対され「孤立無援」となり、首相の賛成を得て実施に着手したことがあった(26)。ここからは、行政査察使とほかの参加者との忌憚のない討議の様子をうかがい知ることができる。内閣顧問の目的が生産増強の一点に集中していた東条内閣期には、顧問会議が戦時経済協議会を兼ねる効果は大きかっただろうし、生産増強を中心にあつかうがゆえに、当初、顧問会議に期待されていた政戦両略の一致の試みは自ずと薄れ、「国務」事項に関する活動に限定されていったのだと考えられる。

では、顧問会議を離れた場で、内閣顧問はどのような活動を行っていたのか。「総理大臣が各顧問に個々的に意見を求める場合、全員会議を開いて諮問する場合、二人もしくは三人、四人に意見を聴く場合がありその方法には何らの制限がな」い[27]。実際に、顧問個々人による東条首相への献策は日常的に行われており、その様子を表4に示した。面会の目的は査察の報告と一般事項の相談に大きく分けることができ、「行政査察関連」では行政査察の事前相談（一九四四年四月一九日）、中間報告（一九四三年八月九日、一〇月二日、一九四四年一月二九日）、事後結果報告（一九四三年一〇月二一日、一一月一一日、一九四四年一月一三日、二月一四日、五月一〇日）といったように細かに報告され、首相の日常業務に組み込まれていた。ただし、内閣顧問会議との関係を指摘できるに足る記述はみられないため、ここでは顧問会議とともに日常的に行われる献策が首相にとって貴重な情報源だったことを指摘するにとどめておきたい。

3　内閣顧問の役割の見直し

東条内閣における内閣顧問の活動は、国務大臣と連絡をとりあいながら生産増強の調査・研究を行い、日常的には首相に個別に献策するブレーン機関としての性格が強いものであった。しかし設置から約半年後、度重なる戦局の悪化を受け、閣議において絶対国防圏が決められて間もない一九四三年一〇月五日、東条首相は木戸幸一内大臣に次のように語り、内閣顧問の役割の変更を提起している。

> 内閣顧問の仕事は軍需省の設置にて一応目的を達せしを以て、此際之を変改し、全部の辞任を求め、之に替へ鈴木貞一、五島慶太、湯沢三千男、石黒忠篤等の諸氏を以て、新なる看点（ママ—編者註）より参画せしめたしと考ふ云々[28]。

ここで内閣顧問を「変改」し「新なる看点〔観〕より参画せしめたし」の理由になっているのが、軍需省の設置である。

軍需省は一九四三年一一月、物資動員をすすめる商工省と企画院を廃止し、「国力ヲ挙ゲテ軍需生産ノ急速増強ヲ図リ特ニ航空戦力ノ躍進的拡充ヲ図ル為軍需生産ヲ計画的且統一的ニ遂行確保スル目的」[29]のもと設置された。内閣顧問の藤原銀次郎らが参加した第三回行政査察報告が「軍需省設置に肯定的で、進行中の軍需省設置の方向を加速し、設置を裏付ける〝根拠〟ともなった」[30]。とすると、今回の東条の提案は、内閣顧問が今まで行ってきた生産増強に関する任務を軍需省に引き継がせ、新しく選ぶ顧問には新たな目的を与えることを意味する。この発言の前段でも企画院総裁である鈴木貞一を顧問にかえる案が示されているし[31]、湯沢三千男は先ごろまで内相をつとめていた人物、また石黒忠篤は農林官僚出身であるゆえ、経営面からの提言だけではなく、さらにすそ野を広げた活動が期待されたのではないだろうか。内閣顧問の新たな存在意義の模索ととらえられる。

しかし実際には、従来の顧問にくわえ、鈴木貞一、五島慶太、鮎川義介の三名が追加で任命された。五島は、閣外では行政査察使、閣内では運輸交通の進め方の指導を行ったとされるので[32]、首相への献策と行政査察へのかかわりの二つが主な業務であることに変更は生じなかったと思われる。表4をみても、軍需省設置前と後で議題に変化はほとんど認められない。なお、東条内閣最末期の一九四四年七月一六日にも、内閣改造の一案として「内閣に従来の顧問の外、政治顧問を置き（五名程度）翼政〔翼賛政治会〕より詮〔銓〕衡す」[33]る考えがもち上がっているが、この案にも従来の生産増強という目的に変化を生じさせる狙いはなかった。

このように、内閣顧問制が導入されてはやい時期に、内閣顧問に生産増強に関するさらに広範な献策を期待する案が出されていた。東条首相は、軍需省の業務に内閣顧問を組み込ませるのではなく、顧問の献策内容の幅を広げるほうを選択しようとしたのである。しかしこの試みが実現しなかったことで、軍需省が顧問の役割を吸収する結果だけが残り、顧問の存在意義は相対的に低下したと思われる。この時期は、一九四四年六月のマリアナ沖海戦における惨敗、七月のサイパン島失陥といった戦局の悪化時期と重なる。サイパン島失陥の責任をとり、七月二二日に東条内閣は総辞職するが、それは内閣顧問の活動に変更がおよぼされるきっかけとなる出来事でもあった。

二　小磯国昭・鈴木貫太郎両内閣期の内閣顧問

1　小磯内閣による刷新

東条の後継として朝鮮総督の小磯国昭に大命が下り、組閣が完了すると、彼は一九四四年一〇月、内閣顧問制の刷新を行っている。その主眼は、「〔東条内閣期の内閣顧問が〕産業経済のみに限定せられ、しかも戦時行政特例の発動上に関し種々意見を徴してゐたもので、顧問運営は会議体組織として来た」[34]これまでのあり方を改め、「練達堪能ノ重材ヲ簡抜シ内閣総理大臣ノ顧問トシテ広ク国政一般ノ運営ニ関シ枢機ニ参セシムルコトト為ス」[35]とする点にあった。「広ク国政一般」とは、「戦時経済のみならず、広く政治、経済、文化、思想等の面にわた」[36]ることを想定したものである。枢密院審議において小磯は、内閣顧問制を見直す理由を「広ク物心両面ニ亙ル国政一般ノ運営ニ関シ補佐機構ノ確立セラレンコトヲ欲シタ」結果、「旧来ノ制度其ノ儘ヲ以テシテハ困難」であるからと説明している[37]。

表2をみると、小磯内閣では実業家が減り、官僚や宗教家、学者など多様な顔ぶれに入れかわっていることがわかるだろう。また、一九四四年一二月に山下亀三郎が死去したのにともなう顧問の補充に際し、小磯は「各方面の要望あり、大谷光瑞氏、徳富蘇峰氏を内閣顧問に奏請する積りなり」[38]と話していた。二人とも思想面に造詣が深いゆえ、「各方面」も内閣顧問には「物心両面」の「心」、すなわち国民教化に力を入れた提言を期待することで、顧問制の今後を前向きにとらえていたことがうかがえる。

人選においてほかに注目したいのが、軍出身の顧問である。小磯内閣では陸軍から尾野実信、海軍からは末次信正が就任している。尾野は次の鈴木内閣でも留任するが、末次は八角三郎へと引き継がれた。ゆえに、小磯内閣期と鈴木内閣期の海軍出身顧問の比較から、それぞれの内閣の戦争に対する考え方がみえてくるように思われる。

周知の通り、末次はロンドン海軍軍縮条約締結時のいわゆる〝艦隊派〟に属し、軍縮に反対の立場をとった強硬派である。小磯内閣は米内光政との連立内閣という性格をもつゆえ、「新内閣顧問の銓衡は小磯首相と米内海相の□□〔協議と思われる〕によつて行はれた」[39]のであるが、海軍側の顧問を選定するさいには、とくに米内の意向が尊重されたであろう。米内は親英米の穏健派と目されているゆえ、末次の就任は一見すると矛盾する人事に思われる。しかし、一九四四年八月ごろの軍令部総長選定のさい、米内は「末次信正大将を是非、現役復帰の上、軍令部総長にするのだと勢こんで筆者〔小磯〕に相談を持ち掛けて来」[40]ており、末次に信頼を寄せていた。ゆえに、末次の顧問就任も、米内の意向が汲まれた可能性が高い[41]。実際には、及川古志郎が軍令部総長に就任することになったため、その穴埋めという意味で、末次を内閣顧問に招請したのではないか。いずれにしても顧問の人選から、小磯内閣が今後も継戦路線で進んでいこうとしていたことが指摘できそうである。

このように、内閣およびその周辺では、刷新された内閣顧問に対して、戦時経済に偏することなく、戦争全体の利益に供する存在として期待がかけられていた。次項では、内閣顧問会議の開催形態や議事内容を例に、その様子をさらに追っていきたい。

2　小磯・鈴木両内閣期の内閣顧問会議

小磯内閣において新しい内閣顧問の発令とほぼ同じ時期に、東条内閣下で行われていた内閣顧問会議の開催形態が見直された。経済関係中心の顧問を一新し幅広い人選がなされたのであるから、見直しは自然な対応といえる。これまでは生産増強を主軸とし、各顧問が同じ方向性のもと活動を行っていたが、活動範囲が拡大したことによって、顧問同士の一体感が削がれる恐れも懸念されたであろう。ゆえに、各顧問の結束を担う内閣顧問会議の役割がいっそう重要になることはいうまでもない。

ただし「会議体に□〔偏〕することなく、国務運営の中枢的存在たる内閣総理大臣に対しそれ〲直接に結びついて決戦完遂への大いなる寄与をなすべき責務を持つことになつた[42]」とは新聞の見方である。「時には全体の会議、或は一部の会議を開くほかに、首相が個人的に意見を徴し又は各自が随時首相に進言するなど新な方法をとる」と記す新聞もあった。このような会議体の開催形態に変化したことで、「運営についても機動性を狙」ったとの解釈が生まれたのである[43]。

実際には、一九四四年一一月五日に内閣顧問会議の初会合が開催され、九日には「毎週金曜日午後二時より首相官邸に定例的に参集、各省関係官より綜合戦力拡充に関して事情聴取を行ふほか当面の諸問題について意見の交換を行ふ」ことや「顧問会同には場合により政府側より関係閣僚の出席を求める」ことが方向づけられた[44]。ここで重要な点が二つある。一つは、東条内閣同様、定例開催が決定したことである。当初、活動形態に制約を設けない方針だったのが、顧問同士の討議によって会議体に基盤を置く活動が選び取られたのであった。もう一つは、国務各大臣との意見交換よりも、実務担当者への事情聴取に重きが置かれるようになったことである。表3では、「有末陸軍少将」「湯河食糧管理局長官」「防空総本部次長」「大蔵省総務局長」などの役職名がみえる。戦時経済協議会の趣旨からはずれるこの変化は、顧問会議が今まで以上に首相の諮問に力点を置こうとした結果、もたらされたものと考えてよい[45]。

では、内閣顧問会議で得られた成果は、どのような経路をたどり首相あるいは閣内に伝達されたのだろう。表3を参照すると、一九四五年一月一三日の「打合会」のさいには、顧問が数名単位で首相に献策する機会が設けられているゆえ、各省関係者から聴取した内容を顧問の間でまとめ、首相に献策する方法がとられたのだと考えられる。それ以前の献策の方法は不明であるが、当初から国務大臣以外の者にも意見を聴取する形態が導入されていることを考えると、献策する内容ないしは政策遂行の根拠をより綿密に練る場として顧問会議が活用され、首相やほかの国務大臣はそこで得られる情報を拠りどころに政策を具体化していったのではないだろうか。

小磯内閣から鈴木内閣にかわると、内閣顧問は「十氏を新任発令、従来の顧問中から八田嘉明、星野直樹、鮎川義介の三氏が留任した」(46)。鈴木内閣期の特徴づけをするなら、海軍出身の顧問に八角三郎が充当されたことである。八角は親英米派であり、米内光政と親しい人物であった。前任の末次との関連でいえば、鈴木内閣による戦争指導が、小磯内閣期の戦争継続路線からアメリカ・イギリスとの講和を見据えた協調路線に転換したとみることもできる。ただし、一方で鈴木首相は、戦争強硬姿勢を表立ってみせる阿南惟幾を陸相に起用している。この阿南は小磯内閣に批判的な立場をとっており、岩田宙造や勝田主計とともに「〔小磯内閣は〕全ク無力ダカラ、イツドンナコトデコロリト参ルカハ予測ガツカヌ」との姿勢をみせていた(47)。岩田が鈴木内閣の内閣顧問に就任したこと、また勝田主計も蔵相の候補にあげられていることからすると、阿南の起用には、鈴木内閣の政権基盤固めという側面があるように思われる。

内閣顧問会議に関する小磯内閣からの特筆すべき変化として、開催日がさらにふやされたことをあげなければならない。新顧問の任命が済んだのち、一九四五年五月二日の会議で「毎週木、金、土の三日午前九時より顧問のみの会同を行ひ、鈴木首相の出席する定例顧問会議は毎週水曜日午後二時より開催することと決定」している(48)。内閣顧問のみによる開催、しかも一週間に三回の開催は新たな試みであった。「特定の問題を内閣側から提出してこれを中心に顧問の識見能力を活動させる方策をとる」(49)とされたことから、週三回の顧問会議は内閣側から与えられた課題の討議に費やされ、そこで集約した意見を定例の顧問会議で開陳するという運営を行っていったのだと思われる。

以上から、小磯・鈴木両内閣期の内閣顧問制は、東条内閣期の開催形態をそのまま継承するのではなく、内閣顧問会議のテコ入れをはかった点に大きな特徴があった。顧問のあつかう範囲が経済面にとどまらない広範囲に拡大されたことによって、彼らの活動に一体性がなくなる危険が生じたからであろう。また、実業家以外から選任されるケースがふえたことで、戦争指導の方向性など、選定する内閣側の意図が内閣顧問の人選に反映されやすくなった点も特徴であった。さらには、こうした取り組みと併行し、陸相と参謀総長、海相と軍令部総長をそれぞれ兼任することで政戦両略の一致を人的に担っていた東条と嶋田が交替したことにより、今後、強力な国家意思決定が進められるのかという懸念が浮上していたのではないか。内閣顧問会議がいくら拡充されたとしても、内閣顧問の意見が国家意思の形成や決定に反映されるような体系的なシステムを確立しなければ、東条内閣以上の効果は望めない。

そこで次節では、小磯内閣期に新設された最高戦争指導会議および綜合計画局との関係を手がかりに、国家意思決定を行う過程で顧問にかけられた期待について考えてみたい。内閣顧問制の刷新が「さきに最高戦争指導会議を設置し戦争指導の根本方針の策定および政戦両略の吻合調整に万全を期したが、さらに」[50]とられた措置、つまり最高戦争指導会議の役割を補強する狙いがあったとするなら、それはブレーン機関にとどめるという東条内閣期の位置づけからの脱却を意味する。果たして、国家意思決定の中枢に関与させないという設置当初の方向性は変更されていくのだろうか。

三　国家意思決定力の強化に向けて

1　小磯内閣期の内閣顧問と国家諸機関の関連づけ

一九四四年一一月一日、「綜合国力ノ拡充運用ニ関スル重要事項ノ企画ニ関スル事項」および「綜合国力ノ拡充運用ニ関スル各庁事務ノ調整統一ニ関スル事項」や「綜合国力ノ拡充運用ニ関スル各庁事務ノ綜合的考査ニ関スル事項」を行うため、[51]綜合計画局が設置された。新聞では「先に決定した内閣顧問と共に政府の政治、行政に対する軌道は敷かれた[52]」、あるいは「さきに設置された内閣顧問制の活用と相まつて決戦政治運営の中枢機構が完璧となつた[53]」と評されている。綜合計画局の新設と内閣顧問制の刷新は、「小磯内閣が施策の適正、敏活化徹底を意図した一連の措置[54]」ととらえられた。では、具体的にどのような連携が期待されたのだろう。

綜合計画局の参与に就任した矢部貞治[55]は、内閣顧問の鮎川義介と綜合計画局の関係を「東条内閣の時から鮎川が経済演練（マヽ—編者註）を主張し、それが計画局へ発展した経緯もあり、小磯首相からも計画局のことは鮎川内閣顧問によろしく頼むといふことであった」と記している。鮎川が綜合計画局参与一五名の発令後、参与一同を参集させていることから[56]、ほかの顧問よりも同局との関係が深かったと考えられる。今回の内閣顧問制の刷新により、東条前内閣から豊田貞次郎、結城豊太郎、山下亀三郎、鮎川義介の四名が留任したが、そのなかで実業家として十分な経験があるのは山下と鮎川である。しかし山下はこの時点で病気を患っていたゆえ、鮎川が「戦時経済ノ運営ニ関スル」役割を引き継いだのであろう。

次に、綜合計画局と最高戦争指導会議の関係を考えてみたい。綜合計画局の当初の設置案には政戦両略の一致を期待する文言が盛り込まれていたようであるが、最終的になくされた[57]。その結果、政戦両略の一致は最高戦争指導会議が担うことになる。ただしこれ以後、「最高戦争指導会議で決定された国策の大方針は総理大臣によつて直ちに政府自体の問題としてこれが具体化を図るのであるが、この場合総理から内閣四長官〔内閣書記官長、法制局長官、情報局総裁、綜合計画局長官〕こゝから計画局の手に移つて施策として結晶する」や「更にまた計画局において当面緊急なりと認められた国策はこの逆の経路を経て、総理大臣に献言され総理によつて最高会議に反映されるであらう」というかたちで[58]、綜合計画局と関係をもつことが期待されていった。綜合計画局と最高戦争指導会議の間に、国家意思を決定するうえで直接的な連携を保障する規定があるわけではない。しかし、「限られた面においては唇歯輔車の関係にあるといつても強ち詭弁ではな[59]」く、首相から内閣四長官を介して両機関の関係が深まる可能性は十分にあったのである。また、「綜合計画局長官は三長官〔内閣書記官長、法制局長官、情報局総裁〕と同様今後は閣議に出席して総理大臣の政策面に関する最高の輔佐をなす[60]」役割ももっていた。これは、綜合計画局に最高戦争指導会議と閣議を通じた政策形成への関与が求められたことを意味する。したがって、両会議の俎上にのせる前段階で、統計データなどの客観的な資料によって政策案の妥当性を裏づけたり、政策の説明を行ったりするのが具体的な役目であったと考えられる。

　あわせて考えたいのが、綜合計画局と内閣参事官の関係である。そもそも綜合計画局は、内閣官房の内閣参事官室から派生した機関であった。枢密院審議において小磯首相は、「内閣政策局〔のちの綜合計画局〕ハ内閣総理大臣ノ事務的補助機関タル現行ノ内閣参事官制度ヲ拡充強化セントスルニ止マルモノ」と説明している[61]。ちなみに参事官は、それまでの内閣調査官が一九四三年一一月に「戦時行政職権特例等ニ依リ内閣総理大臣ノ権限ニ属セシメラレタル事項ニ関スル業務ニ従事スル者[62]」と改められたものである。

小磯内閣期に参事官であった迫水久常は、参事官が「書記官長の補佐役」であり「内閣総理大臣官房の役をひとつ構成した」ものと説明している。[63]迫水には、参事官がいくら意見を具申しても「全部そこ〔田中武雄内閣書記官長〕で一本ひっかかる。総理大臣のところへ通らないんだ」[64]という不満があった。この感想には田中内閣書記官長への小磯首相の信頼も作用しているだろう。[65]そこで迫水は綜合計画局の設置を考えるにいたる。

〔前略〕これはやはりもう一本総理と官僚とのあいだのパイプが必要であるということから、総合計画局を考えたわけだ。前に企画院を一ぺん廃止したけれども、内閣参事官を廃して総合計画局にする。総合計画局長官という書記官長と対等のものをおいて、ひとつ総理にパイプを通そうと懸命にやった。[66]

迫水は内閣顧問という語を出していないが、綜合計画局を活用するということは、内閣顧問との関係もうまれる可能性があることを意味する。したがって彼は、綜合計画局と内閣顧問の両方を活用することで、首相の指導力を底上げする体制づくりを構想したと理解してよいのではないか。内閣調査官が内閣顧問会議の運営をつかさどっていたこと、[67]さらに「物心両面よりする国政の綜合調整の事務と綜合的行政考査を行ふ」や「内政、文化、経済、あるひは行政査察などを担当させて常時綜合行政の考査を行はしめんとする」という目的をもっていたことからしても、[68]その系譜をひく綜合計画局と、同じ「物心両面」に期待がかけられた内閣顧問の関連性を導き出すことは的外れであるまい。

では、綜合計画局と行政査察の関係はどうだったか。「綜合計画局官制」の附則には、「行政査察規程中左ノ通改正ス〔「左」は「第七条　削除」を指す〕[69]」と記されている。「行政査察規程」第七条には「行政査察使ニ関スル庶務ハ内閣官房ニ於テ之ヲ整理ス」[70]とあるゆえ、国務大臣や内閣顧問がつとめる行政査察使の庶務が内閣官房から綜合計画局に移ったと推定される。これは小磯内閣以降、行政査察を通じて内閣顧問と綜合計画局が関係をもつことになったことを意味する。しかし綜合計画局は行政査察の庶務に徹したためか、同局作成の資料に行政査察をふまえた献策が反映されることはなかった。

一方の最高戦争指導会議と綜合計画局は、効果的な連携を実現できたのだろうか。陸軍中堅層に位置する本間雅晴は一九四四年一一月二二日の報告書で、「小磯総理ハ組閣当時ノ決心ヲ新ニシ、最高戦争指導会議ノ実体ヲ強化サルル努力ヲ払ハレタシ。此ノ観点カラ綜合計画局ノ創設ハ成功ニアラズ」と記している(71)。その理由を明確にするために、本間の一九四五年二月七日の報告書をみてみよう。

〔前略〕一、綜合計画局ニ対スル世間ノ期待ハ近時急激ニ増大シタル感アリ、即チ該局創設ノ着眼ハ大ニ宜シカリシモ之ヲ最高戦争指導会議ト結ビツケザリシハ遺憾ニシテ同局長官以下各部長ハ何レモ人物トシテハ所謂「良イ人」揃ヒナルモ之ダケデハ活発ニ動カズ、各省中堅層ヲ引キヅリ廻ス丈ノ力アルモノヲ以テ替フベシトノ声、普遍的トナリツ、アリ。又参与モ真ニ計画的才能ヲ有スルモノヲ簡抜スベシト叫ビアリ(72)。

本間は、最高戦争指導会議と綜合計画局の結びつきの強化は歓迎するが、その障害になっているのが計画局の人的構成であるとする。計画局の廃止を主張しているのではなく、人事の刷新を求めていることがわかるだろう。計画局の設置から数カ月の間に、人的活用度の不満が鬱積していった様子がうかがえる。他方、海軍でも一九四五年二月二〇日ごろ、「国力会議、綜合計画局ト最高会議トノ関係トヲ、有機的相補状態ニ調整スルコト」という課題を認識していた(73)。肝心の綜合計画局と最高戦争指導会議の連携がうまくとれなかったことを考えると、行政査察をもとに綜合計画局で立案された案件を最高戦争指導会議の俎上にのせるのは困難だったことが容易に想像できる。

以上をまとめてみる。小磯内閣期には、内閣顧問と綜合計画局が連携して国家意思の形成にかかわることが期待された。鮎川と綜合計画局は直接的な関係を、鮎川以外の顧問と綜合計画局は首相を介しての間接的な関係をそれぞれもつことで、内閣顧問は政策に関する議論および立案にかかわっていった。綜合計画局が首相への提言を通しやすくするために設置されたという経緯、また首相から内閣四長官を介した最高戦争指導会議と綜合計画局の連携の可能性をあわせ考えると、政策案が決定にいたるか否かは、内閣顧問と綜合計画局がいかに最高戦争指導会議と密接なかかわりがもてるかにかかっていたと考えてよい。しかし、綜合計画局と最高戦争指導会議は、官制などに規定された枠組みを超えるほどの連携を実現できず、強力な国家意思決定を行うシステムは構築できなかった。かりに内閣顧問の意見が綜合計画局での立案に生かされたとしても、最高戦争指導会議や閣議の討議にどの程度影響力を与えることができたかは疑問である。

2　鈴木内閣期の内閣顧問と国家機関との関連づけ

鈴木内閣期の内閣顧問について新聞は、「国政一般に亙つて直接総理大臣に進言献策するの途を求めたことは小磯内閣の顧問制度設置と何等異るところはないが、将来は総理大臣と直結せしめるだけでなく内閣綜合計画局と密接に連繫して国政運営における綜合計画立案の狙ひを含んだもの」になると観測していた。さらに、綜合計画局と内閣顧問の関係を「岡田〔啓介〕内閣当時設置された内閣調査局に配するに内閣審議会委員の如き妙味を狙つたもの」と評している。(74)

内閣審議会は一九三五年、「内閣ニ隷シ其ノ諮問ニ応ジテ重要政策ニ付調査審議ス」(75)る機関として設置されたもので、「岡田首相にとってこれは一種の政党操縦策であるとともに、「挙国一致」の人材を集めた内閣の補強工作にすぎな」いととらえる向きもある。(76)他方の内閣調査局は、「内閣総理大臣ノ管理ニ属」し「重要政策ニ関スル調査」などに従事する機関とされた。(77)両機関の関係は「内閣審議会ノ庶務ハ内閣調査局之ヲ掌ル」(78)以外は制度上区別されることで、「〔内閣審議会の委員を〕調査局における政策立案の枢機に与らせ」ず「協議の場に参入させ」るというもので

あった。(79)

この効果を内閣顧問と綜合計画局に照らしあわせるとどうなるだろう。恐らく、計画立案に関する議論は内閣顧問の参加を可とするが、成案を得ていく過程には顧問を交えず、綜合計画局のみが行うというすみ分けを提起したものではなかったろうか。今までの綜合計画局に対する鮎川のような直接の関与を改め、内閣顧問には顧問会議に基盤を置いた活動に徹しさせる、つまり前節の2項でみた、内閣からの課題提起にこたえる顧問会議の運営を主軸とするかかわり方を指すのだと考えられる。顧問が綜合計画局の業務に直接関与する体制では、議論を一つにまとめることが困難になるという考えを反映させた対応であろう。内閣顧問は内閣顧問、綜合計画局は綜合計画局の、それぞれの役割を明確にしたほうが、国家意思決定の各段階を効果的につなげやすいと判断したものと考えられる。

しかし実際に、内閣顧問が綜合計画局と「妙味」のある関係を築くことができたかは疑わしい。そもそも新聞が念頭に置いているのは、政策立案に関する〝議論〟と〝決定〟の分離による効率的な成案づくりに限った部分である。内閣顧問会議を今まで以上に活用することが必ずしも顧問と綜合計画局の関係を密にするわけでないことからしても、小磯内閣の課題を発展的に継承したわけではなく、よって内閣の国家意思決定力の向上は期待できないものであった。

ただ、古川隆久氏が指摘するように、最高戦争指導会議と綜合計画局の関係が目にみえて強固なものになってきた(80)ことは明るい変化であった。迫水内閣書記官長は小磯内閣期の参事官時代、綜合計画局の第一部長に就任する考えをもちながら、田中内閣書記官長に妨害された経験をもつ。(81)その迫水が鈴木内閣で内閣書記官長に就任したことにより、彼がかねてから抱いてきた構想——綜合計画局と首相の密な関係づくり——を実践する環境が整ったのである。その前提として、最高戦争指導会議と綜合計画局の関係は強化された。しかし、綜合計画局の立案機能を首相の強化に結びつけることまではできず、ゆえに首相の主導力を向上させるまでにはいたらなかった。綜合計画局の立案機能が強化されたとしても、その案を最高戦争指導会議の俎上にのせ、政策として結実させることは難しかったということであろう。

このように、内閣顧問と綜合計画局、最高戦争指導会議と綜合計画局のそれぞれの結びつきが強固なものになるよう改善の方向性は示されたものの、国家意思形成から決定までを一貫して首相の強い主導力で牽引するようなシステムは構築できなかった。内閣顧問をブレーン機関から国家意思形成・決定力の強化に供する存在へと転換をはかった小磯・鈴木内閣の試みは、東条内閣期にない特徴ではある。しかし、内閣顧問の意見を国家意思決定の場へと確実に伝達させるシステムが構築できなかった点に、内閣機能強化策および政戦両略の一致を実現するうえでの限界があった。

おわりに

内閣顧問の設置は、東条内閣で措置された五つの生産増強対策の一つであった。内閣顧問が行政査察使として果たした役割は広く知られているが、それ以外の活動内容は明瞭でない。三代の内閣にわたって運用されてきた顧問の実態はいかなるものだったのか。参議制同様に半ば有名無実化されたまま、制度として残されたにすぎないのか、それとも制度を刷新しつつ運用され続けた点に存在意義を認めることができるのか。この点を突き詰めて考えることで、内閣顧問制に新たな価値を付与することが本章の課題であった。

東条内閣期の内閣顧問は、戦時経済協議会と内閣顧問会議、そして個々人による献策を通じた首相の補佐が期待され、戦時経済協議会においては「統帥」機関側との連絡も念頭に置かれた。実際には内閣顧問会議の定例開催と個々人による献策が中心となり、前者では生産増強に供する政策を実現するため国務各大臣との連絡が主たる業務となっていく。そのさい、かつて運用に失敗した参議制の轍をふまないように、国家意思決定の中枢からは一定の距離を置いた活用方法がとられた。しかし、軍需省の設置を機として顧問の存在意義の低下が心配されるにおよび、東条は内閣顧問の役割の見直しを考慮する。ただその実現は小磯内閣成立まで待たねばならなかった。

小磯内閣では、内閣顧問会議の役割が、国務各大臣との意見交換という形式から実務担当者からの情報収集に重点が移っていく。鈴木内閣期に定例開催日が増やされることで、内閣顧問の活動に占める内閣顧問会議の比重がさらに高くなった。その理由としては、顧問制が刷新された結果、あつかう範囲が「広く政治、経済、文化、思想等の面に」拡大されたことが大きい。生産増強という目的でくくられていた東条内閣期にくらべると、顧問同士の歩調があわせにくくなることを見越し、共同歩調をとる要として内閣顧問会議がさらに重視されたのである。

新設された綜合計画局と関連づけられようとしたことも、特徴としてあげられる。綜合計画局は首相を介して最高戦争指導会議との関係も有したため、国家意思形成から決定にいたる全過程に影響を与える可能性が高まった。確かに官制などの制度上では、綜合計画局と最高戦争指導会議は直接的に関連づけられない。しかしあえて関連づけられようとしたのが、小磯・鈴木両内閣期の新しさである。その背景には、綜合計画局の設置をすすめた参事官・迫水久常の影響力を無視することはできない。彼は鈴木内閣の内閣書記官長に就任すると、より積極的に最高戦争指導会議と綜合計画局の関係を緊密にさせるよう動くのである。

各機関の関連づけの試みは、「国務」「統帥」両機関を人的に結合させていた東条と嶋田がいなくなったことも影響していよう。各首相のもつ政治手腕は不安定なものであり、首相がかわるとその機能は無に帰してしまう。確かに東条内閣期の「首相権限の強化によって、国務各大臣による単独輔弼制の克服が一定程度進んだ」(82)ことは間違いない。

省庁の統廃合も積極的に行っていった。[83]しかしそれらの多くは、参謀総長・軍令部総長の兼任がそうであったように、東条の政治的リーダーシップによって実現した措置である。小磯に内閣が移ったさいに、彼の政治的な力量が問題視されたのではないか。その結果、国家意思決定を担う諸機関を内閣顧問と効率的に連携させるシステム化が目指されるようになった。首相を補佐する体制として、内閣顧問のほかに綜合計画局が加わり、最高戦争指導会議での決定に影響をおよぼし得る可能性が高まったのである。しかしこれらの各機関が連携して国家意思決定に結びつけていくシステムは確立できなかった。

その原因は二つ考えられる。一つは、内閣顧問の活動が首相の指導力・政策遂行力と結びつけられなかった点である。もう一つは、内閣顧問自体が、国家意思決定に関与する諸機関と緊密な結びつきを構築できなかった点である。小磯・鈴木両内閣期の顧問会議に能動的な性格が付与され、首相の諮問に万全にこたえる体制が整えられたことは確かである。しかし、首相が彼らの意見を集約する力と、最高戦争指導会議で「統帥」機関側との議論をリードする力は別のものである。内閣顧問と綜合計画局の連携も同様であり、小磯内閣以降、国家意思形成の場に内閣顧問を関与させることで政策の立案力は幾分か強化できたかもしれないが、首相が諸機関をまとめ、政策を決定するだけの主導性を発揮する力まではもてなかった。

以上、本章からは、生産増強対策に与えた行政査察使としての内閣顧問という理解を超えるさまざまなことが得られた。設置の経緯から考えるに、内閣顧問をあえて新設した東条首相は、参議制の失敗を反省材料として強い内閣を構築しようと意気込んだことであろう。しかし、国家意思形成や決定の場に深く立ち入らせず、その反面、ある程度の参画を求めないといけないというジレンマが、小磯・鈴木両内閣で最高戦争指導会議や綜合計画局と中途半端な関係しか築けないという結果をもたらした。参議の設置以降、戦時期を通じて途切れることなく存在したブレーン機関であったが、終戦まで強力な戦争指導体制の確立にいかされることはなかったのである。

ただし、内閣顧問の運用が期待外れに終わったという結果のみをとらえて、研究史上、重要でないと断ずることはできない。内閣が継戦か終戦かの態度を明確にできず終戦を遅らせる結果になった要因として、国家諸機関の連携不足による国家意思決定力の限界を意識する必要があることを、本章の検討は示している。たとえば、国家諸機関を連携させることの限界を認識したことにより、最高戦争指導会議を軸とする強力な戦争指導体制の構築は見限られ、鈴木内閣期に天皇権威を利用した終戦が模索されていった面もあるのではないか。この点は慎重に検討されねばならず、第二部で改めて取り上げるが、少なくとも諸機関の関連性の破綻によって内閣の意思決定力が機能低下を来したことは、これまで以上に重視されねばならないだろう。

註

（1）国立公文書館所蔵「御署名原本・昭和十八年・勅令第一三四号・内閣顧問臨時設置制」（Ｒｅｆ．Ａ〇三〇二二八〇二八〇〇、ＪＡＣＡＲ、アジア歴史資料センター）。

（2）一九四三年三月の諸措置および五大重点産業、すなわち鉄鋼・石炭・軽金属・船舶・航空機の説明は、古川由美子「行政査察に見る戦時中の増産政策」（『史学雑誌』第一〇七編第一号、一九九八年一月）五六頁による。

（3）「内閣顧問臨時設置制要綱」（国立公文書館所蔵「公文類聚・第六十八編・昭和十九年・第三巻・官職三・官制三（内閣）」二Ａ—〇一二—〇〇、類〇二八〇〇一〇〇、リール番号〇六八二〇〇、開始コマ番号一三二〇）。

（4）東久邇稔彦『東久邇日記—日本激動期の秘録—』（徳間書店、一九六八年）一九四五年八月二三日条、二二一頁。

（5）前掲、古川由美子「行政査察に見る戦時中の増産政策」。そのほか、山崎志郎「太平洋戦争後半期における航空機増産政策」（『土地制度史學』ＸＸＸⅢ—二、一三〇号、一九九一年一月）三二頁や、同「太平洋戦争期の工業動員体制—臨時生産増強委員会・軍需省行政をめぐって—」（『經濟と經濟學』通号八一、一九九六年七月）三四頁（いずれも同『戦時経済総動員体制の研究』日本経済評論社、二〇一一年に収録）も、内閣顧問に若干ふれる。

(6) 村井哲也「東條内閣期における戦時体制再編(上)(下)―一元的経済機構の創設を目指して―」(『東京都立大学法学会雑誌』第三九巻第二号、第四〇巻第一号、一九九九年一、七月、のち前掲『戦後政治体制の起源――吉田茂の「官邸主導」』に収録)。

(7) 前掲「御署名原本・昭和十八年・勅令第一三四号・内閣顧問臨時設置制」には、「本令ハ公布ノ日ヨリ之ヲ施行ス　臨時内閣参議官制ハ之ヲ廃止ス」とある。参議制は、「支那事変ニ関スル重要国務ニ付内閣ノ籌画ニ参セシムル」ものであり、「国務大臣ノ礼遇ヲ受ク」とされた(前掲「御署名原本・昭和十二年・勅令第五九三号・臨時内閣参議官制」)。

(8) 「内閣顧問臨時設置制外三件(三月十日)」(国立公文書館所蔵「枢密院委員会録・昭和十八年」二A―〇一五―〇七、枢B〇〇〇二九一〇〇、リール番号二一〇〇、開始コマ番号〇八〇七)。

(9) 前掲『小山完吾日記―五・一五事件から太平洋戦争まで―』一九三七年一一月一八日条、一九一、一九二頁。

(10) 前掲「内閣顧問臨時設置制外三件(三月十日)」。

(11) 『毎日新聞』一九四三年三月一八日付、一面、「政戦両略の一致企図　産業経済の智能本部」。

(12) 「戦時経済協議会規程」(国立公文書館所蔵「公文類聚・第六十七編・昭和十八年・第九巻・官職三ノ二・官制三ノ二・内閣一」二A―〇一二―〇〇、類〇二六七七一〇〇、リール番号〇六五五〇〇、開始コマ番号〇一九二)。

(13) 同右。

(14) 『毎日新聞』一九四三年三月一八日付、一面、「政戦両略の一致企図　産業経済の智能本部」。

(15) 以上の「　」は、佐藤賢了『大東亜戦争回顧録』(徳間書店、一九六六年)二九二頁。

(16) 『毎日新聞』一九四三年三月一八日付、一面、「政戦両略の一致企図　産業経済の智能本部」。

(17) 同右、一九四三年三月一九日付、夕刊一面、「内閣顧問顔合せ」。

(18) 同右、一九四三年三月二三日付、夕刊一面、「閣僚、顧問初懇談会」。

(19) 同右、一九四三年三月二五日付、夕刊一面、「戦力増強策協議」。

(20) 『読売報知新聞』一九四三年三月二三日付、夕刊一面、「初の内閣顧問会議　戦時経済協議会の運営対策を練る」。

(21) ゆえに、村井哲也氏の「戦時経済協議会は実質上、内閣顧問会議として開催されることが多かったようである」(前掲『戦後政治体制の起源――吉田茂の「官邸主導」』八九頁)という指摘は的を射ている。

(22) 前掲「内閣顧問臨時設置制外三件(三月十日)」。

(23) 前掲「戦時経済協議会規程」。
(24) 同右。
(25) 『毎日新聞』一九四三年三月一八日付、一面、「政戦両略の一致企図　産業経済の智能本部」。
(26) 藤原銀次郎述、下田将美著『藤原銀次郎回顧八十年』（大日本雄弁会講談社、一九五〇年）三三四～三四〇頁。
(27) 『毎日新聞』一九四三年三月一八日付、一面、「政戦両略の一致企図　産業経済の智能本部」。
(28) 前掲『木戸幸一日記　下巻』一九四三年一〇月五日条、一〇六〇頁。
(29) 「軍需省設置ニ関スル件ヲ定ム」（国立公文書館所蔵「公文類聚・第六十七編・昭和十八年・第三十巻・官職二十四・官制二十四（軍需省）」二A—〇一二—〇〇、類〇二六九八一〇〇、リール番号〇六五九〇〇、開始コマ番号一〇〇九）。
(30) 前掲、古川由美子「行政査察に見る戦時中の増産政策」六七頁。
(31) 前掲『木戸幸一日記　下巻』一九四三年一〇月五日条、一〇六〇頁。
(32) 羽間乙彦『五島慶太〈一業一人伝〉』（時事通信社、一九六二年）一〇四頁。
(33) 伊藤隆・廣橋眞光・片島紀男編『東條内閣総理大臣機密記録』（東京大学出版会、一九九〇年）一九四四年七月一六日条、四六六頁。
(34) 『毎日新聞』一九四四年一〇月二八日付、二面、「新たに内閣顧問制　人材網羅・画期的運営」。
(35) 前掲「内閣顧問臨時設置制要綱」。
(36) 『毎日新聞』一九四四年一〇月二八日付、二面、「新たに内閣顧問制　人材網羅・画期的運営」。
(37) 「枢密院会議筆記・一、内閣顧問臨時設置制・一、綜合計画局官制・一、奏任ノ綜合計画局参事官ノ特別任用ニ関スル件・一、大正三年勅令第二百六十二号任用分限又ハ官等ノ初叙陞叙ノ規定ヲ適用セサル文官ニ関スル件中改正ノ件」（国立公文書館所蔵「枢密院関係文書・会議筆記」二A—〇一五—一〇、枢D〇〇九二三一〇〇、リール番号〇〇五五〇〇〇、開始コマ番号〇六一〇）。
(38) 前掲『木戸幸一日記　下巻』一九四四年一二月一七日条、一一五九頁。
(39) 『読売報知新聞』一九四四年一〇月二九日付、一面、「内閣顧問十二氏」。
(40) 小磯国昭自叙伝刊行会編『葛山鴻爪』（中央公論事業出版、一九六三年）八〇一頁。
(41) 同様の件は、江藤淳監修・栗原健、波多野澄雄編『終戦工作の記録　上』（講談社〈講談社学術文庫〉、一九八六年）の「資料四

八　三巨頭の提携」二〇八〜二一二頁からもみてとれる。

(42)『朝日新聞』一九四四年一〇月二九日付、二面、「内閣顧問を勅命」。

(43)『毎日新聞』一九四四年一〇月二八日付、二面、「新たに内閣顧問制　人材網羅・画期的運営」。

(44)『読売報知新聞』一九四四年一一月一一日付、一面、「内閣顧問会議　毎週金曜日参集」。

(45)この時点で戦時経済協議会としての性格は薄れ、行政査察もこれまでのように頻繁には行われなくなっていく。

(46)『読売報知新聞』一九四五年四月二七日付、一面、「内閣顧問十氏新任」。

(47)前掲『高木惣吉―日記と情報―下』の「松平侯（秘書官〔長〕）」と題する文書、一九四四年三月一六日、八三〇頁。〔　〕は編者による註。

(48)『朝日新聞』一九四五年五月三日付、一面、「内閣顧問会議の運営」。

(49)同右、一九四五年四月二七日付、一面、「内閣顧問十氏発令」。

(50)『毎日新聞』一九四四年一〇月二八日付、二面、「新たに内閣顧問制　人材網羅・画期的運営」。

(51)国立公文書館所蔵「御署名原本・昭和十九年・勅令第六〇八号・綜合計画局官制」（Ｒｅｆ．Ａ〇三〇二二三一五五〇〇、ＪＡＣＡＲ、アジア歴史資料センター）。

(52)『毎日新聞』一九四四年一一月一日付、一面、「国策の企画調整　内閣に綜合計画局」。

(53)『朝日新聞』一九四四年一一月一日付、一面、「重要国策の企画に綜合計画局設置」。

(54)防衛庁防衛研修所戦史室『戦史叢書八一　大本営陸軍部〈9〉―昭和二十年一月まで―』（朝雲新聞社、一九七五年）三四七、三四八頁。

(55)当時、東京帝国大学教授。近衛のブレーントラストである昭和研究会に参画。

(56)以上は、前掲『矢部貞治日記　銀杏の巻―自昭和一二年五月二八日至昭和二〇年一二月三一日―』一九四五年一月二日条、七六七頁。

(57)前掲、古川隆久『昭和戦中期の総合国策機関』三二六頁。

(58)『毎日新聞』一九四四年一一月一日付、一面、「最高指導会議と唇歯輔車の関係」。

(59)『朝日新聞』一九四四年一一月一日付、一面、「重要国策の企画に綜合計画局設置」。

(60)『毎日新聞』一九四四年一一月一日付、一面、「国策の企画調整　内閣に綜合計画局」。
(61)「総《〔綜〕》合計画局官制（十月十一日）」（国立公文書館所蔵「枢密院委員会録」二A―〇一五―〇七、枢B〇〇〇三一一〇〇、リール番号〇〇二一〇〇、開始コマ番号一〇三八）。内閣参事官については、前掲、古川隆久『昭和戦中期の総合国策機関』の第八章第一節にくわしい。
(62)国立公文書館所蔵「御署名原本・昭和十八年・勅令八〇〇号・行政機構整備実施ノ為ニスル内閣部内臨時職員設置制外三勅令中改正ノ件」（Ref. A〇三〇二二八六六九三〇〇、JACAR、アジア歴史資料センター）。
(63)中村隆英・伊藤隆・原朗編『現代史を創る人々3』（毎日新聞社、一九七二年）の「迫水久常」の項、七七頁。
(64)同右、八一頁。
(65)前掲『葛山鴻爪』八〇四頁。
(66)前掲『現代史を創る人々3』の「迫水久常」の項、八一頁。
(67)前掲、村井哲也『戦後政治体制の起源――吉田茂の「官邸主導」』六八頁。東条内閣で内閣顧問制が成立したさいの新聞には「内閣顧問には勅令第三条の規定する如く必要なる事務上のスタッフを付けることゝなつてをり」（『読売報知新聞』一九四三年三月一八日付、一面、「〝気魄〟の実際家」）との記事がみられる。この「スタッフ」が内閣調査官（のちの内閣参事官）のことと思われる。
(68)『大阪毎日新聞』一九四三年一一月一日付、一面、「官房で綜合国策事務」。
(69)前掲「御署名原本・昭和十九年・勅令第六〇八号・綜合計画局官制」。
(70)国立公文書館所蔵「御署名原本・昭和十八年・勅令第一三五号・行政査察規程」（Ref. A〇三〇二二八〇二九〇〇、JACAR、アジア歴史資料センター）。
(71)前掲『終戦工作の記録　上』の「資料一〇五　本問報告書」四五九頁。
(72)同右、四六四頁。
(73)前掲『高木惣吉―日記と情報―下』の「戦争指導最高会議運用改善私案」八〇〇頁。
(74)『読売報知新聞』一九四五年四月二七日付、一面、「内閣顧問十氏新任」。
(75)前掲「御署名原本・昭和十年・勅令第一一八号・内閣審議会官制」。

(76) 前掲、池田順「ファシズム期の国家機構再編―広田内閣期を中心に―」三三頁。
(77) 前掲「御署名原本・昭和十年・勅令第一一九号・内閣調査局官制」。
(78) 前掲「御署名原本・昭和十年・勅令第一一八号・内閣審議会官制」の第八条。
(79) 前掲、池田順『日本ファシズム体制史論』の「第一編　ファシズム期の国家機構再編」「第一章「庶政一新」下の国家機構再編」二七頁。
(80) 前掲、古川隆久『昭和戦中期の総合国策機関』三四〇頁。
(81) 前掲『現代史を創る人々3』の「迫水久常」の項、八一、八二頁。
(82) 吉田裕「戦局の展開と東条内閣」(前掲『岩波講座　日本歴史―第一八巻・近現代四―』)六三頁。
(83) 福島新吾「第四〇代　東條内閣―陸軍の横車を貫いて国を亡ぼす―」(林茂・辻清明編『日本内閣史録　四』第一法規出版、一九八一年)三四一～三四七頁を参照。

第四章　戦時期における帝国議会議員の活用と政治力強化

はじめに

前章までに、内閣参議や内閣顧問といったブレーン機関の役割を検討することによって、総合計画官庁や最高戦争指導会議などと相互に効果的な連携を行えないことが、内閣機能強化および政戦両略の一致の実現を阻む要因であったことを明らかにした。一方で戦時期には、参議や顧問以外に、内閣委員及各省委員（以下「委員」と表記）や政務官といった職も存在している。これらは、帝国議会側の政治参画によって官僚政治の悪弊を是正すること、また議会を通して国民運動の一元化を推進することで内閣が強い政治力を確立する目的もふくんでいた。[1]戦争指導を行ううえでは、議会を介した国民運動一元化の推進も重要な要素である。筆者は、委員や政務官の選任対象に帝国議会議員がふくまれることから、彼らが〝内閣―議会―国民〟の結集も期待された可能性が高いとみている。[2]

すでにふれたように、新体制運動の結果、第二次近衛内閣期の一九四〇年一〇月に大政翼賛会が発足した。しかし大政翼賛会は公事結社と判断され、政治活動が禁止された。そして一九四二年五月には翼賛政治会が発足する。議会勢力がこのような動きをみせるなかで、内閣は議会勢力をどう内閣機能強化策に組み込もうとしたのか。本章ではとくに、官僚政治の悪弊を断ち切るため、内閣側が議会に期待した役割をみていくことにしたい。戦時期における各職の移り変わりや、それにともなう役割の変化をみていくことで、これまで確認した内閣機能強化策とは異なる強化のかたちが提示できればと考えている。

先行研究では、内閣機能強化と政治力強化の区別は厳密になされていない(3)。その前提に立ったうえで、本章ではあえて以下のように分類しておきたい。すなわち、内閣機能強化が首相の権限や内閣の政策形成・決定・執行力の強化を目指すのに対し、政治力強化は閣内にとどまらない国家体制全体の強化を目指すとするとらえ方である。後者に関しては官田光史氏、古川隆久氏、矢野信幸氏らが(4)、内閣に与えた議会側の影響力を指摘している。ただし、内閣が政治力強化を実現するために議会側にどのような接触を行ったかという点には十分な言及がなされていない。国家諸機関の分立性の克服に向けた取り組みを評価する場合、委員や政務官が内閣機能強化と政治力強化のどちらに、あるいは両方に関与したのかという点や、同じ時期の国家意思決定機関および内閣顧問とどのような関係をもっていたのかという点に意識を向けることが重要と考える。

この点をもう少し補足しておく。表5は、政務官、委員、内閣顧問の概要を簡単にまとめたものである（必要に応じて各節のなかでもふれる）。政務官と委員の関係は、「昭和十五年の第二次近衛〔文麿〕内閣から東条〔英機〕内閣にかけては事実上政務官が任命されなかったことがあり、その代りでもあるまいが、昭和十七年六月には内閣委員及各省委員設置制という勅令が制定され(5)」たと説明される程度で、実際の政治過程にそくした論証はなされていない。政務官に関しては、内閣側の議会側へのポスト確保の手段という見方が根強い(6)。このように政務官や委員は、その役割に対する評価が下されるに十分な分析がなされていない状態にある(7)。しかし委員制度は、東条内閣以降、内閣顧問などとの関係から見直しがはかられ、政務官との関係からは存廃の論議が起こっていく。したがって、各制度の関連性を追うことで、内閣側が各制度をどう運用し何を実現しようとしたのか、それが内閣機能強化と政治力強化の両方に関係する動きだったのか、など多くの部分が明らかになると考える。

表5　政務官，内閣委員及各省委員，内閣顧問の概要

名　称	設置年	被任命者	目　　　的	改　組　な　ど
政務官	1924年	貴衆両院の議員	政務次官ハ大臣ヲ佐ケ政務ニ参画シ帝国議会トノ交渉事項ヲ掌理ス，各省参与官ハ一人勅任トス大臣ノ命ヲ承ケ帝国議会トノ交渉事項其ノ他ノ政務ニ参与ス(＊1)	参政官(1914年)が起源
内閣委員及各省委員	1942年	貴衆両院の議員，および学識経験者	庁務ヲ輔ケシムル(＊2)	内閣及各省参与委員と改称(1944年)，内閣行政委員及各省行政委員と改称(1945年)
内閣顧問	1943年	主に実業家	大東亜戦争ニ際シ重要軍需物資ノ生産拡充其ノ他戦時経済ノ運営ニ関スル内閣総理大臣ノ政務施行ノ枢機ニ参セシムル(＊3)	目的を広く国政一般の運営のためと変更。学者・新聞人にまで範囲を拡大(1944年)

註　「目的」欄の引用は，それぞれ以下を出典としている。

(＊1)＝国立公文書館所蔵「各省官制通則中改正・御署名原本・大正十三年・勅令第百七十六号」(KS-000-00，御14874100，リール番号004000，開始マイクロコマ番号0620)。

(＊2)＝「内閣委員及各省委員設置制ヲ定ム」(国立公文書館所蔵「公文類聚 第六十六編・昭和十七年・第六巻・官職二・官制二（内閣二）」2A-012-00，類02564100，リール番号062900，開始マイクロコマ番号0432)。

(＊3)＝国立公文書館所蔵「内閣顧問臨時設置制・御署名原本・昭和十八年・勅令第一三四号」(KS-000-00，御26992100，リール番号5901，開始マイクロコマ番号1051)。


検討を通じて、以下の三点を示すことができよう。①内閣は各制度に期待した職務の実現度合いを点検することで見直しや廃止を判断していった、②政務官と委員が類似した職務内容であるため両制度のすみ分けが意識され、それが改廃論議の原因となった、③委員のあとに設置される内閣及各省参与委員（以下「参与委員」と表記）に行政査察への参加が求められることで、生産増強への意識がより高まった、である。①②③が内閣機能強化と政治力強化の両方の実現を目指すなかで出現したものと理解できるか否かを、政務官や委員の制度およびその役割を通じて確認していきたい。本章の分析の結果が、明治憲法体制下の国家諸機関の分立性を克服することで戦争指導体制の強化をはかろうとする戦時内閣の新た

な一面を示すことになればと思う。

一　内閣委員及各省委員の設置とその狙い

1　内閣委員及各省委員による政治参画

太平洋戦争の開戦から半年ほどが過ぎた一九四二年六月、東条内閣は内閣委員と各省委員の設置を決定した。ミッドウェー海戦で日本側が大敗北を喫し、戦略面で守勢となるころのことである。(8)

委員の設置により「内閣総理大臣又ハ各省大臣ノ奏請ニ依リ帝国議会ノ議員及学識経験アル者ノ中ヨリ」内閣に内閣委員が、また陸海軍省を除く各省に各省委員がそれぞれ任命された。設置の理由は「大東亜戦争ノ完遂ヲ期スル為官民協力体制ヲ整備強化シ行政事務能率ノ増進ヲ図ル為帝国議会ノ議員其ノ他民間各方面ヨリ適材ヲ簡抜シテ内閣委員及各省委員ト為シ之ヲシテ庁務ヲ輔ケシムルノ要アルニ依ル」と説明されている。(9)東条内閣は「新政治力の結集に即応する措置(10)」として、議会と国民の協力体制の強化と、行政事務への民意の反映に期待をかけたのである。矢野信幸氏はこれら二つの役割を、議会側の視点から「戦時行政への内面参画(11)」と表現している。

ただ、「内面」の範囲を特定するのは難しい。米内光政内閣期に盛り上がりをみせた新体制運動では国民を主体とする機関の再結集がはかられ、大政翼賛会の設置にいたった。また東条内閣以降の翼賛政治体制確立の動きは、議会勢力を結集することによって政治基盤を固めようという意図があった。今回の委員の設置も、「挙国的な政治力の結集体たる翼賛政治会は政府並に大政翼賛会と共に一体となり国内政治体制の根幹たるべきものであるが、これら三者の間には未だ有機的な連結がな」かったことから「翼政会との有機的結び附きを計る」ことを狙った措置とされている。(12)一九四二年五月に発足した唯一の政事結社である翼賛政治会(13)に国民運動一元化が期待されたことをふまえれば、帝国議会の議員を任命の対象にふくめる委員にも、内閣と国民を橋渡しする役割が期待されたと考えられよう。単純化は否めないが、委員は〝内閣―【民意の反映】―議会―【協力体制強化】―国民〟というつながりのなかの【　】を担う存在であったととらえておきたい。

次に、委員の職務をこまかく定めた「内閣委員及各省委員職務規程基準及委員制度活用ニ関スル件」(14)をもとに、【　】の具体的な職務範囲を考えてみる。同件のなかの「内閣委員及各省委員職務規程基準」には、委員の職務が「政務事務ノ適正且円滑ナル運営ニ寄与シ、以テ官民協力ノ実ヲ挙ゲルト共ニ行政能率増進ヲ図ル」と明記され、以下のように続く。

〔前略〕第二　委員ノ職務ノ概目左ノ如シ
一、諸般ノ企画立案ニ付諮問ニ応ジテ意見ヲ開申スルコト
二、特ニ委嘱セラレタル調査ニ当ルコト
三、施政ノ国民生活ニ対スル適応状況ノ査察等行政ノ考査ニ関シ協力スルコト
四、請願及陳情ノ処理ニ関シ諮問ニ応ジテ意見ヲ開申スルコト
五、国策ノ普及徹底ニ関スル啓発宣伝ニ当ル等上意下達ニ協力スルコト
六、帝国議会、翼賛政治会、大政翼賛会等トノ連絡ニ当ルコト

内閣側の視点に立てば、「一・二」を〝内閣↓議会〟、「三・四・五」を〝内閣↓議会↓国民〟、「六」を〝議会内〟という指示の流れであらわすことができる。特徴として、内閣側の諮問に応じる形態が多い点をあげることができよう。「三、五」の「協力スルコト」も自発的な参加とはいえない。したがって委員の「連絡」は自発的というより、

内閣側の要請に応じて内閣と議会の間の情報伝達を担う行動と理解できる。「委員制度活用ニ関スル閣議申合セ」でも、「連絡」は「戦時下ニ於テハ国民的団結ヲ益々強化スルコト絶対ニ必要ナルヲ以テ之ガ為先ヅ行政府ト立法府ノ連繋強化ヲ促進スルト共ニ更ニ大政翼賛会ヲ中核トシ官民ノ全国的結束ヲ推進スルノ要アルコト」という表現で徹底されている。(15) なお内閣では、「連絡」の受け入れに備え、各行政官庁に対し「夫々委員外ノ職員ニ対シテモ、委員制度運営ニ付必要ナル指示ヲ為ス等委員制度ノ趣旨達成ニ付適宜ノ措置ヲ講ズルヲ可トス」や「専ラ委員ノ用ニ供スル室ヲ用意シ置クヲ便トス」という指示を出していた。(16)「適宜ノ措置」には、行政官庁と所属委員との連絡を行うための環境の整備があげられる。たとえば、対満事務局、情報局、技術院などは月一回の委員との定例会合を設け、必要に応じて臨時に招集する形態をとっている。興亜院ではさらに「毎週木曜日ヲ事務連絡日トス」という措置を付加した。技術院は「本院ト委員相互間ニ於ケル諸般ノ連絡其ノ他ニ当ル為委員中ヨリ世話人若干名ヲ選定」し、各委員の情報交換も意識的に行っている。委員は、定例会合と委員相互の情報交換によって、「一～六」の職務を遂行しようとしたのであった。(17)

内閣はその後、議会との「連絡」にくわえ、行政官庁間の「調整」を期待していく。一九四三年七月一日決定の「内閣及各省委員運営ノ件・内閣及各省委員協議会ニ関スル件」(18)では、「内閣及各省委員ノ運営ヲ円滑ナラシムル為ニ、内閣及各省委員中ニ各世話人三名ヲ設ク」や「内閣及各省委員ノ綜合調整ヲ図ル為、内閣ニ内閣及各省委員協議会ヲ設ケ、内閣書記官長ヲ座長トシテ、内閣及各省世話人中ヨリ、各一名ヲ選ンデ、其ノ協議員トス」と規定された。内閣書記官長を各委員の調整役とした「内閣及各省委員協議会」が結成された意義は、委員が政務の「調整」にまで立ち入ることを認めた部分にある。新聞では委員に「官吏の如く処理し、掌るといふ意味よりも更に広汎」(19)の任務を期待しているが、この「広汎」とは、各省間に存在する利害関係の克服を意図するものだと推察できる。

委員の職務でもう一つ重要なのは、「委員制度活用ニ関スル閣議申合セ」のなかで、「国務」事項と「統帥」事項の調整が意識されている点である。

一、戦時下ニ於ケル重要国務ハ勿論行政各般ノ事務モ亦総テ統帥ヲ枢軸トシテ行ハレ常ニ統帥部トノ緊密ナル協力ノ下ニ遂行セラレアルコト

四、戦時下ノ国政及行政ニハ統帥トノ関係ニ於テ機秘密ノ範囲及要度拡大シアルヲ以テ、各庁庶務ニシテ委員ニ公開シ得ルモノニ多大ノ制約アルコト(20)

〔二、三、五は略〕

「一」では、「国務」事項が「国務」機関内で完結するものではなく、「統帥」事項との関係のうえに成り立っている点にふれ、その意識をもつことを求めた。しかし「四」では、「国務」「統帥」両機関の利害関係から、委員に対する情報公開の範囲が制限されることが記されている。「統帥」事項との関係を意識させながらも、実際には「統帥」機関側の情報を制限するという矛盾した方向性は、委員の行動を制約する結果をもたらしたと考えられよう。委員が陸海軍両省に設置されていないのは、政務のなかでも軍務に深く立ち入ることを拒む意図があったためではないか。

以上からわかるように、ミッドウェー海戦を契機とする戦局の悪化が招くであろう政治機能の低下に対応すべく、委員には〝内閣―議会―国民〟の「連絡」にくわえ、各省間の「調整」という手段での政治参画が求められた。また、「統帥」事項への深い関与は制限された。これらを矢野信幸氏のいう「戦時行政への内面参画」の「内面」ととらえることができる。

2　内閣委員及各省委員による生産増強への協力

「戦時行政への内面参画」の重要な要素の一つである〝内閣―議会―国民〟の「連絡」に関する具体的な行動には、矢野氏が「戦力増強、食糧増産政策の面」[21]と指摘する通り、生産増強への協力があった。すでに一九四一年一一月公布の産業設備営団法によって生産設備の拡充に向けた準備が進められ[22]、同時期には職業への従事を徹底させるなどの労務動員に関する諸計画も立案されてはいたが[23]、委員が設置されたころの内閣全体の意識はまだ「楽観的」であった。生産増強への懸念が顕在化しつつも、悲観的な空気が覆いつくすまでにはいたっていなかったようである。しかし、六月のミッドウェー海戦や八～一二月のガダルカナル戦を経て物資の調達がきわめて困難な事態に陥ったことにより、一一月に臨時生産増強委員会が設置されるころまでには内閣全体に深刻な意識が浸透した[24]。以後、一九四三年三月の戦時行政職権特例で五大重点産業が指定されたり、一億敢闘実践運動が実施されたりするなど[25]、食糧や軍需品の生産増強を進める動きがいっそう強まった。前章でみた通り、「国務大臣及び内閣顧問の中の一名が」行政査察使に任命され、「増産を目的として現地を視察する」行政査察も次々に実施されていく[26]。

委員にも「輸送力の緊急強化と生産増強の対策案を、三省〔農林、商工、鉄道〕大臣のほか、東條首相以下関係各大臣に進言」するような行動があらわれていった[27]。生産増強が急務となったことで、委員にその具体的な解決策を求める動きがあらわれはじめたのである。生産現場の実態を委員が把握し、そのうえで内閣に献策を行うという行動が生まれたことは、内閣と国民のかかわりの一歩前進といえよう。なお委員は、「内閣及各省ニ委員設置ニ関スル件要綱」[28]に「委員ハ一年ヲ以テ任期トシ、再任ヲ妨ゲズ又任期中解任スルコトヲ妨ゲザルモノトス」とあるように、基本的には時限的な措置であったが、一九四三年六月の「内閣委員及各省委員ノ職務継続ニ関スル件」[29]で任期の制限が取れ、引き続き任用されることになった。その理由には「臨時議会ノ運営トノ関係ヲモ考慮」する点と「現ニ従事中ノ職務ヲ差当リ継続セシムルノ必要ナキニシモ非ザル」点があげられている。

しかし「差当リ継続セシムルノ必要ナキニシモ非ザル」という表現から、委員継続の積極的な意義をみいだすことは難しい。事実、委員制度はほどなくして、生産増強を通じた政治力強化の面から見直されることになる。また、前述した「内閣及各省委員協議会」の設置からもわかるように、内閣は各省間の連絡調整による内閣機能強化も重視していた。常に内閣機能強化と政治力強化の両方の実現度合いをはかり、その成果が芳しくない場合は委員制度の改廃も念頭に置いていたと思われる。以後、委員制度は、東条内閣の威信低下をきっかけとして、すでに存在する内閣顧問や政務官の職務と比較され、内閣機能強化と政治力強化の両方に効果的な活用方法が模索されていく。

二　内閣機能強化および政治力強化をめぐる議論

1　内閣及各省参与委員の設置と東条内閣改造の動き

東条内閣は委員制度を見直し、一九四四年六月に参与委員の設置を決定した(30)。この決定が行われた時期には、六月一九日のマリアナ沖海戦での惨敗、七月九日のアメリカ軍によるサイパン島の占領、といったように戦局がますます悪化していた。すでに重臣を中心として東条内閣打倒工作が開始されており(31)、戦局の悪化は東条の威信低下を一気に加速させた。東条は戦争完遂に耐え得る内閣を運営することでサイパン島失陥の責任を補おうと、内閣改造に動き始める。内閣改造は東条政権に否定的な重臣や議会と良好な関係を築こうとするものととらえられるが、その動きのなかで議会側の政治参画の方法にも変化があらわれていった。

東条首相は一九四四年七月一六日、「〔閣僚の〕異動を最小限度に止む」という方向性のもと内閣改造案を決定した。そのなかで注目したいのが、「内閣に従来の顧問の外、政治顧問を置き（五名程度）翼政〔翼賛政治会〕より詮《〔銓〕》衡す」や「重臣の希望あらば、参議制を復活し、重臣等を之に充つることを考慮し差支なし」という点である。「従来の顧問」は、一九四三年三月に設置されたブレーン機関である内閣顧問を指すと思われる。「参議制」は、明治政府の太政官制下に設置された参議か、一九三七年一〇月設置の内閣参議のどちらかを指すことは間違いない。ただし前者は内閣制度に照らしあわせると国務大臣に相当する職であり、その参議を現制度下に、ほかの役職と併用させるには政治システムの再編が必須となる[32]。ゆえに東条の意図する「参議制」とは後者のことであり、重臣の支援をとりつけることでの首相および内閣の機能強化が内閣改造の目的のなかにふくまれていたと考えるのが適当と思われる。では、帝国議会議員が携わる参与委員制度が施行されているなかで、あえて「政治顧問を」「翼政より詮《〔銓〕》衡」する狙いはどこにあったのだろうか[33]。

まず、「政治顧問」と、すでに設置されている内閣顧問の活動を比較してみる。両者のすみ分けを意識した場合、この時期の内閣顧問の職務が「大東亜戦争ニ際シ重要軍需物資ノ生産拡充其ノ他戦時経済ノ運営ニ関スル内閣総理大臣ノ政務施行ノ枢機ニ参セシムル[34]」点にあるため、「政治顧問」には文字通り、経済に限定されない広範な献策を期待したことが推しはかれよう。経済に限定されない献策への期待は、小磯国昭内閣下の一九四四年一〇月に内閣顧問制が見直され、「経済関係ノミナラズ広ク物心両方面ニ亙リ国政一般ノ運営ニ関シ其ノ自由濶達ナル意見ヲ摂取[35]」しようとする動きとなってあらわれる。

なお、内閣改造案は一九四四年七月一六日の夜に決定したものであり[36]、一三日の段階では「翼政会〔翼賛政治会〕に対する処置　別段具体的の説明はなかりき」状態にあった[37]。したがって「政治顧問」は、東条内閣倒閣の動きをみせる翼賛政治会に急遽用意したポストであったと考えられる。[38]「政治顧問」が議会側に配慮したポストであることに着目すると、帝国議会の議員を任命対象とする参与委員との関連性が注目されるところである。参与委員は委員と同じく、「内閣総理大臣又ハ各省大臣ノ奏請ニ依リ帝国議会ノ議員又ハ学識経験アル者ノ中ヨリ内閣ニ於テ之ヲ命ズ」[39]とされ、行政の事務促進と議会との円滑な連絡が期待された。しかし東条内閣への不信感から、議会側には参与委員を引き受けないことにしたらどうかという意見も存在した。[40]そしてそれから一カ月もたたないうちに、今回の「政治顧問」設置の動きがあらわれたのである。ところがほどなくして、七月一八日に東条内閣は総辞職する。後継である小磯内閣成立後の七月二七日には、議会側で「各省参与委員を廃止して、政務官制度を復活したら如何か、そのまま復活か、新しく検討を加えるか、検討のこと」[41]という意見が出された。

以上から、参与委員制度の施行から小磯内閣成立にかけては、議会側が「戦時行政への内面参画」を担うにあたり、内閣に対する態度も考慮したうえで、「参与委員」と「政務官制度」のどちらの形態がよいかを考え直す期間であったと理解できよう。応急措置の性格が強い「政治顧問」の案は東条内閣の総辞職とともに消え、小磯内閣に入ると政務官制度と参与委員の関係から議論が活発になる。議会側は大木操衆議院書記官長から「政務官制度の復活結構なり。各省委員は反対。〔中略〕政務官も次官、参与官でなく、参政官として三、四名程度が可」や「〔参与〕委員制度は反対だ。又任用令の問題にしても、議会人の行政府参与は政務官以外あまり賛成せぬ」、「法律的には政務官のみ」などの発言がなされた。参与委員が「立法府行政府の混淆を来し」ているため「これを改むるが一番適当」という主張が生まれていくのである。

結局この議論は八月二四日、議会側が「政務官並に参与委員設置に付議長と打合せる。〔中略〕結局政務官だけにてよし、参与委員は設けざるを可とする」意見を出し、田中武雄内閣書記官長と人選を折衝することになった。[42]こうした議会側の言動から、東条内閣末期にあらわれ出た参与委員に対する否定的な見解が、政治参画そのものを否定する意図ではなく、純粋な内閣批判によるものか、あるいは政治参画の形態として参与委員が不適合であることによるものであったことがわかる。

これまでみてきた政治過程をふまえると、東条内閣末期から小磯内閣初期にかけての議会側の政治参画をめぐる動きは、次のようにまとめられよう。「政治顧問」は、東条が内閣を存続させるために進めた内閣改造のなかの一案であり、具体性に欠ける構想であったため、総辞職後に構想が実現に向けて動く可能性は失われた。内閣顧問は実業家が多くを占めていたことから、議会側が政治参画する方法として参与委員制度が継続される。しかし小磯内閣にかわったことで議会勢力が尊重され(43)、また内閣顧問の職務範囲が広く国政一般に拡大されたことによって、参与委員制度の存廃をふくめた議論が生まれていった。とくに議会側は、「法律的」な見地から政務官復活をとなえていく。

官田光史氏は、委員の行政への参画の方法に対して、「翼政政調会が政府の政策立案・政策評価といった領域で政治力を行使するための方法として、政調委員が各省委員を兼任することを重視していた」旧政友会・旧民政党系の主流派（山崎達之輔ら）と、「参政官制度」によって「首相や各省大臣による政策決定の領域に照準を合わせ、翼政がその領域に参画することで、政治力を行使するという構想」をもつ非主流派（秋田清ら）の見解の相違があったことを指摘している(44)。この指摘は、前述した委員の流れをくむ参与委員と、参政官の流れをくむ政務官の構図にも投影し得る。ただ筆者は、東条内閣以降の内閣機能強化・政治力強化との関連性にも意識を向ける必要があると考える。次項ではこの点を、政務官と参与委員のあつかいをめぐる内閣側と議会側の議論を追うことで明らかにしたい。

2　政務官と内閣及各省参与委員の運用をめぐる議論
――第一次近衛文麿内閣期と東条英機内閣期

まず、政務官制度の概要にふれておく。政務官制度は第二次大隈重信内閣下の一九一四年に設置された参政官を起源とし、第一次加藤高明内閣下の一九二四年に政務官制度へと改められた。参政官の「大臣ヲ佐ケ帝国議会トノ交渉事項ヲ掌理ス」や「副参政官ハ一人勅任トス大臣ノ命ヲ承ケ帝国議会トノ交渉事項ニ参与ス」が、(45)政務官制度では「参政官ヲ政務次官ニ、副参政官ヲ参与官ニ改称」したうえで、(46)「政務次官ハ大臣ヲ佐ケ政務ニ参画シ帝国議会トノ交渉事項ヲ掌理ス」や「各省参与官ハ一人勅任トス大臣ノ命ヲ承ケ帝国議会トノ交渉事項其ノ他ノ政務ニ参与ス」と規定されている。(47)第一次近衛内閣で政務官が任用されたさいには、「貴・衆両院議員の猟官運動の対象となる有害無益なものとの批判も起こり、林〔銑十郎〕前内閣はその任用をとりやめていた」(48)。その後、第二・三次近衛内閣や東条内閣でも事実上任用はされていない。(49)小磯内閣での政務官復活の動きが参与委員の設置とかかわりのあることはすでにふれたが、同じく復活の動きがあった第一次近衛内閣の動向と東条内閣での廃止論議に着目することも重要と思われる。

第一次近衛内閣期の政務官任用に際しては二点の意見が出された。一つは「各党派ヨリ比率的ニ採用スルガ如キコトヲ改メ且厳ニ往時ノ政党猟官熱ノ満足ニ資シタル弊ヲ避クルヲ要ス」るという注文、もう一つは「政務官ヲ総理大臣ニ直隷シテ企画庁ノ上層機構トナスガ如キコトトナリテハ是又極端ナル集権ニ陥リ各国務大臣ハ単ナル事務大臣トナルノ惧アリテ適当ナラズ」という批判である。(50)近衛首相が政務官を選定することによって両者の関係が密になればなるほど、閣内での国務大臣の位置づけが低下する、というのが批判の根拠である。このように第一次近衛内閣期には、（1）帝国議会議員による猟官熱の高まり、（2）天皇の政治大権に対する国務各大臣の輔弼責任が形骸化することへの危惧、が存在した。

そのため、政務官の任用には慎重論がともなった。（1）では、「政友会に関する限り従来重視された地方団体関係を無視して居り、しかもその殆ど全部は中島〔知久平〕鉄相を盟主とする国政一新会のメンバーであり、従来党の中枢的地位を占めてゐた鳩山〔一郎〕系は全く影をひそめた感があり」[51]といったように、人選に対する近衛首相への不満が出されている。（2）に関しては、海軍によって「各省ノ事務簡捷或ハ能率増進ノ意味ハ極メテ稀薄ナリ」という所感が示された。内閣参議や内閣顧問の運用にあたっては、国務各大臣の輔弼責任をおびやかす存在になりはしないかという懸念が提示されていたが、今回も同様の論理といえよう。つづけて「特ニ海、陸軍省ニ於テハ軍機軍令ニ関スル事項ニ関与セザルヲ以テ事務次官ノ外ニ更ニ二名ノ政務官ヲ必要トスルモノトハ認メラレズ」という反対意見が出されていることからわかるように、陸海軍への政務官任用に対して否定的な意見が強かった[52]。戦局が逼迫している時期に、軍事事項に対する政務官の干渉を許すことは認められないという姿勢がうかがえる。

次に、東条内閣での政務官制度廃止の論議をみてみたい。廃止論議のきっかけは委員の設置にあった。設置に際して、政務官制度との兼ねあいから「委員制ノ活用ニ伴ヒ現行政務官制度ハ適当ノ時期ニ之ヲ廃止スルモノトシ之ガ任命ノ奏請ハ之ヲ為サズ欠員ノ儘トスルコト」[53]とされている。ただしこの文意を、政務官と委員の任務が類似しているため、従来の政務官制度を廃止する意図と解釈するのには慎重を要する。政務官制度廃止とともに「現在ノ各庁ノ顧問、参与及委員ノ存廃ニ付テハ本件委員制ト睨ミ合セテ適宜措置スルコト」や「本件委員制ノ活用ニ伴ヒ、各種委員会及調査会ノ存廃ニ再検討ヲ加フルコト」と付記され、政務官のみならず各省内にある各種委員および委員会の存廃をふくめて見直すよう指示しているからである[54]。政務官制度のみ「廃止」で、顧問や各種委員および委員会、調査会が「存廃」という措置の違いをみる限り、政務官制度の廃止をきっかけとして、委員制度を中心とした政務補佐機関の再編を狙ったものと理解するのが正確であろう。内閣が議会側の協力を重視している様子や、委員に行政事務への参画を期待している様子がうかがい知れる。前掲の（２）の傾向に不安をかかえながらも、委員には行政官庁の長官を兼ねる国務各大臣が政治的な判断を下すさいに参考となる意見の開陳が求められたのであった。

3　政務官と内閣及各省参与委員の運用をめぐる議論――小磯国昭内閣期

小磯内閣による政務官復活の動きに関して、先行研究は前掲の（１）の特徴を重視し、（２）にはあまり着目してこなかった。しかし筆者は、（２）も（１）同様に重要な要素と考える。第一次近衛内閣期の政務官任用に対する批判は首相と国務各大臣の位置づけから、また東条内閣期の政務官廃止論議は省内の連絡調整のあり方から、それぞれ起こっていた。陸海両軍および「国務」「統帥」両事項のあいだの利害関係を侵害することへの懸念から、小磯内閣による政務官復活の動きに対して、陸軍側には慎重論、海軍側では賛否両論があったことが確認できる。[55]参与委員とは異なり、政務官は陸海軍省にも配置される。陸海軍は、政務官が軍政事項にまで立ち入り、政務官会議[56]などを通じて各省に機密事項が漏洩することを危惧したのだろう。

政務官や委員に課された「連絡」や「調整」などの役割が広範にわたるため、職務を遂行するなかで〝内閣と議会〟および〝政治と軍事〟の境界線が曖昧になる危険性を抱えていた。その影響を受け、東条内閣では政務官廃止と参与委員設置の動きが、また小磯内閣においては政務官復活と参与委員廃止の動きがあらわれたのである。政務官復活の動きには、「議会尊重の立場をあきらかに」[57]することで、小磯内閣の支持基盤を強化する狙いがあったことは確かであろう。ただ参与委員の存続は、学識経験者を差し引いたとしても、政務官の比ではない帝国議会議員数の任用[58]

を見込める。したがって、議会側の政治参画の方法としては損がないはずである。では議会側は、なぜあえて廃止を主張したのか。その理由に着目しないと、（1）の部分を過大に意識させてしまう恐れがある。

議会側による廃止の理由は、大木操衆議院書記官長の「法律的には政務官のみとなし、参与委員は立法府行政府の混淆を来し、従来より反対し居たる所なれば、この際これを改むるが一番適当と思う[59]」という発言に端的にあらわれている。くわえて、すでにふれた「〔参与〕委員制度は反対だ。又任用令の問題にしても、議会人の行政府参与は政務官以外あまり賛成せぬ」という主張も参考になる。つまり議会側は「法律」、具体的には「任用令」を根拠に、政務官復活と参与委員廃止を主張したのであった。確かに政務官は、「政務次官が高等官一等の官、参与官が高等官二等の官」とされ[60]勅任官であるゆえ、一九一三年に改正された「文官任用令」の適用を受けるはずである[61]。ただし「各省ニ政務次官ヲ置ク」と題する史料によると、「政務次官ノ任用及分限ハ文官任用令及文官分限令ニ依ラス自由ノ制トスルコト」と定められている[62]。したがって、おそらく議会側は、前項で確認したように、政務官が「各省官制通則」にもとづき設置されている点に重きを置いたのであろう。政務官以外は「あまり」賛成しないという表現は、「どちらかといえば」参与委員制度よりも政務官制度のほうが設置根拠を備えているという意味だと思われる。閣内外での「連絡」や「調整」を担う参与委員と政務官の両方を併用させることは「立法府行政府の混淆を来し」ている状況を打開することにならず、法的に設置根拠の強い政務官に業務を一本化するのが適当であるという主張と理解してよい。ただ、「政治的に翼政の主張もあり、対立的となる虞あれば、別に考慮を要するかも知れぬ[63]」という記述もみられるゆえ、議会側が法的根拠のみから参与委員の廃止を主張したと考えることにも無理があろう。（1）と（2）、そして「連絡」や「調整」のあり方を総合的に考慮した結果が、政務官復活と参与委員廃止の主張となってあらわれたと理解するのが正確なのではないか。

他方、内閣などからは「政務官は政務次官一名とし副大臣格を以てし、参与委員制を活用して、四、五名これに付置し運用を全からしめるの案」や「政府として議会出身閣僚は、政務官二名参与委員五名を唱え、他の閣僚は政務官一名、委員若干名と」いう主張が出ていた(64)。政務官と参与委員の併用が「立法府行政府の混淆を来」すものではなく、運用次第では官僚政治の弊害を改め、政治力の強化を実現するのに効果が期待できるとみなした意見である。この意見は、第一次近衛内閣期の政務官任用への慎重論であげられていた（2）、つまり国務各大臣の職務の形骸化をもたらすことへの危惧を再び招く可能性をふくんでいる。しかしそうしてでも、参与委員もくわえて各省大臣を補佐させる意見が出てきたのは、それだけ各省大臣の調整能力が低下していたということをあらわすのだろう。結果として、小磯内閣は政務官を復活させ、かつ参与委員制度も存続させた。議会尊重の立場を明らかにし、「「民意の暢達」による戦意昂揚の必要と、そのための言論の自由化にも理解をしめした(65)」のである。

しかし、政務官がその後、各省間の連絡調整にどのような効果を発揮したのかなど、政治参画の具体的な成果は不明である。政務官制度の復活論議とその後長引く人選をみる限り(66)、議会側の勢力伸張の手段として利用された観は否めない(67)。また参与委員も、小磯内閣では「委員は当分置かない方針」とされた(68)。任用の見送りは、内閣機能強化・政治力強化に参与委員を活用したい内閣側と、「法律的」などの理由によって参与委員の設置を否定する議会側との妥協の結果といえる。それでも参与委員が制度として残された点を考えると、内閣側としては、政務官制度の運用による内閣機能強化・政治力強化の推移を見守り、効果に乏しい場合は参与委員の空白ポストを埋める意図があったのだと思われる。

そのほかに、参与委員に期待された役割として何が考えられるだろうか。「民意の暢達」の実現という視点で委員制度と参与委員制度を比較すると、参与委員制度に〝内閣—議会—国民〞の「連絡」と各省間の「調整」にくわえ、行政査察への直接参加が新たに規定されていることに気づく。「民意の暢達」の具体的な方法として、これまでよりも生産増強への協力が強く意識された可能性が高い。そこで次節では、参与委員を行政査察に参加させることによって、内閣側が議会側に何を期待したのかを考えてみたい。

三　内閣及各省参与委員の行政査察への参加

委員制度が廃止されて参与委員が設置された意義として、参与委員制度とともに「行政査察ノ周密徹底化ニ関スル件」(69)が制定された点があげられる。すでに参与委員制度の検討段階から、行政査察に参与委員をかかわらせる意図があったと考えられるからである。(70)

では、参与委員は行政査察とどのような関係をもつよう期待されたのか。「勅令案要綱」には、「第一　行政査察使ニ依ル行政査察ノ外内閣総理大臣又ハ各省大臣ハ行政査察委員ヲ派シテ実地ニ就キ所管行政ノ実績ヲ査察セシムルコトヲ得ルモノトスルコト」、「第二　行政査察委員ハ其ノ都度内閣総理大臣又ハ各省大臣ノ奏請ニ依リ各庁高等官、内閣若ハ各省ノ参与委員又ハ学識経験アル者ノ中ヨリ内閣ニ於テ之ヲ命ズルモノトスルコト」とある。(71)つまり、国務大臣や内閣顧問から選任される行政査察使にくわえ、新たに「行政査察委員」を設置し、参与委員などから選任すると規定されたのである。これまでの行政査察の効果を振り返ったとき、生産増強に果たす議会側の役割が改めて問われたのだろう。「戦時行政の適正効率的な運営が要望されてゐる折柄議会人がその優れた才能を存分に発揮すべき」(72)という点から、議会側と関係を有する参与委員に生産増強への期待が高まったのだと考えられる。現地査察への直接参加が求められた意味を考えた場合、内閣が不十分と認識していたのが議会と国民の協力体制であった。行政査察は生産現場の声を直接に近いかたちで内閣に伝える効果を狙ったものゆえ、内閣は、査察に参与委員をくわえることで情報の把握を手厚くしようとしたのであろう。

行政査察によって得られる情報の把握をいっそう確実なものにするため、一九四四年七月一日、地方行政を管轄する内務省の内務次官から各省次官および「都庁府県長官」に対し、「行政査察委員制度ノ運営ニ関スル件」が通達された。「都庁府県長官」には、「本制度ト地方行政トノ密接ナル関係ニ鑑ミ本制度ノ円滑且効果的ナル運営ヲ確保スル為当省〔内務省〕ニ於テハ関係各庁トノ緊密ナル連繫ノ下格段ノ協力ヲ致度」と伝えられており、行政査察を通じた生産増強の試みを通しての〝各省間の連絡強化〟と〝内閣と国民の協力体制の構築〟の両方に期待が寄せられている様子がわかる。(73)また現地では、「行政査察委員ニ依ル行政査察ハ行政査察委員数人ヲ以テ査察班ヲシテ組織シ之ヲ行ハシムルコトヲ得ルモノトスルコト　前項ノ場合ニ於テハ査察班所属行政査察委員ノ中一人ヲ行政査察委員長トシ内閣総理大臣又ハ各省大臣之ヲ指名スルモノトスルコト」とされ、行政査察委員とその長からなる機関が「班」というかたちで編成されるように段取りがなされていた。くわえて、必要に応じ「行政査察委員ニ行政査察委員補助若干人ヲ附属シ行政査察委員ノ事務ヲ助ケシムルコトヲ得ル」という措置も用意されていた。(74)行政査察は、行政査察使を長とし、随員が行政査察使の指示のもと査察報告書の作成や査察準備を担っていたため、行政査察委員も基本的には行政査察使の指示を仰ぐことが想定されたと思われる。ただその反面、行政査察委員は前掲「勅令案要綱」の「第三行政査察委員ハ内閣総理大臣又ハ各省大臣ノ監督ヲ承クルモノトスルコト」や「第四　第一乃至第三ニ掲グルモノノ外行政査察委員ノ職務執行其ノ他行政査察委員ニ関シ必要ナル事項ハ内閣総理大臣又ハ各省大臣之ヲ定ムルモノトスルコト」において、内閣および各省の所管のもとでの服務が規定されている。(75)したがって、行政査察委員からなる「査察班」は、「随員」とは独立した行動がある程度許容とされることになっていたと考えられよう。編成のうえでは、中央と地方が〝内閣および各省―査察班〟という系統でつながるようになっていた。

このように参与委員には、行政査察を通じて、生産現場の実態や生産者の率直な声を内閣に伝達する効果が期待された。また内閣は、行政査察委員の運用を機に、各省間の連絡調整を進めようともした。これをもって内閣機能強化・政治力強化の試みとするのは早計であろうが、内閣と国民の間の橋渡しをより密に行うことで内閣が現地の情報を把握するという意味では、かつての委員による献策よりも一歩踏み込んだ施策といえる。しかし前節でみたように、小磯内閣では、参与委員は制度として残されながらも任用が見送られたため、行政査察に期待された役割は成果を出せないまま終わった。東条内閣で「各庁行政の査察に存分の活躍を期待(76)」された参与委員であったが、議会側による内閣批判と、政務官制度との適否をめぐる議論のなかで任用が見送られた。議会側自らが政治参画の手段を狭めたことにより、内閣機能強化・政治力強化の実現困難はいっそう明白なものになったといえる。

おわりに

第一次近衛内閣から鈴木貫太郎内閣にかけて、ブレーン機関としては内閣参議や内閣顧問が、また議会側の政治参画を求める動きとしては政務官・委員・参与委員などが、それぞれ登場しては見直され、廃止にいたるケースも散見された。これらの各職の目まぐるしい移り変わりから、どのような問題点が導き出されるのか。本章では後者の各職に関して、制度面や各々の役割の変遷を丹念に追い、相互の関連性を考えることで、戦時期の内閣が戦争指導を進めるにあたって何に留意したのかを追究した。

検討の結果、まず政務官と委員がともに〝内閣―議会―国民〟の「連絡」と各省間の「調整」に携わることで、内

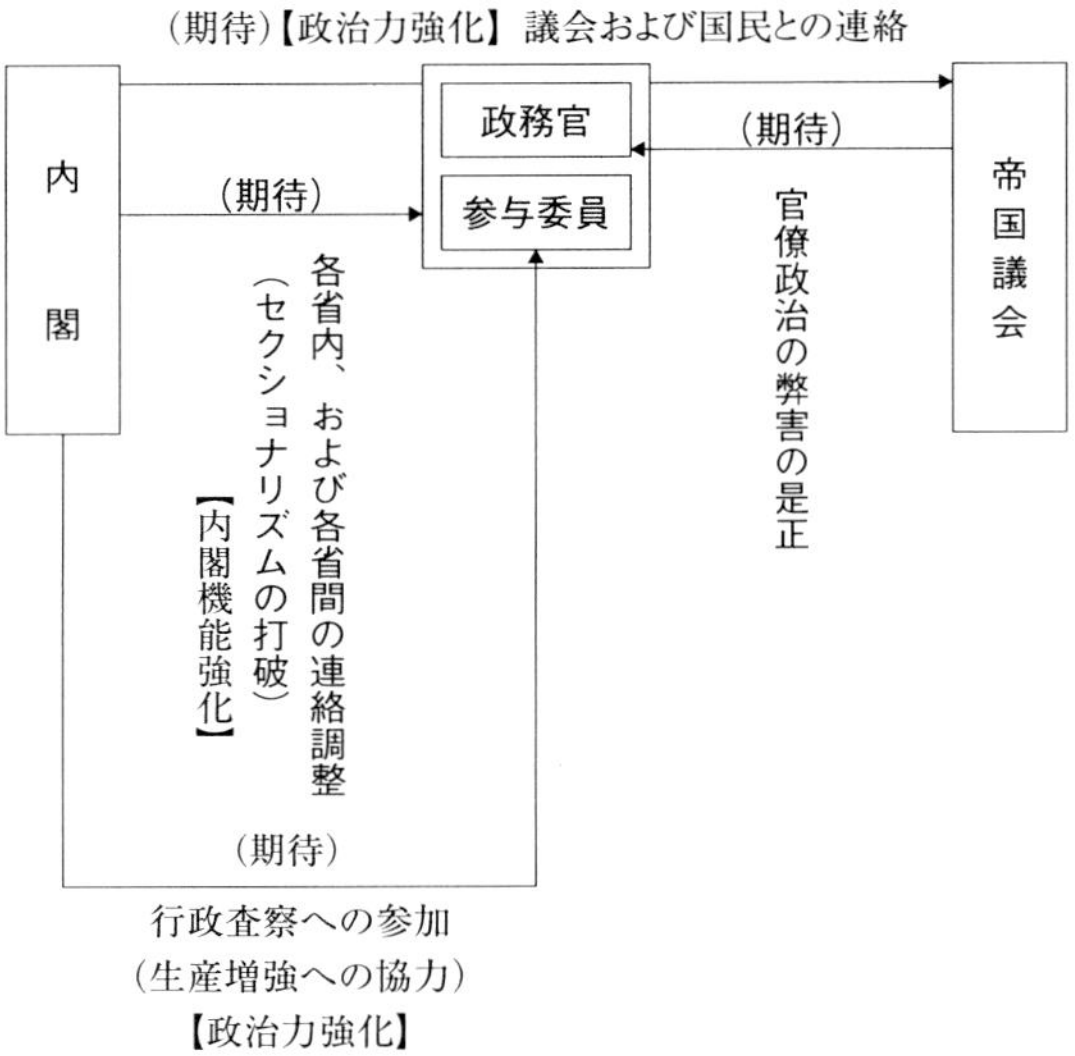

図２　内閣・帝国議会が期待する政務官・参与委員の役割（小磯国昭内閣期）

閣機能強化と政治力強化の両方に期待がかけられていたことを確認した。そのうえで、各内閣は、各職が期待通りの役割を果たしているかという点に注意を払い、見直しや廃止を繰り返したことを指摘した。とくに大きな動きのあった東条内閣期と小磯内閣期をそれぞれ振り返ると、次の事柄があげられる。東条内閣期は、①内閣改造にともなう「政治顧問」設置の構想、②「政治顧問」と「参議制」および内閣顧問の関係、③政務官の廃止論議、④委員から参与委員への変更、である。小磯内閣期には、⑤議会側による政務官復活と参与委員廃止の主張、⑥政務官と参与委員の残置、が特徴的な動きであった。

以上からは、東条内閣の改造問題をきっかけとして政務官と参与委員の適否に議論が焦点化され、小磯内閣になると内閣側と議会側が政務官および参与委員に期待していくという流れが読み取れよう。図2の太字の部分に示したように、小磯内閣期には、内閣側などは政務官と参与委員の両方に対して、一方の議会側は政務官に対して、省内および各省間の連絡調整による官僚政治の弊害の是正を期待するという点で目的を一致させていた。この共通部分が、両役職の存在意義を保障していたのである。そのうえで内閣は、政務官と参与委員に対して、【　】のような内閣機能強化と政治力強化の両方を期待した。これらがすべて相互に関連しあっていたわけではなく、同じ時期に存在することによって支障を来すであろう役職のすみ分け、政治参画の方法や範囲、内閣による議会側への配慮など、種々の問題を検討し続けていったのである。ただし、議論が常に内閣機能強化と政治力強化の両方の実現を念頭に置いていたことには注意を払うべきであろう。議会側の政治参画の動きによって、その実現のために重要な課題が二点提起されたと考える。

一つは委員・参与委員に対する生産増強への意識の高まりである。委員による内閣への献策という行動のみならず、参与委員制度では「行政査察委員」が新設され行政査察への直接参加が要請された。内閣の狙いは、議会を介して現場の生産状況を正確に把握する点にあったと思われる。この制度は、鈴木貫太郎内閣で参与委員にかわり内閣行政委員と各省行政委員[77]が設置された後も継続していく。ただ行政査察への参加に対して、当初から議会側には否定的な見方もあった。衆議院書記官長の大木操は、参与委員制度にくわえ行政査察委員制度にも「根本が間違って居る」[78]と批判している。制度としては整備されたものの、大木のこの意識が以後の運用においてなんらかの影響を与えていくのか。行政査察の具体的な進展と政治力強化の関係が問われなければならない[79]。

もう一つは各機関の連携である。政務官と参与委員が首相の機能強化、および「国務」機関全体を強化する目的をもっていたことにより、首相の機能強化が主たる目的の内閣顧問との役割分担がどの程度意識されたのか、また、両職の交流はどれほどあったのだろうか。政務官と参与委員が「国務」機関内の職務を担う存在であり「統帥」機関への関与が薄い点に関しては、「国務」事項と「統帥」事項の調整を陸海相や大本営政府連絡会議・最高戦争指導会議に委ね、「国務」機関の強化は政務官や参与委員、あるいは内閣顧問が担うという分担がどこまで念頭に置かれていたのかも注目される。政治力強化の試みが実現に向かわなかった要因は、政務官と参与委員が十分に活用されなかったこともさることながら、内閣顧問や最高戦争指導会議との効果的な連携をはかることができなかった点による部分も大きいのではないだろうか。このように多くの不十分な点を残しつつも、明治憲法体制下ではきわめて実現困難な内閣機能強化と政治力強化の両方に実現の可能性を求め、各内閣が果敢に挑み続けた行為それ自体は評価されるべきと思う。

以上、第一部では、内閣機能強化が政戦両略の一致をも見据えた取り組みという視角のもと、その動向を追ってきた。主に首相の機能強化を目的とした内閣参議制や内閣顧問制、無任所相の常設化、また「国務」機関全体の強化を目的とする少数閣僚制や「分離」など、さまざまな形態が研究され導入されていった。これらはいずれも、首相がイニシアチブを発揮し得る体制を築くことで、強力な行政運営力を備える基盤づくりを狙いとするものであった。その一方で、帝国議会の議員が任命の対象となる政務官や委員、参与委員によって、「国務」機関の強化のみならず、議会を介した国民との結束の動きもあらわれていった。内閣機能強化の試みは、閣内にとどまらず、議会や国民が政権基盤を下支えすることによって、国家全体が強化されることを狙う政治力強化の試みもあわせもっていたのである。この点は、新体制運動の目的に通じるものがある。

しかし、内閣機能強化の取り組みは成果をあげることはできなかった。その理由は、法制等の問題や各策の連携不足、内閣みずからが強化策を忌避していくという態度に求められる。また、内閣顧問や委員の活動では「統帥」機関への影響力の行使も意識されたものの、最終的には「国務」機関の強化を担う役割にとどまった。その結果、内閣の機能強化という手段では戦略事項に意見することはおろか、立ち入ることすら困難であることが認識されたのである。

そのほかに政戦両略の一致を実現する可能性が残されているとすれば、それは「国務」「統帥」両機関のそれぞれの関係者が一堂に集う会議体の運営改善であろう。第一次近衛内閣で大本営政府連絡会議が設置されて以降、各内閣はさまざまな会議体を運営していく。第二部ではその変遷と特徴を追うことにより、「国務」「統帥」両事項を一元的に管理する戦争指導体制の構築がどの程度実現に近づいたのかを考えていきたい。

註

(1) 第二次近衛文麿内閣では「内閣強化の基盤を、新しい国民組織の結集に求め、帝国議会とは別に大政翼賛会を新設した」(前掲、林茂・辻清明編『日本内閣史録 二』の「序説」〔辻清明の執筆〕の「二 内閣制度の成立と変遷」「(4) 戦前戦後の内閣制度」四四頁)。その後、太平洋戦争の開戦をきっかけとして、東条英機内閣は「近衛新体制にかわる戦争完遂のための国内政治体制の整備＝翼賛政治体制の確立をめざした」(矢野信幸「翼賛政治体制下の議会勢力と新党運動」、伊藤隆編『日本近代史の再構築』山川出版社、一九九三年、三五六頁)。本章では、これらの流れを国民運動一元化への取り組みととらえる。

(2) 序論でも述べたように、本書で使用する「内閣機能強化」「政治力強化」という用語は、おおむね以下にもとづいて区別する。内閣機能強化は、国務大臣単独輔弼責任制を克服し首相の機能強化をはかったうえで、「国務」事項と「統帥」事項の調整、すなわち政戦両略の一致を実現し国家意思決定を円滑に行うという目的をもつ。一方の政治力強化は、総力戦体制という状況の下で〝内閣―議会―国民〟の関係を強化するという目的をもつ。

(3) 以下は、内閣機能強化を中心に論じた研究の一部である。前掲、井出嘉憲『日本官僚制と行政文化―日本行政国家論序説―』、前掲、加藤陽子「昭和一二年における政治力統合強化構想の展開―大本営設置と内閣制度改革―」、池田順「一五年戦争期の国家意思決定機構」(『歴史評論』四七四号、一九八九年一〇月)、前掲、同『日本ファシズム体制史論』、前掲、古川隆久『昭和戦中期の総合国策機関』、前掲、森茂樹「国策決定過程の変容―第二次・第三次近衛内閣の国策決定をめぐる「国務」と「統帥」―」、前掲、同「2 開戦決定と日本の戦争指導体制」、前掲、御厨貴『政策の総合と権力―日本政治の戦前と戦後―』、前掲、森山優『日米開戦の政治過程』、前掲、村井哲也『戦後政治体制の起源――吉田茂の「官邸主導」』。政治力強化を中心に論じた研究は、古川隆久『戦時議会』(吉川弘文館、二〇〇一年)、同『昭和戦中期の議会と行政』(吉川弘文館、二〇〇五年)、前掲、矢野信幸「翼賛政治体制下の議会勢力と新党運動」、官田光史「「翼賛政治」体制の形成と政党人―山崎達之輔の場合―」(『史学雑誌』第一一三編第二号、二〇〇四年二月)、同「「翼賛議会」の位相―議会運営調査委員会の審議を素材に―」(『歴史学研究』第八五〇号、二〇〇九年二月)、いずれものち『戦時期日本の翼賛政治』(吉川弘文館、二〇一六年)に収録、など。

(4) 前掲、矢野信幸「翼賛政治体制下の議会勢力と新党運動」、前掲、官田光史「「翼賛政治」体制の形成と政党人―山崎達之輔の場合―」、前掲、同「「翼賛議会」の位相―議会運営調査委員会の審議を素材に―」、前掲、古川隆久『戦時議会』、前掲、同『昭和戦中期の議会と行政』。

（5）「政務官制度の沿革―行政機構改革の一環として拡充を予想される制度―」（『時の法令』通号一九八、一九五六年二月）三二頁。
（6）第一次近衛内閣期の近衛首相による人選（古屋哲夫「第三四代　第一次近衛内閣―日中全面戦争へ―」林茂・辻清明編『日本内閣史録　四』第一法規出版、一九八一年、五、六頁）や、小磯内閣による議会勢力の重視を反映した政務官の復活（金原左門「Ⅶ　議会からみた敗戦への道―第八一回帝国議会〜第八七回帝国議会―」、前掲『日本議会史録3』）、あるいは「政党政治家に対するいわば制度化された不満解消ルートであるのと同時にかれらの上昇移動（威信獲得）として機能した」（青木康容「官僚制と政治―戦前期・衆議院議員における「政務官問題」―」『社会科学』通号六一、一九九八年二月、一五八頁）との見方など、総じて内閣の運営を安定させるために必要な措置ととらえられている。
（7）委員については、前掲、官田光史「「翼賛議会」の位相―議会運営調査委員会の審議を素材に―」の「Ⅲ　政治と議会の関係をめぐる議論」や、同『戦時期日本の翼賛政治』（吉川弘文館、二〇一六年）の「第二部　「翼賛政治」体制の成立」「第四章　内閣各省委員制の展開」でふれられる。ただ政務官をふくめて、制度の面に着目した研究は少ない。内閣に迎合的な議会像を再考する研究としては、前掲、古川隆久『戦時議会』、前掲、同『昭和戦中期の議会と行政』、前掲、矢野信幸「翼賛政治体制下の議会勢力と新党運動」、前掲、官田光史「「翼賛政治」体制の形成と政党人―山崎達之輔の場合―」があげられる。
（8）前掲、纐纈厚『日本海軍の終戦工作―アジア太平洋戦争の再検証―』一一〇頁。ミッドウェー海戦の敗北は六月五日である。
（9）「内閣委員及各省委員設置制ヲ定ム」（国立公文書館所蔵「公文類聚・第六十六編・昭和十七年・第六巻・官職二・官制二（内閣二）」二A―〇一二―〇〇、類〇二五六四一〇〇、リール番号〇六二九〇〇、開始コマ番号〇四三二）。
（10）『東京日日新聞』一九四二年六月三日付、夕刊一面、「政府内へ民間の知能動員」。
（11）前掲、矢野信幸「翼賛政治体制下の議会勢力と新党運動」三六二頁。
（12）『東京日日新聞』一九四二年六月三日付、夕刊一面、「政府内へ民間の知能動員」。
（13）初代総裁は阿部信行。古川隆久「第一部　戦時下の議会勢力」の「第五章　太平洋戦争期の議会勢力と政策過程」（前掲、古川隆久『昭和戦中期の議会と行政』）を参照。
（14）前掲「公文類聚・第六十六編・昭和十七年・第六巻・官職二・官制二（内閣二）」（開始コマ番号〇四三八）に収録。一九四二年六月一二日に閣議決定。本文内の〔前略〕以降は「内閣委員及各省委員職務規程基準」から。
（15）「委員制度活用ニ関スル閣議申合セ」（前掲「公文類聚・第六十六編・昭和十七年・第六巻・官職二・官制二（内閣二）」）。

(16) 前掲「内閣委員及各省委員職務規程基準」。
(17) 「内閣委員及各省委員設置制ニ依リ命ゼラレタル内閣委員ノ服務ニ関シ左記ノ通定メラレ候条命ニ依リ此段通牒ニ及ビ候」で始まる文書群に収録の、各組織の規定（前掲「公文類聚・第六十六編・昭和十七年・第六巻・官職二・官制二（内閣二）」開始コマ番号〇四四七）。
(18) 国立公文書館所蔵「公文類聚・第六十七編・昭和十八年・第八巻・官職三ノ一・官制三ノ一（通則三）」（二A―〇一二―〇〇、類〇二六七六一〇〇、リール番号〇六五四〇〇、開始コマ番号一五一一）。
(19) 『東京日日新聞』一九四二年六月六日付、夕刊一面、「各省委員官制案」。
(20) 前掲「委員制度活用ニ関スル閣議申合セ」。
(21) 前掲、矢野信幸「翼賛政治体制下の議会勢力と新党運動」三六二頁。
(22) 『官報』第四四六六号、国立国会図書館デジタルコレクション。
(23) 朝日新聞経済部編『朝日経済年史　昭和十七、八年版』（朝日新聞社、一九四三年）八八、八九頁、国立国会図書館デジタルコレクション。なお、保科善四郎『大東亜戦争秘史―失われた和平工作―』（原書房、一九七五年）八〇頁では多少の事実誤認があるものの、以上にあげた取り組みの流れを把握することができる。
(24) 以上は、原朗「太平洋戦争期の生産増強政策」（近代日本研究会『年報　近代日本研究九―戦時経済―』山川出版社、一九八七年）二三一頁。
(25) 前掲、矢野信幸「翼賛政治体制下の議会勢力と新党運動」三六〇、三六一頁を参照。
(26) 前掲、古川由美子「行政査察に見る戦時中の増産政策」五六頁。また村井哲也氏は、行政査察をふくむ生産増強への対応に関して企画院廃止と軍需省設置の政治過程を取り上げる（前掲、「東條内閣期における戦時体制再編（下）―一元的経済機構の創設を目指して―」）。
(27) 前掲、矢野信幸「翼賛政治体制下の議会勢力と新党運動」三六二頁。
(28) 国立公文書館所蔵「公文類聚・第六十八編・昭和十九年・第二巻・政綱二・地方自治」（二A―一二―〇〇、類〇二七九七一〇〇、リール番号〇六八二〇〇）。
(29) 前掲「公文類聚・第六十七編・昭和十八年・第八巻・官職三ノ一・官制三ノ一（通則三）」（開始コマ番号一四九八）に収録。

(30) 国立公文書館所蔵「参与委員設置制・御署名原本・昭和十九年・勅令第四三〇号」（ＫＳ―〇〇〇〇―〇〇、御二八三四一一〇〇、リール番号〇〇六〇〇〇、開始コマ番号二一五五）。
(31) 前掲、纐纈厚『日本海軍の終戦工作―アジア太平洋戦争の再検証―』、前掲、同『「聖断」虚構と昭和天皇』（新日本出版社、二〇〇六年）。最近の研究では、前掲、鈴木多聞「東条内閣総辞職の経緯についての再検討―昭和天皇と重臣―」（『日本歴史』第六八五号、二〇〇五年六月、のち前掲『「終戦」の政治史１９４３―１９４５』に収録）が参考になる。
(32) 一九三七年設置の参議は、軍人や政治家、財界人が任命の対象であった。ただしここでは、重臣の政治参画を想定している点に特徴がある。
(33) 「　」は、前掲『東條内閣総理大臣機密記録』一九四四年七月一六日条、四六六頁。
(34) 国立公文書館所蔵「内閣顧問臨時設置制・御署名原本・昭和十八年・勅令第一三四号」（ＫＳ―〇〇〇〇―〇〇、御二六九九二一〇〇、リール番号五九〇一、開始コマ番号一〇五一）。
(35) 「内閣顧問臨時設置制」（国立公文書館所蔵「枢密院会議文書」Ｒｅｆ．Ａ〇三〇三三四八〇九〇〇、ＪＡＣＡＲ、アジア歴史資料センター）。
(36) 前掲『東條内閣総理大臣機密記録』一九四四年七月一六日条、四六六頁。
(37) 前掲『木戸幸一日記　下巻』一九四四年七月一三日条、一一一七頁。同書の一一一六頁には「昭和九年」とあるが「昭和十九年」の誤りと考えられる。原文の誤りか活字起こしでの誤植かは判別不能。
(38) 反東条の動きは、中谷武世『戦時議会史』（民族と政治社、一九七五年）の「東条内閣の倒壊（上）（下）」にくわしい。
(39) 前掲「参与委員設置制・御署名原本・昭和十九年・勅令第四三〇号」。
(40) 前掲、矢野信幸「翼賛政治体制下の議会勢力と新党運動」三六四頁。
(41) 大木操『大木日記―終戦時の帝国議会―』（朝日新聞社、一九六九年）一九四四年七月二七日条、六四頁。
(42) 「　」は、前掲『大木日記―終戦時の帝国議会―』より。「政務官制度の〜」は一九四四年七月二六日条、六一頁、「委員制度は〜」は同年八月四日条、七七頁、「政務官並に〜」は同年八月二四日条、一〇六、一〇七頁、そのほかは同年八月二四日条、一〇七頁。
(43) 前掲、矢野信幸「翼賛政治体制下の議会勢力と新党運動」三六六頁。

(44) 前掲、官田光史「「翼賛議会」の位相—議会運営調査委員会の審議を素材に—」。「翼政政調会が〜」は二二頁、「首相や各省大臣による〜」は二三頁。

(45) 国立公文書館所蔵「各省官制通則中改正・御署名原本・大正三年・勅令第二百七号」(KS—〇〇〇—〇〇、御一〇〇一〇〇、リール番号〇〇三〇〇〇、開始コマ番号一〇八五)。

(46) 「政務官復活ニ就テ」昭和一二年六月一五日(前掲、岸幸一コレクション、B.太平洋戦争前政治、経済、B七.行政機構改革問題他、B七—五五七)。

(47) 国立公文書館所蔵「各省官制通則中改正・御署名原本・大正十三年・勅令第百七十六号」(KS—〇〇〇—〇〇、御一四八七四一〇〇、リール番号〇〇四〇〇〇、開始コマ番号〇六二〇)。

(48) 前掲、古屋哲夫「第三四代　第一次近衛内閣—日中全面戦争へ—」五頁。

(49) 前掲「政務官制度の沿革—行政機構改革の一環として拡充を予想される制度—」三一頁。

(50) 前掲「政務官復活ニ就テ」昭和一二年六月一五日。

(51) 『東京朝日新聞』一九三七年六月二五日付、夕刊一面、「中島系の天下」。

(52) 以上の「 」は、前掲「政務官復活ニ就テ」昭和一二年六月一五日。

(53) 「内閣及各省ニ委員設置ニ関スル件要綱」(前掲「公文類聚・第六十八編・昭和十九年・第二巻・政綱二・地方自治」)。

(54) 同右。

(55) 前掲『大木日記—終戦時の帝国議会—』。陸軍側の慎重論は一九四四年八月二六日条、一一〇頁、海軍側の賛否両論は一九四四年八月二七日条、一一一頁。

(56) 「政務次官が置かれることとなった大正十三年から会議が開催され」ていたとされる(内閣制度百年史編纂委員会編『内閣制度百年史　上巻』大蔵省印刷局、一九八五年、五七二頁)。

(57) 前掲、矢野信幸「翼賛政治体制下の議会勢力と新党運動」三六六頁。

(58) 当初、「各省委員三百七十四名」が任用され(『東京日日新聞』一九四二年六月一〇日付、一面、〝官民一体の態勢強靱〟)、随時増員されたと考えられる。参与委員は「今までの三百九十五名に比し約半減される予定」だったが(『毎日新聞』一九四四年七月一日付、二面、〝行政査察委員制　各省に参与委員〟)、それでも三桁の人員が任用される見通しであったことが示されている。

(59)　前掲『大木日記―終戦時の帝国議会―』一九四四年八月二四日条、一〇七頁。
(60)　前掲「政務官制度の沿革―行政機構改革の一環として拡充を予想される制度―」三二頁。
(61)　「文官任用令ヲ改正ス」（国立公文書館所蔵「公文類聚・第三十七編・大正二年・第七巻・官職六・任免（内閣～服務懲戒）・雑載」二A―〇一一―〇〇、類〇一一五七一〇〇、リール番号〇二二三〇〇、開始コマ番号〇〇四〇）。
(62)　「各省ニ政務次官ヲ置ク」（国立公文書館所蔵「公文類聚・第四十八編・大正十三年・第二巻・官職一・官制一（通則・内閣・外務省）」二A―〇一二―〇〇、類〇一四八八一〇〇、リール番号〇三一二〇〇、開始コマ番号〇〇一七）。
(63)　「　」の発言は、前掲『大木日記―終戦時の帝国議会―』一九四四年八月二四日条、一〇七頁。
(64)　同右。「政務官は～」は一九四四年八月六日条、九五頁。「政府として～」は同年八月二四日条、一〇七頁。
(65)　前掲、矢野信幸「翼賛政治体制下の議会勢力と新党運動」三六六頁。
(66)　前掲『大木日記―終戦時の帝国議会―』の「政務官人選の裏側　臨時議会開会準備」（一〇六～一一九頁）には、人選の経過が細部にわたり記されている。
(67)　内閣方面では「小磯内閣トシテ四月早々処理スベキ事項」として「政務官ノ問題」が存在していた（前掲『高木惣吉―日記と情報―下』の「古井警保局長談」一九四五年四月二日、八三九頁。議会側との関係を早く良好に収め、政治基盤の安定をはかろうとする意図がみられる。
(68)　『毎日新聞』一九四四年八月二六日付、一面、「政務官制度を復活」。
(69)　「例規　内閣及各省参与委員設置ニ関スル件及行政査察ノ周密徹底化ニ関スル件」（国立公文書館所蔵「各種情報資料・主要文書綴（三）」二A―〇三九―〇六、類〇〇六三一〇〇、リール番号〇〇一六〇〇、開始コマ番号一一八五）。
(70)　「参与委員設置制」の検討案と思われる「参与委員設置制案要綱」の「第二」には、当初「参与委員ハ別ニ定ムル規程ニ従ヒ行政査察ノコトニ当ルモノトスルコト」という項目が存在した（前掲「公文類聚・第六十八編・昭和十九年・第二巻・政綱二・地方自治」）。
(71)　「勅令案要綱」（前掲「公文類聚・第六十八編・昭和十九年・第二巻・政綱二・地方自治」の七ファイル目に収録）。
(72)　『読売報知新聞』一九四四年七月一日付、一面、「各省に参与委員」。
(73)　「行政査察委員制度ノ運営ニ関スル件」（国立公文書館所蔵「収受文書（各省、各官庁関係）・第六冊・昭和十九年六月～同年十二月」三A—〇〇二—〇一、昭47厚生〇〇〇三八一〇〇、リール番号〇〇二〇〇〇、開始コマ番号一一〇〇)。

(74)「　」は、前掲「勅令案要綱」(前掲「公文類聚・第六十八編・昭和十九年・第二巻・政綱二・地方自治」の四四ファイル目)。この規定のうち、前者は案を詰める過程で削除されたようである。

(75) 同右の八ファイル目。

(76)『読売報知新聞』一九四四年七月一日付、一面、「各省に参与委員」。

(77) 国立公文書館所蔵「内閣行政委員及各省行政委員設置制・御署名原本・昭和二十年・勅令第三六九号」(KS—〇〇〇—〇〇、御二九〇六一一〇〇、リール番号〇〇六一〇〇、開始コマ番号一九〇四)。

(78) 前掲『大木日記—終戦時の帝国議会—』一九四四年六月三〇日条、二四頁。

(79) 行政査察をふくめ、参与委員廃止後の政治動向は、前掲、官田光史『戦時期日本の翼賛政治』の「第二部「翼賛政治」体制の成立」「第四章　内閣各省委員制の展開」を参照のこと。

第二部　政戦両略の一致に向けた取り組み

第一章　第一次近衛文麿内閣〜小磯国昭内閣期における最高意思決定機関の運営

はじめに

第一部では〝内閣機能強化〟をキーワードに据え、「国務」事項と「統帥」事項の調整――政戦両略の一致――も意識しながら、各内閣の取り組みと限界が認識される過程をみてきた。第二部では政戦両略の一致を直接担う機関の運営を中心に、強力な戦争指導体制の構築に取り組むなかで浮上した問題点を提示したい。まず本章では、日中戦争の勃発から小磯国昭内閣期までに設置・運用された最高意思決定機関の動向に注目することで、強力な戦争指導体制が構築できなかった要因を考えていく。

「統帥」機関が担う戦略の立案に際しては、たとえば飛行機や船舶などの生産量を正確に見積もる必要があり、そのためには「国務」機関による軍需物資の計画的な調達が求められる。「国務」事項は内閣が担う行政面、「統帥」事項は参謀本部および軍令部（一九三七年一一月に大本営設置）が検討する戦略面を指し、戦争指導には両者の緊密な連絡調整が必要不可欠であった。戦時体制化を進めるには、内閣および参謀本部・軍令部それぞれの各内部での意見一致、そして両機関の方向性の一致が求められたのである。(1)しかしこの政戦両略の一致は終戦まで達成されなかった。筆者はその原因が、国家の最高意思を決定する機関を舞台に、各勢力――とくに内閣・陸海軍・外務省――が各々の業務に介入することで対立関係を深めていった点にあると考えている。

序論でふれたように、戦時期においては、明治憲法体制が規定する首相の権限の脆弱性や「国務」機関と「統帥」機関の対立をはじめとする国家諸機関の分立性を克服することが強く求められた。斎藤実内閣以降、各内閣で五相会議などの特定閣僚による会議体が導入されており、その評価はわかれるところである。(2)当時の懸案事項にそくせば、この五相会議に参謀本部・軍令部のメンバーが入っておらず、戦略との調整が手薄となる傾向があった点が問題としてあげられよう。そこで、第一次近衛文麿内閣期の一九三七年一一月に大本営が発足すると、政府側と大本営側の「連繋」を目的とした大本営政府連絡会議が設置された。(3)加藤陽子氏は、同会議の幹事が「国務」機関側の関係者で占められたことを根拠に「国務」機関が「統帥」機関に対し優位な状態を築いたと指摘するが、(4)池田順氏は異議を唱えており、(5)両機関の役割や国家機構内での位置づけを客観的に理解することの難しさをうかがわせる。同会議の設置前には近衛首相が、首相をはじめとする主要閣僚の大本営列席を実現することで戦略事項を把握しようとしたが実現にいたらなかったことからも、(6)激しい政治的かけ引きの一端がうかがえよう。両機関の関係者が会議の場で顔をあわせることによって双方の権力争いが直接的に起こり、互いの意思疎通を妨げる危険性が高まったことも十分に考えられる。

第一次近衛内閣期に限らず、戦時期の最高意思決定機関をめぐる問題に関しては、森山優氏や森茂樹氏、加藤陽子氏、池田順氏らによって研究が深められてきている。

森山氏は、どのような話しあいを経て国策が練り上げられていったのかを、国家意思決定機関の内外における議論を丁寧にたどることで明らかにした。(7)とくに、各勢力の思惑が「両論併記」というかたちで国策に盛り込まれることに注目する。森氏は、第一次近衛内閣期をふくめたそれ以降の政治と軍事の関係を、御前会議や閣議、大本営政府連絡会議などの諸機関との相互関係に着目し検討をくわえた(8)。各勢力の意見が集約されていく過程を国家意思決定機関の変遷にそくして示したうえで、全閣僚が参加する閣議と特定閣僚による会議体の優先度が意思決定に影響を与えたことを説得的に論じている。また、各勢力の対応がいずれも明治憲法体制の枠内にとどまるものであったため、各国家機関の分立性が克服されることはなく、一元的な戦争指導体制の構築も実現できなかったとの論を導き出した。ただし森氏は、主に外交政策をめぐる内閣と大本営の関係を中心に検討しており、機関の運営方法そのものをめぐって発生する勢力間の対立を広範に抽出しているとはいいがたい。

そのほかの研究でも、戦争指導機関の機能に注目したものは少ない。多くは第一部であつかったような種々の内閣機能強化策を時系列に整理するなかでふれられる程度であり(9)、とくに最高戦争指導会議を対象とする成果に乏しい。最高戦争指導会議は一九四四年八月、小磯内閣によって設置されたものの、開催形態や「戦争指導ノ根本方針ノ策定及政戦両略ノ吻合調整ニ任ス(10)」という運営目的が大本営政府連絡会議とさほど変わらなかったことから、成果が少ないと判断されるのだろう。ただし先行研究は、小磯首相が過去の内閣の議論をどうふまえて改組を行ったのか、最高戦争指導会議の設置後にどのような取り組みを進めたのかなどを十分に検討していない点で問題がある(11)。具体例をあげてみたい。最高戦争指導会議を設置するきっかけは組閣後間もなく小磯が陸海軍に要求した大本営会議への首相列席にあり、それが軍に拒否された結果、最高戦争指導会議が設置された(12)。しかし同内閣の末期に再び首相列席が提起され、こちらは実現にいたっている。組閣直後と末期の二回にわたる首相列席要求と最高戦争指導会議の運営の間には相関関係があるのか。この点は突き詰められるべき課題と考える。最高意思決定機関の運営をめぐる議論の変遷を正しく押さえたうえで、最高戦争指導会議の狙いや同会議が終戦まで継続した意味を考えることが重要である(13)。

以上の問題意識を受けて本章は、まず平沼騏一郎内閣から東条英機内閣までの国家意思決定機関にまつわる議論を追うことで、何が懸案となっていたのかを洗い出す。そのうえで次に、小磯国昭内閣による一元的な戦争指導体制の構築の取り組みについて考察したい。「国務」「統帥」両機関が考える戦争指導体制の理想型と実際の結果を比較検討することで、戦争指導体制の問題点がより深く追究できるだろう。日中戦争の勃発からアジア・太平洋戦争期を通観する視点も大切にしたい。戦争指導のありようを長期的にとらえることで、どのような課題がどのような時機にあらわれたかという大まかな傾向を把握することができる。何度もあらわれる改革構想は、当事者がとくに重要と認識しているものゆえ、その実現を阻む要素を追究することにより、戦争指導体制の問題点がみえてくるのではないか。

先に筆者は、一元的な戦争指導体制の構築を阻害する要因として、業務分担と各業務の共有化がはかられなかった点を想定した。先行研究の多くが取り組む戦局判断の違いからくる各機関の対立とは別の、意思決定方法をめぐるかけ引きが戦争の長期化をもたらした原因として提示できれば、次の鈴木貫太郎内閣において、天皇の「聖断」方式による終戦決定という道筋がつけられていく説明にもなると思う。

一　五相会議の運営

海軍省軍務局所属の高木惣吉は、一九三九年一月に成立した平沼騏一郎内閣期の政策決定方式について「組閣いらい三国協定問題〔日独伊三国防共協定の対象国をソ連だけではなく、イギリスやフランスにまで拡大させる問題〕で、三相会議、五相会議、総理陸相、総理海相、陸海両相の会議、会談をくり返すこと幾十回」(14)と記し、あらゆる会議体で議論を行ったと述べている(15)。ただし「五相会議の右〔イギリスやフランスを対象にしないこと〕の決定は閣議にもかけ、参議会にも報告し、また外相は上聞にも達した(16)」とあるように、五相会議を中心として国家の最高かつ最終の意思決定が行われていた[17]。平沼内閣が閣議よりも五相会議を重視し、かつ一九三八年一月の〝第一次近衛声明〟をめぐり政府と参謀本部が対立して以来、開催が中断している大本営政府連絡会議を活用しないのは[18]、日中戦争の処理と防共協定の強化を「国務」機関側の問題と認識し、その問題と関係の薄い閣僚を除外することによって意思決定を迅速化させようとの意図もあると思われる[19]。

しかし「平沼内閣は、前内閣から持ち越された日独軍事同盟の問題を、引続き首相、陸相、海相、外相、蔵相の五相会議にかけ」たにもかかわらず、「前後七十数回に亘って会議を開いて討議[20]」するまでにもつれた。なぜ議論がここまで紛糾したのか。陸海軍間の意見の対立が前提としてあるのは確かだが、会議の運営という視点から理由を考えてみたい。

まず平沼首相の指導力に問題があった。「陸軍は積極的に出んとし、海軍は消極的であつて互に意見が合はぬ」という状態に対し、平沼首相は「軍事については文官は関与せぬと云ふ態度を堅持し、陸海軍の噛合ひを眺めてゐる始末」や「首相がも少し積極的態度に出たら纏るだらうと思つても、平沼男爵の性格では、口を容れる余地はない」といったように、両軍の意見を統制できないでいたのである[21]。

平沼内閣の文相でのちに内閣参議をつとめる陸軍の荒木貞夫は、「この五相会議の経過は、五相（陸、海、外、蔵に首相）以外の人には何らの報告もなかった[22]」と回想している。荒木は第一次近衛内閣期にも、自身が参加できない特定閣僚の会議に対して不満を吐露しているため[23]、五相会議のメンバーとそれ以外の閣員で得られる情報の質量に差があったのは確実と思われる。文部行政に専念する荒木に対して、陸軍の柳川平助と小畑敏四郎が、日中戦争処理のために入閣したのではないのかと詰問したのも[24]、限定閣僚による会議への反意のあらわれといえよう。そのほかに、内大臣秘書官長などをつとめた松平康昌による東京裁判の宣誓供述でも「木戸〔幸一―当時は内相〕侯は五相会議の一員ではないので案の内容については余り知らず、従つて自分も聞くことを得なかつた[25]」としているし、「五相会議に関与しない前田〔米蔵〕はもっぱら鉄相として省務に専念した[26]」というエピソードも、会議に出席できる閣僚とそうでない閣僚との間に情報の差がうまれていることを示している。五相会議は迅速な意思決定が期待できる反面、そこから除外された閣僚からの不満が発生しやすい形態でもあった。

さらに、特定閣僚のみでは専門性の高い議論に限界がある。高木惣吉は「平沼内閣になって太田秘書官〔耕造、のち書記官長、文相歴任〕との往復がとても多くなり」、そのため「三国協定案の経緯や、軍事的関連事項等を、閣議、五相会議、あるいは独伊駐在大使から電報のあるたびに解説しなければならなかった」と回想している[27]。したがって「連日のように太田秘書官〔耕造、のち書記長〕の来訪をうけたり、往訪したりした[28]」。高木が五相会議にもたらす情報は、国家の意思決定に大きな影響を与えかねない重要な要素であったと想像できる。ただし特定閣僚以外への関与には、議事内容の漏洩の危険性が常についてまわる。ひいては、情報を得た各勢力間の対立をいっそう助長する可能性を高めたと思われる[29]。

最後に、五相会議決定が実質的な国家の最高決定ではあるものの、決定事項が遵守されているとはいいがたい状態であったことをあげておく。高木惣吉は「五相会議で承知していたところからはるかにこみいった話を独側と陸軍間とに行なわれていた様子を知った」や「五相会議の問題となったことも一、二回にすぎず、いつどうして正式交渉に移ったのか、外務省の書類では明らかでない」と回想している[30]。

もう少し具体的にみてみたい。「〔一九三九年五月〕八日の五相会議が紛糾したあと〔米内光政〕海相は、「さきに政府が五相会議で決定した方針に対し、三長官会議でこれと異なる方針を付議し、それを決定するようなことはじつに重大な問題である」と陸相に釘をさし」ている[31]。企画院の武部六蔵によると、五月初旬にドイツとイタリアの「両外相により政治軍事同盟締結のことに決定せりと報[32]」じられて以降、日本政府がそこに加わるか否かで議論が分かれていった。一九三九年五月二四日の日記には「先週の土曜日であつたか、五相会議の対欧州策まとまり、首相は各大臣にも話し、上奏もして一段〔落─編者註〕と思はれたが、その後の様子は風雲未だ収まらざるが如くである」と記し、決定事項が実行に移されるかはわからない不安を吐露している[33]。事実、海軍省軍務局の山本善雄は一九三九年五月二六日の日記に「五相会議アリ　日独伊軍事協定再ビ事務当局へ[34]」と記すように、五相会議でまとめられた方針は差し戻された。こうした陸海軍によるかけ引きが夏以降も続くことで、議論が長期化していくのである。

以上から、五相会議が特定閣僚に限定された会議体であることの問題と、国家意思の最高かつ最終決定の場であっても、実際には決定事項が執行へと結びついていかない様子が明らかになった。前蔵相の池田成彬は、「〔閣議で表面的な議論はなかったかという問いに対し〕三国同盟というような問題は、先ず五相会議で検討し纏つた後に正式内閣会議になりましよう[35]」と述べ、国家意思を実質的に方向づける機関として、閣議ではなく五相会議の役割を重視している。しかし、本節で述べてきたような問題が深刻になればなるほど、全閣僚参加の閣議に注目が集まるのは必然のなりゆきであった。

二　「閣議中心主義」から再び特定閣僚会議の開催へ

1　閣議、四相会議、大本営政府連絡会議の運営

一九三九年八月二三日、独ソ不可侵条約が締結されると、それに衝撃を受けた平沼騏一郎内閣は退陣し、阿部信行内閣が成立する。阿部内閣は、国務大臣が複数の省の長官を兼務する少数閣僚制を採用することで、閣僚全員による

意思決定を重視した。これまでの五相会議主体から、閣議を中心とする意思決定方式に移行させたのである。大本営政府連絡会議に関しては、平沼内閣同様、再開することを言明しなかった。陸海相との意思疎通によって政戦両略の一致がまかなえると判断したためであろう。この点について阿部首相は、「統帥と国務との関係は陸、海軍から統帥に関係のある人が大臣として入つてゐるから、此の人達が良くやつてくれる事と思ふ、政府と大本営の連絡会議は良く研究の上必要があれば開く様にして貰ひ度いと思ふ」と述べている。ただし連絡会議開催の可能性をまったく否定したわけでもなかった(36)。実際、陸軍側には政戦両略の一致に対する懸念がみられた。陸軍次官の阿南惟幾は一九三九年一〇月一八日、「皇戦会」の情報として「高島大佐」による「戦争指導機関の確立。大方針の確立」という主張を書きとめており(37)、新たな連絡機関の運用を要望する声が存在したことを伝えている。

さらに、国家意思決定の中心となるはずの閣議については、海軍の山本善雄が内閣成立間もない一九三九年九月二日に「閣議ニ於テ各省ハ次官以下交迭〔更〕ヲ前ニシテ何モヤラヌノデ各大臣共何等□□アル意見ナシ(38)」と書きとめており、意義のある議論の様子はうかがえない。一一月四日に阿南は「確約事項は閣議に計るべきものならん」と記しているが、それは裏を返せば、閣議における全閣僚の承認という手続きがおざなりになっていたことを示しているとも考えられよう。同様の様子は、「大臣というものは主管事務の重要なもの、または特殊の事情あるもの以外は、そこで説明をする必要もなければ、質問を受くることもないのです。廻つて来る議案にただ判を押しておけばよいのです(39)」という池田成彬の言からもうかがえる。

一九四〇年一月、第一部第二章でみた経緯によって阿部内閣は退陣した。かわって成立した米内光政内閣は少数閣僚制をとらなかったため、閣議中心による国家意思決定方式は再び改められることになった。米内は「国務」機関の関係者のみによる四相会議――首相、陸相・海相・外相が構成員――を立ち上げる。同会議が「軍事外交に関する最高国務を内閣において協議するもの[40]」という目的をもつため、引き続き大本営政府連絡会議は再開されなかった。「閣議中心主義」が見送られた直接の原因は少数閣僚制の破綻にあるが、平沼内閣と同じように日中戦争処理や欧州戦争への対応など、陸海軍省と外務省を中心とする討議が重視されたことが確認できる。そのほか、以下にあげる要素も、四相会議が継続していく背景といえるのではないか。すなわち、陸軍の真崎甚三郎が一九四〇年六月七日、「閣議ニ附シタルニ小磯〔国昭―拓相〕等鋭ク追求シタル為閣議ニ附スルヲ止メ四相会議ニシタリト云フ」と書きとめているように、閣議は全閣僚の参加ゆえ反対意見が出やすく、意思の統一が行いにくいという問題である。よって、特定閣僚による会議が重視されていく面があると思われる。ただ、そうすると今度は「之ガ為蔵相、拓相等大ニ不平ナリト云フ」といったように、参加できない他閣僚からの不満が発生する。[41]くわえて、国家意思決定過程における四相会議の独立性が高まれば高まるほど、閣議からの自立性が強まることも指摘されている。[42]全閣僚による閣議と特定閣僚による会議体の使い分けや連携を明確にして決定の迅速化を実現させることは平沼内閣以来の懸案事項であり、今後はいっそうその解決が各内閣に課せられていくことになった。

2　政戦両略の一致に向けた研究

米内内閣では徐々に、「国務」機関の関係者のみで「統帥」機関との情報共有が十分かという点も問題となっていく。

「国務」「統帥」両事項を調整するには、内閣と大本営の関係者が同じ場所に参集し、対等に意見交換を行う形式が理想である。しかし「〔一九三二年の〕齋藤〔実〕内閣以降、いづれの内閣も中間的存在となり、統帥と国務は遊離、乖離し、その間をつなぐ糸は、極めて性格の曖昧な陸軍大臣を通ずるのみであ[43]」った。五・一五事件を契機に〝政党内閣〟が崩壊したのちは、政戦両略の一致が不十分な状態が続く。さらに「陸軍大臣は、常に内閣の死命を制する状態であつた。国務を担当する内閣は、統帥に操られる弱い造作に過ぎなかつた」(44)と評されるように、挙国一致内閣のもとでは「統帥」事項が「国務」事項をリードする構図が定型化していたのである。

この構図に対して、米内内閣が成立した当初、第一次近衛内閣で外相をつとめた宇垣一成は「米内氏が遠慮してロボットと成り了すれば陸軍との間には大なる摩擦は起るまい」と観測している。「陸軍が深く陸海軍の融和に注意して謙抑の態度を採れば相当の仕事を遂行し得る」や「海軍によりて陸軍を抑制せんとするの底意があれば夫れには大なる危嶮が含まれて居る」との記述は、陸海軍による互いの協調的な態度が内閣を補強することになるという理解によるものであろう(45)。国策研究会を主宰した矢次一夫によると、「陸軍は、対海軍関係で、自重はしながらも、警戒的であ(46)」り、「書記官長を引き受けた石渡〔荘太郎〕などは、対陸軍接触に、細心で、万事に手落ちなく、と心がけていたようであ(47)」る。米内首相が軍に強い態度をとることで、内閣の安定度が揺らぐ危険性を示唆するものといえる。陸海軍の関係は、内閣の行政運営に直接影響を与え得るものであり、四相会議という形態の選択は、「統帥」事項に深入りしない点で軍側の要求に沿うものだったといえよう。

その後、宇垣が「米内氏組閣の当初に心配せし陸海軍の溝渠が拡大されんとする情勢にある。斎藤〔隆夫〕氏の演説問題の如きも糸を其方向に引きあるの傾もあるらしい(48)」と述べるように、日中戦争のあり方を問いただす〝反軍演説〟を契機として、米内内閣への対抗軸となる新党運動が徐々に高まりをみせていく。枢密院議長の近衛文麿を新党の党首にあおぎ、官僚や軍の政治干渉を排除した国民主体の機関樹立を目指す新体制運動の影響を受け、米内内閣の存続が危ぶまれるようになった。軍令部第二課による「大本営ニ関シ・一五、七、二〇」と題する検討(49)では、「更ニ政府ノ動向ハ首相ノ統制力弱ク戦争遂行国政重点主義徹底セズ又国民指導ニ熱力ナク国民又射利偕楽ニ頽ル」というように、海軍内においては米内首相の指導力が弱いことが問題視されている。その解決策の一つが「改正大本営案」であった。ここでは「現大本営ニ内閣主要閣僚トノ間ニ連絡会議ヲ設ケテ大本営ノ庶幾スル所ヲ政府ニ移ス方法ハ現行運用ノ良法タルベキ」としながらも、「㈠大本営ヲ統帥部ニ限定セズ国防部トシ之ヲ統帥部ト国策部ニ分ツ」というような、大本営を「国務」事項にも関与させる最高戦争指導機関にしようとの構想がみられる。「㈡統帥部ニハ作戦関係外ニ戦争指導関係事項ヲ包含セシメ大本営統帥部ノ議ニ列スルモノニ両大臣ノ外ニ総理大臣ヲ加フ　㈢国策部ハ首相、海陸両相ヲ各長官トシテ両総長ヲ其ノ議ニ列セシム　㈣大本営国策部ノ議ニハ首相ハ必要ノ場合他ノ閣僚ヲ帯同ス（蔵相、外相ノ如キ）」では、大本営内に首相以下の閣僚を列席させるという、第一次近衛内閣で検討されたものの実現しなかった対応を許容としている。この対応によって、内閣側が大本営の戦略事項を今まで以上に知ることが期待できるが、そもそも大本営を拠点としていることから、「統帥」機関のなかに内閣の機能を包含させることによって戦争指導のイニシアチブを握る案であったと考えたほうがよいだろう。

あわせて「改正大本営案ニ対スル所見・一五―七―一二」もみてみたい。(50)「本案ノ特色」は「国政指導、戦争指導ヲ適切ニシ政戦両略ノ一致ヲ企図スル為ニ大本営ニ国策部ヲ新設シ之ガ会議ニ両総長ヲ列セシメ必要閣僚ヲ列セシム又統帥部ノ会議ニハ総理ヲ列セシメントス」る、つまり「統帥部タル大本営ニ国策関係事項ヲ取リ込マントスル所ニ在リ国策ノ範囲明瞭ナラザルモ従来閣議ニ行ハレ居ル相当ノ部分ヲ指稱スルモノト認ム」という点にあった。やはり、運営を休止している大本営政府連絡会議のような機関を大本営内に設置する構想であることがわかる。

しかし「右ノ如ク最高国策決定機関ヲ大本営ニ置キ（制度的ニ）総理ガ現役軍人ナルニ於テハ権威過大トナリ結局幕府的存在トナル虞アリ」との理由から、「大本営ハ純粋ナル統帥部トナシ国策部分ハ政府ニ置キ両者ノ連絡ハ連絡会議ニ依ル現制ヲ適当ト認ム」という考えにおさまり、双方が対等に参集する連絡会議形式が現実的と判断された。

同じく海軍による「大本営ト政府トノ連繫」と題する史料[51]では「関係閣僚ト統帥部首脳者トノ会談ハ大本営側ト政府側ト予メ其ノ日時、場所、出席者ヲ連絡シテ之ヲ行フ」や「○会談　首相、陸相、海相（其ノ他必要ナル閣僚）両総長（次長代理ヲ妨ゲズ）　幹事（両軍務局長、内閣書記官長）」という具体的な構成も記されており、やはり連絡会議と特段変わるところはない。

以上から海軍が、大本営の最高戦争指導機関化という大胆な改革には踏み込めず、かといって大本営政府連絡会議という形式では緊密な「国務」「統帥」両事項の調整が困難であるという危機意識も抱いていたことを確認しておきたい。

三　大本営政府連絡会議の活動再開

1　大本営政府連絡会議と大本営政府連絡懇談会

政戦両略の一致をいかに実現するかは、米内内閣のあと、一九四〇年七月に成立した第二次近衛文麿内閣の検討課題として引き継がれた。内閣書記官長の富田健治は「統帥と政治との関係については、これは最も重要で、ある意味では、政党の問題よりも大きい。陸海軍にも研究を頼んでいるから、まとまれば結構と思う[52]」と述べている。七月二六日には「基本国策要綱」が決定され、「日満支ノ強固ナル結合」をもとに「大東亜ノ新秩序ヲ建設」することが方向づけられる[53]。それゆえ、これまで以上に強力な戦争指導体制の構築が急務と認識されたのだろう。前節でみた海軍の見立てにしたがうかたちで、七月二七日から大本営政府連絡会議の運営が再開された。ただし、四相会議という形態は継続させていくし、陸軍の阿南惟幾次官は一九四〇年八月七日の「東部会同」における議論を以下のように書きとめている[54]。いずれも、大本営政府連絡会議の活用だけで十分とせず、そのほかに取り組むべき課題があることを示唆するものといえる。

〔前略〕一、政策一般遂行に就て。

1、政戦両略。連絡会ギ。

2、陸海軍一致。

3、軍政、軍令の一致。

4、軍内の統制強化。〔以下略〕

企画院でも、「所謂新体制（国内体制の整備強化に関する）試案要綱[55]」において、「新体制とは、内外の重大時局に対応して国運の飛躍発展を確保せんが為に、我が国内体制を整備して、国家活動の強力なる綜合性と指導性を確立せんとするの謂」と前置きしたうえで、以下のことを提起している。

軍部と政府との協力を確保すること、陸海軍部の協力を基礎とし之と政府は一体的協力を確保するに万遺憾無きを期さねばならぬ。而して当面に於ける之が具体的一方法として、大本営連絡会議を拡充強化し、之を以て現段階に於ける事実上の国務最高の機関たらしむること、従つて連絡会議は軍政・軍令の首脳と政府の首脳とを以て構成し、天皇親臨の下週一回定期に開催することゝする。尚ほ連絡会議の下に事務局を置き軍・政の結合を緊密化する機関たらしむるのも亦良案と思ふ。

そのほかに、内閣機能強化を実現するには現在の内閣の形態では不十分であって、国務大臣を近衛一人とし、軍部大臣と一体になって大本営政治部としての機能を発揮しないといけないという主張もみられる。明治憲法や内閣官制の大幅な改正も辞さない方法で、内閣を戦略に深くかかわらせる大胆な案である。実現の可能性の有無はともかく、連絡会議という形式にこだわることなく、政戦両略の一致をより強化しようとする意欲的な動きと認識できよう。

前掲の阿南のメモでもう一つ注目したいのは「軍政、軍令の一致」である。陸軍の中堅層は「最近陸軍大臣〔東条英機〕ノ統帥権ニ関スル「口出シ」多」いことに不満を抱いていた。「参謀次長〔沢田茂〕亦之ニ同調」していることに対しては「適当ナラス（総務部長ニ直言ス）」と反発している(56)。「国務」「統帥」両事項の垣根が東条と沢田によって曖昧になっている状態を中堅層はよしとせず、そのことで陸軍内はまとまりを欠いていた。「澄田少将ニ対シ大臣ヨリ　イ、統帥ト外交トノ緊密ナル協調　ロ、陸海軍ノ協調」(57)をうながす行動や、四相会議では限界のある政戦両略の一致を要望する動き(58)、さらに大本営政府連絡会議が「儀礼的な色彩が濃厚」な機関となっていることも(59)、同会議の運営の見直しがはかられる要因になっていると思われる。

その結果、一九四〇年一一月二七日に大本営政府連絡懇談会が運営を開始することになった。同会は「軽易ニ政府ト統帥部トノ連絡懇談ヲ行ハントスルモノ」であり「本会議ニ於テ決定セル事項ハ閣議決定以上ノ効力ヲ有シ戦争指導上帝国ノ国策トシテ強力ニ施策セラルヘキモノトス」とされた(60)。しかし翌一九四一年六月二三日に「〔木戸幸一内大臣が〕鈴木企画院総裁の来訪を受け」たさい、「大本営強化単一化の論あり。趣旨に於て賛成なるも、元帥府御諮詢云ゝにつき注意を与ふ」という動きが確認できる(61)。同じ時期に企画院の美濃部洋次も「戦時体制ノ強化確立ニ関スル件」の「大本営関係」という項目のなかで、「統帥ト政務ノ統一ヲ図ル為大本営及内閣ノ連絡会議制度ヲ確立スルコト」を提起している(62)。内閣側が、大本営政府連絡懇談会の運用をもってしても、政戦両略の一致に未だ課題が多いとみていることがわかる。しかし結局、「宮中に毎日参集案」(63)で落ち着き、大がかりな改組が断行されることはなかった。

以上からわかるように、第二次近衛内閣では、政戦両略の一致を実現するために、大本営政府連絡会議に依存するのではなく、各々の機関内の意思疎通の改善や抜本的な改革を視野に入れた種々の見直しが進められた。大本営の改革は米内前内閣でも検討されていたが、日米の関係悪化にともなう戦局の深まりとともに、インナーキャビネットを模した会議体の運用では手薄にならざるを得ない「統帥」機関との調整方法を改善しようとする動きが目立っていく。その結果、大本営政府連絡懇談会が立ちあげられたものの、研究はさらに続けられた。

かつ、同懇談会で決定された内容のうち「国務」事項を全閣僚に確認する閣議では、内閣・陸海軍・外務省の業務のすみ分けが問題化し、閣内不一致の原因を生み出していく。

2　政略と戦略のすみ分け

一九四一年一〇月に東条英機内閣が成立した。同年一二月に太平洋戦争が勃発すると、アジア地域にくわえ太平洋地域にも戦域が拡大していく。一九四二年六月のミッドウェー海戦、八月の東部ニューギニア・ガダルカナルでの攻防戦などの戦局の度重なる悪化を受けると、今まで以上に「国務」「統帥」両機関の調整方法の見直しが重要な課題と認識されていった。

陸軍省軍務局長などを歴任した武藤章は、太平洋戦争が始まって数カ月後と思われる時期に、「陸軍大臣は国務大臣として政治を行うものだ。政治は閣議だけではものにならぬ。それが事務化され実行に移されぬ〔ね〕ばならぬ[64]」と述べている。つづく「事務化―実行は陸軍省でも他省に相談もし、議会とも交渉せねばならぬ。これに任ずるのは主として軍務局だ[65]」という主張には、政策決定がなされたあとの行程、すなわち政策執行のためには、幅広い各省の協力が不可欠という考え方がうかがえよう。「政治事務はどうしても何人かがやらねばならぬことを諒解せねばならぬ[66]」も、関係各機関との連絡調整を重視した発言である。くわえて「経済政策については綱要的なことには軍務局が干与するが、具体的な問題は他の各局が担当している[67]」とも述べ、陸軍省内における業務分担の必要性も意識していた。閣議で政策を決定するだけではなく、決定された政策の執行までをふくめて「政治」なのであり、そのためには、陸軍省を中心とした多方面にわたる業務へのかかわりが必須と主張するのである。

一方で重光葵外相は、「参謀本部第二部長〔有末精三―編者註〕の閣議の席上に於ける説明も遠慮なく外交に言及する。然し根本の観念に於て錯誤がある」と述べ、外務省を差し置いて軍当局者が外交を論じることへの批判を行っている。さらに「政略は即ち軍事の一片鱗であると云ふ感〔観―編者註〕念であつて、今日に於ても大本営は軍の指導の下に〔陸軍軍務局長〔佐藤賢了―編者註〕が幹事長〕戦争指導の方針、要領、措置を記述して」いることに対しては、政治に軍が立ち入る行為とみなし糾弾した(68)。外交方針を決めるにあたって、それぞれの機関が受け持つ業務の切り分けが曖昧化し、他機関の業務に介入していると受け止められるケースが発生していたのである。

重光外相はまた、大本営会議の運営にも問題があるとしている。すなわち「大本営に於ては軍人以外は附属者である。陸海両相及両総長は発言せぬから、両軍務局長が主である」ということになり、「多くの大臣は軍務局長の意見に調子を合して居る」ことが問題だというのである。「他の政府大臣〔外相、蔵相、大東亜相、軍需省設立後の軍需次官、国務大臣〕は単に陪席の形」となってしまっており、大本営会議においては陸海相をふくむ国務大臣に発言権など特段の権利がないことへの不満が読み取れる(69)。

このように東条内閣期には、内閣・陸軍・外務省といった各機関の業務のすみ分けが明確さを欠くことで対立が顕在化し、閣内一致を妨げる要因となっていた。大本営内における「国務」機関関係者の権限が弱いことも問題視されはじめていた。鈴木貞一企画院総裁は「統率〔帥―編者註〕部の不統一にして首脳部に指導力なき欠点を痛論し、政戦両略の融合一体化の必要を力説(70)」しているが、これは政府・大本営双方の内部がまとまりを欠くために、両機関が協調すべきという主張と理解できる。

3　大本営政府連絡会議と閣議

こうした問題は、大本営政府連絡会議にも当てはまる。太平洋戦争の開戦前後には閣議よりも大本営政府連絡会議の位置づけが高まっており、企画院の鈴木貞一は戦後の聞き取りで[71]「制度的な点ではなくて、実質的な点から見て、大本営・政府連絡会議と閣議との政治的な比重というのは、この段階〔太平洋戦争開戦前〕になると連絡会議の方が大きいのですね」と投げかけられたのに対し「連絡会議で決った事で閣議にかける必要なものは事務的に連絡してあるので閣議では盲目判を押していましたね」と述べ、大本営政府連絡会議が実質的な国策決定の場であったとの認識を示している。[72]鈴木はまた「閣僚の中に、もし、はっきりして戦争反対だという者があれば内閣は潰れてしまうわけですね」とも述べている。閣議で連絡会議決定に反する意見が出た場合、連絡会議参加者と非参加者の意見の相違ということになり、閣内不一致で内閣の存続が危ぶまれるという意味だろう。しかもその閣議は、「当時の政界の空気ともいうものも、開戦、開戦の一点張りで行っておりますから、誰も閣議の席上でもって意見を述べるという者はない」という状態であり、形式化が認識されていた。東条内閣は一九四一年九月六日決定の「帝国国策遂行要領」を見直す〝国策再検討〟によって近衛前内閣の日米交渉を継続させたものの、開戦が現実味を帯びていくと、政戦両略の一致を目的とする連絡会議の決定を閣議よりも重視していくのである。

ところが、太平洋戦争の戦局が悪化の一途をたどる一九四三年時点の大本営政府連絡会議について、重光葵外相は「昭和十八年四月に入閣して大本営（政府）連絡会議に出席して先づ驚いたのは、其の貧弱さで且つ遣り方の乱暴なことである」と不満をもらしていた。[73]それは前述したのと同様、「文官大臣は両軍務局長と議論を上下し、而して軍事及政治の情勢は外交一般と共に陸軍（海軍）の統帥部、報道部長より聴取する訳である」ということに対してであった。重光はつづけて、「自分は外相として軍務局長とは質問以外に議論をなさざる態度を取つた。意見の交換は責任者たる陸海相を相手としなければならぬ」と述べる。「外交問題も自分の提案するもの及自分の賛成するもの以外は関係せざる建前をとつた」との発言には、外交問題については外相が天皇を輔弼すべきという信念がみられる。「政務局長より出来得る丈外交上の説明を行はしめたが、これも無駄なこととて漸次止めることとした」という発言も、自身が外交の窓口という強い信念をうかがわせる。その理由は「総理初め書記翰長及陸海軍共、外務省員の出席を制限せんとする様子が尚相当露骨であるから」であろう。外交を議するのにもかかわらず、外務省関係者の関与が制限されていることへの不満が重光には鬱積していた。

重光の言から大本営政府連絡会議の問題点として浮かび上がってくるのは、閣議同様に、外務省の管轄事項であっても、戦略にかかわるという観点からそのイニシアチブを軍が握り、本来の担当者が蔑ろにされているという〃業務の区分け〃の曖昧さである。このような二度にわたる重光の批判は、単に彼の主観にもとづくものなのだろうか。(74)

4　「連絡会議事務局」による調整

東条内閣下の大本営政府連絡会議の運営については、重光のほかにも、同じ外務省に所属していた加瀬俊一が以下のように記している。それは、一九四三年九月二一日の「午後一時〜六時　□《瑞》典課長官舎、連絡会議事務局会合」に関するものであった。「連絡会議事務局」は当初、置かれる予定はなかったようだが、(75)この時期には「本日出席者―自分（加瀬）と門脇（外）、柴、市川、《ママ》（海）大井檜野（軍令）大西、加藤（陸）種村（参）、山田（杉原代理）毛利（企）野田（蔵）愛知（□）」という構成で参集しており、広範な部署からの出席が確認できる。「戦争指導に関する検討（現下戦争遂行上の急務に対処すると共に今後の戦争指導と強靱且一貫性あらしむる為め戦争指導上の諸問題を検討確立し速に之か具体化を期す）の準備」や以下に掲げた日程から、大本営政府連絡会議で検討すべき「戦争指導上の諸問題」を事前に洗い出し、計画の立案を下支えする機関であったと思われる。

第一回　二十四日㈮　世界情勢判断
㈠各国戦争指導に関する観察
㈡明年を目途とする情勢観察

第二回　二十五日㈯　今後採るへき戦争指導の大綱
㈠戦略方策
国運を賭して確保を要する圏域如何
今後の作戦兵備の見透
船舶消耗減少対策及見透
㈡対外方策

第三回　二十七日㈪　当面の戦争指導上作戦遂行と物的国力との調整並国力の維持増進

御前会議には　第二、第三問題のみを提出す。[76]

また「連絡会議事務局」の構成員は、会議の課題を抽出するのにとどまらず、「国務」「統帥」両事項の事前調整まで行っていた可能性も高い。加瀬は九月二二、二三日と「陸海軍との会議へ」参加しており、二三日の「会議は世界情勢判断の修正に六時頃迄かかり、それから簡単な夕食後、『戦争指導の大綱』に基く当面の緊急施策（第三問題）を審議し夜半に至る。第三問については企画院（毛利君）から提案あり」というものであった。[77]大本営政府連絡会議の議題を軍や企画院の所属者と調整している様子が確認できよう。前述のように重光外相は、他の機関によって外交事項がないがしろにされた点に不満を感じていたが、本史料をみる限りでは、各所属者が対等に意見を交えている印象を受ける。

しかし他方で加瀬は一九四三年九月二五日、「〔重光〕大臣は連絡会議（第二問題）。本日は対外方策の審議をも行う筈なりしに拘らず、朝突如として政務局長出席を忌避し来る」ことを批判している。この事態に対して、「陸軍大西あたりの筋金ならん。狙ひは大東亜総務局長の出席を封ずる為めの「無理心中」と観らる」や「軍人のやることは浅墓なること万事斯くの如し」と怒りをあらわにした。「その為め席上にて外務大臣は原案説明を拒否しやむなく陸軍々務局長に於て読み上げる」ことになり、外務省側による論理的な説明が不可能になった。その結果、加瀬は「政務局長の□時出席を可能ならしむる様工作の積りなり」との意欲を高めていく(78)。両者の外交方針に違いがあるゆえ、軍が外務省側の案を封じるために策動したということなのだろう。重光外相が懸念していた大本営政府連絡会議席上での、軍と外務省の対立の生々しさがうかがえる。

以上から、「連絡会議事務局」の構成員による水面下の調整は比較的順調であるのに対して、会議の場になると対立が表面化するという傾向が読み取れる。各機関の業務のすみ分けをめぐる対立、具体的には陸軍による外交事項への介入がもたらした根は深く、それゆえに事前検討の効果も薄れていったと考えられる。

四　最高戦争指導会議の発足

1　大本営政府連絡会議の改組

これまでみてきた国家意思決定機関に関するさまざまな問題点をかかえたまま、一九四四年七月、小磯国昭内閣は発足した。小磯はさっそく、陸海軍に対し「第一は、現行大本営令を即時改正し、其の編制内に総理大臣を加へることを明記すること。第二は、前述第一の要求が承認不可能ならば、即時単行軍令を以つて今回の戦争間に限り総理大臣を大本営の編制に加へるといふことを公布すること。第三は、前述第一、第二の要求共に承認し得ない場合は、何等か之と同様の効果を発揮し得るやうな権威ある特別の臨時機構を設定すること」[79]という三つの条件（以下「三条件」と表記）を提示した。その狙いは、戦略事項を首相が直接把握し、かつ発言できる権利の獲得にあった。[80]

三条件は、小磯自身の考えにくわえて、東条前首相の考えが反映されていると思われる。小磯は組閣前に東条に面会した。そのさい「さう〔大本営会議への首相列席に対する陸海軍側の不同意〕なら大命をお断りせねばならぬと思ふのだが、連絡会議のやうなものでは戦争指導に首相の意図は反映し得ないからね」との発言や、さらには、「連絡会議は駄目だが、真に高級者小〔少〕人数で、屢々陛下の出御をも仰ぎ御前で討議するやうにすれば、大本営の編制内に這入るのと略同様な目的を達成し得ると思ひますし、此の方法なら要求が承認されると思ひます」といった、連絡会議にかわる戦争指導機関の設置を提案する意見が出た。[81] このやりとりを受け、小磯は「国務」事項と「統帥」事項の調整をはかるために大本営会議への首相列席を第一に考え、かりにその主張が陸海軍側に認められない場合は、了解を得やすい連絡会議にかわる戦争指導機関の設置を念頭に置いたのであろう。場合に応じたこの二つの選択肢は、陸海軍側との利害の一致をみたい内閣側の妥協のあらわれといえる。

前述のように、首相の大本営列席案は第一次近衛内閣でも構想されたが実現できなかった。すでにふれた「大本営強化単一化」と類似した取り組みは、東条内閣でも検討されているが、逆に両軍の対立を深める結果となった経緯がある。[82]「国務」「統帥」両機関の調整に関しては、一九四四年一月の東条首相による陸相・参謀総長の兼任、嶋田繁太郎海相による軍令部総長の兼任が一定の成果をあげたものの、「軍事戦略の食い違い」や「重臣や議会、国民は、統帥権の独立を楯として、公然と東条や嶋田を批判することが可能」になったことで、戦争指導体制の強化になお課題が多いことを示した[83]。こうした東条のイニシアチブに依拠する措置は、東条内閣打倒運動の結果、解消される。そして後継の小磯内閣が今回、東条内閣以前に盛んに議論された首相の大本営列席と、「国務」「統帥」両機関による連絡会議の改組を再び持ち出したのである。

小磯首相による三条件に対し陸海軍は、第一、第二の項目に反対の態度を表明した。理由として、「政戦両略ノ関係ハ現在ノ大本営政府ノ連絡会議等ニ依リ緊密ニ律セラレ得ルモノト認ムレハナリ」と、連絡会議による政府側と大本営側の情報交換の円滑な様子をあげている[84]。その結果、一九四四年八月、以下に示す条文によって、大本営政府連絡会議を改組するかたちで最高戦争指導会議が設置された。「東條が首相にして陸相、参謀総長を兼ねてゐた場合と全く趣を異にするものであつた[85]」との評価は、政戦両略の一致という課題に対して、東条前内閣とは異なる方法で取り組む姿勢を伝えるものといえよう。

最高戦争指導会議ニ関スル件[86]　昭、一九、八、四

大本営政府連絡会議決定

第一、方針

最高戦争指導会議ヲ設置シ戦争指導ノ根本方針ノ策定及政戦両略ノ吻合調整ニ任ス

第二、要領

一、本会議ハ宮中ニ於テ之ヲ開キ重要ナル案件ノ審議ニ当リテハ御親臨ヲ奏請スルモノトス

二、本会議ノ構成員ハ左ノ通リトス

参謀総長

軍令部総長

内閣総理大臣
外務大臣
陸軍大臣
海軍大臣
必要ニ応シ国務大臣、参謀次長及軍令部次長ヲ列席セシムルコトヲ得
三、本会議ニ幹事ヲ置キ内閣書記官長及陸海軍省両軍務局長ヲ以テ之ニ充ツ
必要ニ応シ所要ノ者ヲシテ説明ノ為メ出席セシムルコトヲ得
四、本会議ニ幹事補佐ヲ置キ大本営、内閣、陸海外各省高等官中若干人ヲ以テ之ニ充ツ
備考　本会議ハ官制上ノモノトナサス

2　内閣による最高戦争指導会議の運営

では小磯内閣は、それまでの内閣の議論を、どの程度引き継いだのだろうか。以下では、最高戦争指導会議設置前後に行われた「閣議との関係」および「開催形式」の見直しを検討する。

一九四四年七月三一日に「閣議との関係」が議論されている。これは、これまで大本営政府連絡会議が国策決定に深くかかわっていたために不明瞭となっていた閣議の位置づけを問い直す目的をもつものであった。議論のなかで、米内光政海相が「最高会議ト閣議トノ関係如何、即チ最高会議ハ威重ヲ主トスルヤ、或ハ各省大臣ノ権限ヲ無視シテ強制力ヲ保持セシムルヤ」と発議すれば、小磯は、「組閣ノ際御上ヨリ憲法ニ遵守〔ママ―編者註〕シテ、国務ヲトレトノ御詞ヲ拝シアルヲ以テ各省大臣ノ権限ヲ強制スルコトナシ」と応じる。「連絡会議ノ構成運営ニ関スル総理提案」の「備考」に

「本会議ハ官制上ノモノトセス　御思召ニ依ル機関トス」と記されていることをあわせ考えると、米内のいう「威重」は官制、すなわち内閣官制第五条の「左ノ各件ハ閣議ヲ経ヘシ」としてあげられた事項や「其ノ他各省主任ノ事務ニ就キ高等行政ニ関係シ事体稍重キ者ハ総テ閣議ヲ経ヘシ」という規定によって運営の根拠をもつ閣議のことを指し、「各省大臣ノ権限ヲ無視シテ強制力ヲ保持セシムル」は官制によらない連絡会議を指すと考えられる。小磯は、各省大臣の権限が絶対的でない点と、連絡会議こそが天皇の意思を体現する機関である点を主張し、連絡会議の優位を改めて結論づけることによって、この問題の決着をはかろうとしたのである。

一方の「開催形式」で重要とされたのが、会議構成員の再検討である。一九四四年八月五日より運営を開始した最高戦争指導会議の構成員は、大本営政府連絡会議とほぼ同じであった。しかし八月なかごろ、小磯は天皇に拝謁し「〔最高戦争指導会議に〕武官長を入れること」を奏上している。(89) 後日、天皇は木戸幸一内大臣の見解を求めた。「侍従武官長ハ陸軍大中将又ハ海軍大中将ヲ以テ之ニ親補」(90) されるゆえ、陸海相が出席する以上の意義はみいだせない。したがって小磯は、侍従武官長が天皇に近い位置にいる点を重視しているのだろう。天皇の権威に依拠するかたちでの会議運営を意識している様子がわかる。木戸は最高戦争指導会議を「大本営会議の一つの変形」と位置づけ、「〔最高戦争指導会議に〕御親臨遊ばさるゝ場合には御気軽に御質問を」する場合もあるので「武官長を御従へになって置く方がよい」という利点をみいだし、了解の態度をとった。(91) なお同時期には、小磯が木戸に対し「会議〔最高戦争指導会議〕には御親臨を仰ぎ度く、〔中略〕其の会議に枢相〔枢密院議長〕を参加せしめたしとの議」があったが、(92) その意図も、天皇の諮詢機関としての枢密院の利用を念頭に置いているのは明白である。政戦両略を一元化した戦争指導体制の構築を実現する方法として、小磯は、閣議ではなく最高戦争指導会議を基盤とした国策決定、しかもその決定に天皇および宮中方面の権威を利用することを意識していた点を確認しておきたい。

しかしそのためには、最高戦争指導会議内の議論が活発かつ円滑に行われることが重要となる。そこで小磯は、最高戦争指導会議での議論を円滑に進めるための取り組みを積極的に行っていく。それは、「会議構成員ハ必スシモ事務当局ノ思想ニ束縛セラレルコトナク寧ロ自由ナル立場ヨリ現状ヲ卒直ニ認識シ大局的見地ニ於テ〔中略〕発言ヲナスコト必要ナリト考ヘラレタリ(93)」や「用語ノ末節等ニ付テハ深入リシテ議論スルコトヲ避ケ軍政一元化問題ノ如キ須要問題ハ別トシ大体協調的態度ヲ以テ不必要ナル摩擦ヲ回避スルニ努メタル次第ナリ(94)」などといったように、自由闊達な議論や不必要な対立の回避を可能にするための行動が主であった。

以上でみてきたように、小磯内閣の組閣から約一カ月間は、首相の大本営列席から最高戦争指導会議の運営の改善へと力点が移された時期であった。そのきっかけとなったのが三条件に対する陸海軍の反応である。また、天皇の権威を重んじるという着想は東条の発言を手がかりにした可能性が考えられる。すでに過去の内閣で表面化していた大本営への首相列席や最高戦争指導機関と閣議の位置づけを、小磯なりに整理しなおしたものと評価できよう。

3　海軍の構想――機構改革によらない「国務」「統帥」両機関の意思疎通

では、首相列席を拒否した陸海軍は、今後の戦争指導体制のあり方をどのように考えていたのだろうか。海軍の高木惣吉は一九四四年一〇月一二日ごろ、「大東亜戦争終末対策案」という国策決定過程を構想している。

〔前略〕四ノ三、〔戦争終末対策の〕手続順序

一、㊪、㊩、Ⓐヲ成就ス

二、政府、重臣ノ協議

三、元帥会議（個々ニ爾前ニ説得、永野、杉山、寺内、畑）

四、第二項ニ併行シテ皇族会議（閑院宮、東久邇宮、伏見宮）
五、最高戦争指導会議（御親臨）
六、大本営御前会議
七、裁可
〔別箇所に「略語表」として、㊪…宮中側近工作、㊬…重臣、前官礼遇〔者―編者註〕工作、Ⓐ…陸軍ニ対スル工作、とある。〕[95]

宮中方面と陸軍の説得を行い、その後、「五・六」に示した二回の御前会議を経て天皇への上奏・裁可へと向かう流れが確認できる。「最高戦争指導会議（御親臨）」と「大本営御前会議」は、前者は政府と大本営の、後者は大本営内の、それぞれ意思決定機関であった。[96]最終決定を「大本営御前会議」とし、その一つ前の「最高戦争指導会議（御親臨）」で政府側との意思疎通をはかろうとの意図がうかがえよう。別のところでも「陸海最高首脳部ノ意見一致ヲ中核トシテ政府（総理、外務、内務）ノ結束態勢ヲ確立ス」と、陸海軍の意思疎通を重視している。[97]高木は、最高戦争指導会議そのものの運営には手をくわえず、大本営を中心とする一元的な戦争指導体制を構築しようとの意図をもっていた。

その背景として、高木には「従来ノ戦争指導ヲ固執」し「積極的ニ戦局収拾ノ手段ヲ執ル」こと、すなわち既存の政府機構を活用することによって戦争指導を行おうとする意識が強いことがあげられる。「陸軍ノ実権掌握ノ向ニ対スル」と記すように、両軍の利害対立を抱えたうえで「陸海軍最有力首脳ノ提携ト其ノ宮中側近トノ連絡」をとる方法、つまり陸軍をふくめた各機関との意思疎通に重点を置く方法を理想としたのである。[98]各機関との意思疎通という制度内対応でも「国務」事項と「統帥」事項の調整や陸海軍間の調整が実現できるという考えにもとづくものであった。これは、内閣側による最高戦争指導会議の改組方針とは異なるものの、天皇の権威を意識し「国務」「統帥」両事項の調整をはかるという点で共通した姿勢である。

高木はその後も、機関を改組するのではない方法で、政府と大本営の関係改善を研究し続ける。一九四五年一月一三日の日記にみられる「政府、統帥部ノ強化ト緊密ナル連絡。〇〇方面ノ強化。行政機構ノ必要最小限度ノ補強」[99]も、国策決定過程における各機関の相互関係に重きを置くものであった。二月二〇日にはさらに考えを具体化させた「戦争指導最高会議運営改善私案」を書きあげている。ここでは、「責任首脳部ノ頻繁且自由ナル意見交換ヲ促進スルコト」や「国力会議、綜合計画局ト最高会議トノ関係トヲ、有機的相補状態ニ調整スルコト」、「陸、海、各国務間ノ真ノ一体的総力発揮ニ資スル一切ノ問題ヲ捕捉断行ヲ促進スルコト」[100]とされ、やはり最高戦争指導会議を基盤とする政戦両略の意思疎通に重点が置かれている。二月二六日には「戦争指導最高会議ノ副幹事ノ身分ハ、軍令部案ニテモ軍務局案ニテモ、実際ノ運用ハ省部何レノ連絡モ厚薄ナキ様努ムル決意ニツキ、軍令部ト余リ抗論サレヌ様サレ度」[101]とし、最高戦争指導会議の幹事の一人である海軍省軍務局長を補佐する「副幹事」は、海軍省への連絡だけでなく「統帥」機関側への情報伝達も平等に行うようにとの注意をうながしている。

このように海軍の高木と内閣との間では、手段は違えども一元的な戦争指導体制を構築しようとする意識は共通していた。手段の差を生んだのは、内閣・陸海軍の間に存在した利害関係であったと考えられよう。内閣側が大本営との、海軍側が陸軍との利害関係にそれぞれ配慮した結果、〝最高戦争指導会議の役割や開催形式を見直すことで、同会議を政戦両略の一致が行い得る最高戦争指導機関としたい内閣〟、〝政戦両略の一致は双方の意思疎通で対応できるとする海軍〟というかたちとなってあらわれたのである。双方が抱えるこの利害関係を解消する要素として、天皇の権威がさらに意識されていくことになった。

五　天皇の権威を意識した国家意思決定

1　陸海軍一体化・大本営機構改革の動きと内閣の対応

こうした海軍の高木の考えは、当初、内閣による最高戦争指導会議の改組構想と直接のかかわりをもつことはなかった。ただ、一九四四年末ごろに陸軍側で大本営機構改革への関心が高まると、内閣と海軍はその対応をめぐり、互いの構想も意識するようになっていく。

参謀本部第一部長の宮崎周一は、「国務」事項と「統帥」事項の調整に関して、「陸海統合の作戦、統帥機構なかりし事。更に根本には戦争指導の最高機構なかりし事」(102)に問題があると考えていた。戦局の悪化に対応するために「統帥」機関の一元化を断行し、そこに「国務」機関を取り込んだ最高戦争指導機関の構築を求めたものといえよう。大本営を「統帥」事項のみをあつかう機関ではなく、政戦両略の一致をも行う最高戦争指導機関にしようとの意図がみられる。しだいに、軍令機関だけではなく、軍政機関の一元化も要望されていった。

一九四四年一二月一四日に陸軍軍務局長に就任した真田穣一郎は、陸軍省と海軍省の統一を目指し、三一日に杉山元陸相へ報告した。杉山陸相から同意と激励を得た真田は、翌年より本格的に動き出し(103)、海軍側へ両省統一を積極的に打診していった。「統帥」機関の一元化が「海軍航空、陸上兵力ノ陸海一体一統ノ統帥組織ノ確立ヲ要」(104)しているにもかかわらず、統一の対象を省に限定しているわけは、「気分〔気持ち〕カ第一　外形〔形式的な一元化〕ニテハ駄目」や「航空ノミヲ切離スコト能ハス」と考えた結果、「相当困難」と判断したからであろう(105)。ただその一方で、宮崎周一は一二月二九日に、「参謀本部ト陸軍省トノ垣ヲトレ」(106)との考えを表明している。

年が改まった一九四五年一月一日、『大本営陸軍部戦争指導班　機密戦争日誌　下』には「昭和二十年度重要研究並ニ懸案事項」として、以下の記述がみられる。

第一、昭和二十年度重要研究問題
　一、終戦方策
　二、戦後経営方針
第二、重要懸案ニシテ速急ニ具体化ヲ要スル大綱
　一、陸海一体ノ戦略大綱ノ確立
　二、右ヲ根基トスル戦争指導大綱ノ確定
第三、戦争指導大綱ノ一環トシテ実現セシムヘキ当面ノ重要事項
　一、陸海軍問題（大本営機構問題）〔以下略〕[107]

終戦への意識が明記される反面、「第二」では「統帥」機関の一元化にもとづく「戦略大綱ノ確立」や「戦争指導大綱ノ確定」が要望されるとともに、「第三」では大本営の改組問題が掲げられている。[108]「統帥」機関の一元化が大本営機構改革と一対の事項として研究されている様子がうかがえる。

陸軍のなかでは中堅層の行動が活発であり、「国務」機関側では省単位の統一を、また「統帥」機関側では省部の統一と大本営機構改革を上層部に具申し、軍全体の意思統一を試みていった。一九四五年一月三日には「次長〔秦彦三郎―参謀次長〕ヨリ陸海合同促進ノ一トシテ両軍航空ノ統一ニ関スル案ニ就テ更ニ具体的方法ヲ研究ヲ命セラ」れ、[109]翌四日に宮中で行われた「主要閣僚集合主要問題」の議題も、陸軍の主張は「陸海軍省を一ツにする。両軍航本〔航空本部〕を一ツにする。兵器行政本部と航政本部を一ツにする。両軍の油関係機関施設を一ツにする（両軍務局も

一つの局となる、両経理局亦然り、整ビ局兵備局然り）」という各機関の一体化であった。五日には梅津美治郎参謀総長が陸軍航空本部・陸軍兵器行政本部の了解を取りつけ、阿南惟幾航本部長や畑俊六教育総監も肯定的な態度を示したことから、各機関の一体化案が陸軍上層部の賛同を得てきているのが確認できよう。(110)

機関の一体化による業務の簡素化・効率化は、「航空戦力の運用すら戦力の統合発揮に程遠いうらみがあった」ように難題であり、以前から議論に上ってはいたが進んでいなかった。(111)しかし今回は、「態勢強化ニ関スル陸軍自体ノ整理断行、省部一体、人ノ整理、業務ノ重複ヲ避クルコト」(112)との強い意思のもと推進されている。たとえば、真田が軍務局長に就任したときに局内で作成された「決戦非常措置要綱」(113)は、「戦勢挽回を目的と」し「一九四五年上期を目標とし各種兵備の為鉄、石炭、塩、アルミ、紙等の戦略資材の所要量を計画」したものであったが、その目的達成のため「陸海軍省」の一体化が求められている。(114)

以上にあげた陸軍側の行動を受けて、内閣側も機構改革への意識を高めていく。一九四五年一月二五日の最高戦争指導会議で検討された「決戦非常措置要綱案」の「一、陸海軍ノ軍需整備」では、「戦力ノ運用並戦備ノ建設ハ陸海軍真ニ一体トナリ之カ綜合的運営ト最高能力ノ発揮トニ遺憾ナキヲ期スルモノトス」(115)と、両軍の協力による生産体制の見直しを提起している。時期はさかのぼるが、一九四四年一二月一五日の最高戦争指導会議では「内閣改造問題」が、一七日には「内閣強化論　強力政治　戦力ト生産力」がそれぞれ議論されたと考えられる。(116)「内閣改造問題」は「政府首脳（連絡会議中心）ノ深刻且徹底セル意志ノ疎通」や「統帥関係首脳部ト国政首脳部トノ密接ナル意志ノ疎通、協力態勢ノ確立」を目的とし、「統帥人事ノ更迭」も辞さない構えであった。三〇日には、同じ趣旨の「内閣官制ノ改正」や「少数閣僚制ノ採用。　各省行政長官制ノ考慮」という、法制等の変更をともなう大がかりな機構改革も提起されている。(117)

このように、陸軍による両軍一体化の動きは、内閣側に政府機構の整理や内閣機能強化を目的とした機構改革を進めさせる契機となった。軍政・軍令両機関の一体化が進めば、内閣が強化されたさいに、「統帥」事項との調整にまで一気に結びつく可能性が高くなるからであろう。最高戦争指導会議を政戦両略の一致が現実的に行い得る最高戦争指導機関と位置づけたい内閣にとって、陸軍側の動きは利害を一致させる部分が大きいものであった。ただし「〔最高戦争指導会議で〕作戦指導ノ内容ヲ総理カ云為セルコトアリ　厳ニ注意ヲ要ス」[118]という発言にあらわれている通り、陸軍側はあくまで〝大本営〟を最高戦争指導機関と位置づけることにこだわっていた。したがって、かりに「国務」「統帥」両機関の一体化が実現したとしても、それは陸軍側からすれば大本営の強化にすぎない。陸軍側の両軍一体化の動きは、政戦両略の一致を行い得る最高戦争指導機関として〝最高戦争指導会議〟を位置づけたい内閣と〝大本営〟を位置づけたい陸軍、という対立構図を生み出すことになったのである。

2　政戦両略の一致を天皇大権に委ねる姿勢へ

前述の通り、大本営を政戦両略の一致が行い得る最高戦争指導機関にしようとの意図から、陸軍は海軍に「国務」「統帥」両機関の一元化を要請していった。各機関の一体化については、一九四五年一月一二日、真田穣一郎が高木惣吉に、「航空ト燃料、海運機構ノ一元化」を中心として「A〔陸軍〕B〔海軍〕ノ一体化ニ就テ御助力願ヒタイ」と語っている[119]。「統帥」機関の一元化に関しては、海軍の重臣・岡田啓介が対案として「強力政治」を提起した。その数日前の「重臣会議（十日）に於ては首相に強力政治を要望せる由」[120]という動きがあったことから、岡田個人というよりは重臣の総意と考えたほうが正確であろう。「御親政ノ名実ヲ備ヘル」目的から提起された「強力政治」は、「ブレーントラストノ強化」と「大本営ノ強化」が骨子と思われるが[121]、この時点では具体的な内容まで明らかにされていない。

ただ高木の記述から、「強力政治」の内容がある程度は推測できる。岡田が「AB総長ヲ一人ニシテ其ノ下ニ陸軍部海軍部ヲ置ク案」を奏上したさい、「〇〇〔天皇〕ハ非常ナ御不満ノ御気色デアッタ」ので、「現制デ協調シテ行ク外ハアルマイ」と考えを改めたことがあった[122]。したがって岡田は、もともと制度変革も辞さない大本営の改革論者であったと考えられる。他方の高木は、一月三〇日の日記で「陸海軍問題ノ根本的思想統一」と題し、陸軍による「統帥」機関の一元化への動きを「現制度ヲ充分ニ活用スル努力モナク、運営不足ノ原因ヲモ深ク考ヘズ、直ニ機構「イヂリ」ニ行クコトノ是正」、あるいは「大本営ハ制度トシテ既ニ一元化シアリ。其ノ同所勤務ノ解決モ実行モナサズシテ、幕僚長一人案ノ如キハ机上ノ空論ニスギズ」と牽制している[123]。その目的は、「AB協同ノ方式」によって終戦への動きを促進する点にあった[124]。

このように、海軍のなかでも、高木と岡田の考えには違いがみられる。高木は、「国務」「統帥」両事項の一元化は双方の意思疎通で対応できるとする従来の姿勢を崩していないが、岡田はもともと制度変革をふくめた大本営の改組に関心を寄せていた。あえて共通点を導き出すとすれば、最高戦争指導会議の徹底的な改革によって同会議を政戦両略の一致が行い得る最高戦争指導機関に位置づけようとする意識が希薄な点と、天皇大権をこれまで以上に国策決定へ反映させようとする点にあったといえよう。

3　特旨による大本営会議への首相列席

内閣は岡田の考えに興味を強く抱いていく。前述した一九四四年一二月一七日の最高戦争指導会議での「内閣強化論　強力政治　戦力ト生産力」に関する検討をみてみたい。この検討を行うことになった発端は、翌年二月二〇日に広瀬久忠内閣書記官長が高木に対してもらした――あくまで広瀬の「告白談」であるが――「統帥ト国務ノ吻合、調整ナド、云フガ、ソンナ生ヌルイコトデ追付クノカ。我々〔「国務」機関側のメンバー〕ハ統帥ノコトトイフト一言モ口ヲ出セヌ」や「作戦〔「統帥」事項〕ニ生産〔「国務」事項〕ノ裏付ケガナクテハ作戦ハ成立タヌ筈ダ」という不満であった(125)。内閣側はこれまでのような、「国務」事項と「統帥」事項の調整を最高戦争指導会議に求める方法では一元的な戦争指導体制が構築できないことを認識し、「大本営ノ編制ヲ考直シテ貰イタイ。「インナーキヤビネット」位思切リ断行シテ、施策ヲ強化シナクテハ危イ」という考えのもと(126)、「国務」「統帥」機関双方の意思疎通の徹底をはかろうとしていくのである。

一九四五年二月二四日には小磯首相が、梅津参謀総長宛の書簡で、「統帥輔翼ノ最高機関カ一人〔「統帥」機関の統一〕ナリヤ二人〔「統帥」機関の併立〕ナリヤハ問題ニ非ス」や「政戦両略ニ亘ル事項ニ関シテハ統帥或ハ国務ノ立場ニ於テ夫々意見ヲ奏上シ　御聖断ヲ仰クヘキコトアルハ勿論」、さらには「一元化コソ御親政ノ真姿ヲ顕現シ奉ル所以ナリト確信ス」とまで述べている(127)。したがって、前述の「大本営ノ編制」の再考と「インナーキヤビネット」の導入は、「国務」「統帥」両事項の調整を促進するための両機関の一元化というよりも、「国務」「統帥」機関双方の見解をしっかりと固めることによって、両者の主張の違いを天皇に示す点に主眼を置いたものであったことがわかる。本来、最高戦争指導会議で「国務」「統帥」両機関の意見調整を行ったあと、各々が天皇へ上奏し裁可を得るのが国策決定の手順である。しかし当時、最高戦争指導会議と御前会議ですでに決定していたレイテ決戦が小磯首相の把握しないところで急遽中止されたことがあった(128)。そこで小磯は、最高戦争指導会議での政戦両略の一致に見切りをつけ、「大本営ノ編制」の再考による「統帥」事項の集約、そして「インナーキヤビネット」による「国務」事項の集約へと方向性を定めていくのである。

対する参謀本部は、大本営会議への首相列席の具体化を模索していった。三月一一日時点で「首相は陸軍大臣と倶に陸軍幕僚長と相謀り戦争指導の根本方針の策定に参画する」や「大本営陸海軍部合一の議決定せば速かに大本営令及内閣官制を改正し同時に最高戦争指導会議之を廃止す」という、これまでにない案を得ていたとされる[129]。その狙いは「大本営ノ編制」の再考と「インナーキヤビネツト」という二つの構想を一つにまとめることによって、内閣側による「インナーキヤビネツト」の実現を阻もうという点にあると思われる。三日前の三月八日、小磯は梅津に大本営への首相列席を打診し了承を得ており[130]、結果として首相列席は特旨による措置として実現するが、かわりに「大本営ノ編制」の再考と「インナーキヤビネツト」は実現にいたらなかった。その原因は、大本営会議へ首相を列席させることで〝大本営会議の最高戦争指導機関化〟に一歩近づいたと解釈できることと、制度変革によって最高戦争指導会議を廃止するまでもないほど同会議の存在意義が薄れていたことにあるといえよう。

これ以降の小磯首相の行動を確認しておきたい。一九四五年三月中旬になると、自身が積極的に進める繆斌工作——重慶の蔣介石政府との和平工作——に重光葵外相や杉山元陸相が反対したのを契機として、内閣改造を主張するようになっていく[131]。具体的には「自ら現役に復帰し、陸相を兼ね、次官に阿南を起用し閣議に列せしむ、外務、内務、運通等が目標なり、外務については吉田茂氏につき近衛公より口添願へまじきやとの口吻もありたりと[132]」いう内閣機能強化が目的であった。かつ「陸軍は一元化を主張[133]」し、「国務と統帥の一元運用を期して大本営政府なるものを四月末又は五月初めに成立せしめんと企図し居りたる趣[134]」でもあった。内閣末期に起こされたこれらの小磯の行動は、歴代内閣の議論をふまえたものとはいえず、小磯内閣の成立後に提起され捗々しくない結果に終わった議論の蒸し返しと理解したほうがよい。一方、最高戦争指導会議のテコ入れと大本営への首相列席という歴代内閣で精力的に行われてきた議論の継承により首相列席の実現にいたるものの、実際、大本営において首相に発言の機会が与えられることはなかった。さらに今回の閣内不一致によって、同内閣下において政戦両略の一致を実現し得る可能性は断たれたのである。

おわりに

日中戦争の勃発から東条内閣にかけて、政戦両略の一致を実現するために構想ないし実施された措置は、①首相の大本営列席、②特定閣僚による会議か全閣僚参加型の会議かの検討、③閣議と大本営政府連絡会議・最高戦争指導会議の優先順位の検討、④大本営を最高戦争指導機関化する構想、であった。これらが各内閣によって取り組まれては行き詰まることで、一元的な戦争指導体制の構築が困難であることが段階的に認識されていった。各内閣の議論が挫折を確認させ、問題点をさらに大きくしていく作用をもたらしたのである。

政戦両略の一致を実現させるにあたって、「国務」「統帥」各機関に不均衡が生じるような策を断行することは難しい。たとえば①にあげた措置、すなわち陸海相以外の「国務」機関の関係者が大本営に列席し一定の発言権が付与されることは、その不均衡にあたる。②③は各々の機関内の意思疎通を円滑にさせる措置であり、戦争指導において重要な要素ではあるが、①や④が実現できない限り政戦両略の一元化は達成されないのである[135]。このことは当事者も十分に認識していた。

平沼内閣と米内内閣ではインナーキャビネットを模した特定閣僚による会議体が、また阿部内閣では閣議が重視された。いずれも「国務」機関を主体に意思決定を行うという点で共通している。ただし、休止している大本営政府連絡会議にかわるこれらの会議体で万全と考えられていたわけではなく、大本営の改革案や首相の大本営列席などの検討も併行して盛んに行われた。こうした一連の動きが手詰まりとなるのが東条内閣期であり、最終的に東条は陸海相が参謀総長・軍令部総長をそれぞれ兼任することでの政戦両略の一致を目指していく。しかしそれは第一部第三章の「おわりに」でふれたように、東条首相の手腕によって実現し得た部分が大きかった。そのあとを受けた小磯内閣は、東条内閣以前の議論に立ち戻るのか新機軸を打ち出すのか、対応が注目されたであろう。一元的な戦争指導体制を構築するうえで、小磯内閣は重要な局面だったといえる。結果として、大本営政府連絡会議を最高戦争指導会議に改組する小幅な対応にとどまった。

しかしだからといって、この時点で一元的な戦争指導体制を構築する可能性がまったく断たれたわけではない。小磯首相にすれば、最高戦争指導会議の設置は決して満足のいく措置ではなかった。ゆえに小磯は、過去の内閣が検討してきた事項を再確認するように、同会議の議論を活発にさせるための改善措置を行ったり「統帥」事項に関与したりしようとしていく。その結果、総辞職直前に、内閣成立期に提起した首相の大本営会議への列席が特旨によって実現し、政戦両略の一致を実現するうえで重要な前掲①の条件が達成された。しかし首相列席は、ほどなくして小磯内閣が総辞職したことにより、効果があらわれることはなかった。

小磯内閣の政治過程をみると、しだいに同内閣が最高戦争指導会議の運営に消極的となっていく様子がわかる。その背景には東条内閣期の大本営政府連絡会議における意見調整の困難さも関係していよう。各勢力には通常、自身の業務範囲を守る作用、すなわちセクショナリズムが働く。セクショナリズムは、各々の勢力の活動領域が明確な場合、その領域を侵害されまいと反発することで発生することが多い。五相会議に参加できない国務大臣から不満の声が聞かれ、戦局が悪化してくると、とくに外交面において各勢力がそれぞれ担う業務の範囲に認識の差が生じ、自身の領域が侵犯されたと受け取るケースが深刻化していった。ほかの勢力の業務を侵害していないと認識していても、逆からみるとそう受け取られないケースが発生し、その溝が深くなればなるほどセクショナリズムをめぐる対立が激しくなる。小磯内閣では最高戦争指導会議の見直しが行われたものの、根底にこのセクショナリズムの問題が存在する以上、国家意思決定機関の議論はまとまりを欠き、「国務」「統帥」両事項の分裂状態が維持され続けるのである。

平沼～東条内閣期に取り組まれた種々の試みは、さまざまな問題点や課題を洗い出させ、小磯内閣期に根本的な解決となり得る首相の大本営列席が実現した。しかしその効果が捗々しくなかったことは、強力な戦争指導体制を構築するうえでの限界を認識させた。以後、内閣が大本営側に入り込む方法ではなく、最高戦争指導会議を基盤に両機関が対等なかたちで調整を行う方法に一本化されていく。ただし、会議における前述の問題にくわえて、天皇の権威を今まで以上に意識するという動きがあらわれたことにより、もはや会議という場での政戦両略の一致に期待がもてなくなっていたことは深刻な問題であった。実際、次章以降でみるように、鈴木貫太郎内閣では最高戦争指導会議に大胆な手入れはなされなくなり、会議体によらない水面下での意見調整が模索されていく。

本章の検討をふまえると、鈴木内閣における天皇の「聖断」による戦争終結には、アメリカによる原子爆弾の投下やソ連の対日参戦によって和平の可能性が断たれたことにくわえて、戦争指導者による国家意思決定そのものが限界にきていたという事情も影響を与えていることが想定される。ただ、そう断じるには、最高戦争指導会議が鈴木貫太郎内閣でも存続し、かつ大本営会議への首相列席も適用されていく意味を考えねばならない。(136)

註

(1)　小林俊二氏は戦時期における日本国内の権力構造を、「軍特に陸軍内部における統制の紊乱」、「明治憲法体制の下に生じた国務と統帥の間における国家権力の分立」、「陸海軍それぞれの統帥権の分立」という側面から取り上げ、後者の二つは「明治憲法体制に内在した構造的な矛盾、すなわち調整メカニズムの欠如が招来した必然的な事態」と説明する（「明治憲法体制下における国務・統帥の分立とその帰結」『政経研究―阿部竹松教授古稀記念号、社会科学の課題と展望―』第四一巻第一号、二〇〇四年九月、一五三、一五四頁）。

（2）序論の本文六、七頁および註(33)～(35)を参照。

（3）「連繫」は、大本営政府連絡会議が設置される前の一九三七年一一月八日段階で参謀本部側が用いている語（「大本営と内閣との連繫要領（第三案）」、前掲『現代史資料三七―大本営―』三九〇頁）。一九日の「大本営設置につき政戦連繫に関する閣議申合せ」においては、タイトルで「連繫」、本文では「大本営と政府との連絡」と表現されている（同書、資料解説の1頁）。なお同会議の設置後、内閣はその討議結果をもとに閣議決定を行い、天皇へ上奏し裁可を得るという経路をたどることになった（佐藤元英編『アジア太平洋戦争期政策決定文書（明治百年史叢書・第四五二巻）』原書房、二〇〇一年の「解題」を参照）。

（4）前掲、加藤陽子「昭和一二年における政治力統合強化構想の展開―大本営設置と内閣制度改革―」一二頁。

（5）前掲、池田順『日本ファシズム体制史論』の「第一編　ファシズム期の国家機構再編」「第二章　日中全面戦争下の国家機構再編」七四頁。なお、この意見の相違に関しては、前掲、森茂樹「国策決定過程の変容―第二次・第三次近衛内閣の国策決定をめぐる「国務」と「統帥」―」三五頁、を参照。

（6）前掲『風見章日記・関係資料　1936―1947』一九三七年一一月一七日条、三三頁には「大本営令の制定公布さる。然れども総理大臣を大本営より除外したるものにして内閣の希望する所とは一致せず」とある。風見章『近衛内閣』（中央公論社〈中公文庫〉、一九八二年、初出は一九五一年）の「大本営・内閣連絡会議設置のいきさつ」にもくわしい。

（7）前掲、森山優『日米開戦の政治過程』。

（8）前掲、森茂樹「国策決定過程の変容―第二次・第三次近衛内閣の国策決定をめぐる「国務」と「統帥」―」、前掲、同「戦時天皇制国家における「親政」イデオロギーと政策決定過程の再編―日中戦争期の御前会議―」、前掲、同「2　開戦決定と日本の戦争指導体制」「3　戦争指導体制の問題点」。

（9）たとえば前掲、神田文人「近現代史部会共同研究報告　明治憲法体制における天皇・行政権・統帥権」、前掲、池田順「一五年戦争期の国家意思決定機構」。

（10）防衛省防衛研究所図書館所蔵「最高戦争指導会議ニ関スル件」（「重要国策決定綴其六　昭和一九年八月四日～二〇年三月二九日」Ｒｅｆ．Ｃ一二一二〇二二六四〇〇、ＪＡＣＡＲ、アジア歴史資料センター）。

(11) たとえば佐藤元英氏は、最高戦争指導会議の発足以降の戦争指導について丁寧に紹介しているが（前掲『御前会議と対外政略3　第三部　政戦略と戦争終結の決断―「支那事変」処理から「大東亜戦争」終結まで―』の「Ⅱ　小磯内閣の政戦略」五四～六二頁）、大本営政府連絡会議の運営時に問題となった事項との関連性という視点は弱いと感じる。

(12) 伊藤隆・武田知己編『重光葵　最高戦争指導会議記録・手記』（中央公論新社、二〇〇四年）の伊藤隆氏による解説の三七〇頁など。

(13) 最高戦争指導会議の概要については、同右の解説がくわしい。

(14) 高木惣吉『自伝的日本海軍始末記』（光人社、一九七九年）一六一、一六二頁。前掲、池田成彬著、柳沢健編、吉野俊彦解説『財界回顧〈経済人叢書、小島直記監修〉』二四二頁によると、第一次近衛内閣期の五相会議の構成員は「総理、外務大臣、陸海軍大臣、大蔵大臣の五大臣」であり「閣議を経てこしらえたのですから公なもの」で、「支那事変に関係する主だったことはそこで皆話をし、それから決めた」。三相会議は「総理大臣と外務大臣と大蔵大臣、――つまり近衛、宇垣と私〔池田〕の三人。これが一番大事なことを話した」。四相会議は「総理と内務、大蔵、文部大臣の荒木の四人」であった。

(15) 第一次近衛内閣期に設置された五相会議・四相会議・三相会議の性格・位置づけについては、註(14)(23)を参照。

(16) 前掲、高木惣吉『自伝的日本海軍始末記』一七三頁。

(17) 五相会議は第一次近衛内閣期の一九三八年六月一〇日の閣議を経たことで「従来便宜上行はれてゐた四相乃至五相会議はこゝにいはゞ合法化されたことにな」ったとされる（『東京朝日新聞』一九三八年六月一一日付、夕刊一面、「〝五相会議〟正式成立」）。

(18) 森山優「「非決定」の構図―第二次、第三次近衛内閣の対外政策を中心に―」（『軍事史学』通巻第一〇六・一〇七号合併号、第二七巻第二・三号〈第二次世界大戦二―真珠湾前後―　第一篇　対米開戦への道〉、一九九一年一二月、のちに加筆され、前掲『日米開戦の政治過程』に収録）一八頁。

(19) 近衛前内閣で運用されてきた意思決定方式を踏襲しようとする意図が強かったとも思われる。たとえば竹山護夫「第三五代　平沼内閣―第二次戦時内閣の模索―」（前掲『日本内閣史録　四』）は、「第一次近衛内閣の延長としての平沼内閣」（五三頁）と位置づけている。

(20) 前掲、吉田弘苗『秋田清』六四四頁。そのほか、司法相として入閣した塩野季彦も、「首相は陸海外蔵の四相を集めて協議し、所謂五相会議を開くこと前後十回に及んだ」としている（塩野季彦回顧録刊行会編『鹽野季彦回顧録』塩野季彦回顧録刊行会、一九五八年、二九六頁)。

(21) 前掲『鹽野季彦回顧録』二九六頁。

(22) 有竹修二編『荒木貞夫風雲三十年』(芙蓉書房、一九七五年)二一二頁。

(23) 池田成彬は「五相会議と三相会議があるのになぜ四相会議を設けたか」という理由を、「末次と荒木がこれ〔五相会議と三相会議〕に入っていないので、二人が蔭でぶうぶういう。近衛さんはそれをなだめるつもりで、この二人を入れるための四相会議を設けた」と推測し、参議出身の各閣僚が国政に平等に参画するための措置ととらえている(前掲、池田成彬著、柳沢健編、吉野俊彦解説『財界回顧〈経済人叢書、小島直記監修〉』二四二、二四三頁)。

(24) 前掲『荒木貞夫風雲三十年』二一二頁。

(25) 木戸幸一著、木戸日記研究会校訂『木戸幸一日記　東京裁判期』(東京大学出版会、一九八〇年)四〇二頁。

(26) 有竹修二『前田米蔵伝』(前田米蔵伝記刊行会、一九六一年)三六八頁。

(27) 前掲、高木惣吉『自伝的日本海軍始末記』一五九頁。

(28) 同右、一六二頁。

(29) ただ、五相会議の内容が閣外に持ち出されていたケースも散見される。一九三九年一月、高木惣吉は「現に近衛前総理なども、秩父宮さまが、だれも知らないはずの五相会議の議題のことなどくわしく承知しておられるのに内心おどろいて、ふしぎがっていたくらい」と回想している。「くわしく」とあるゆえ、会議出席者が情報を漏洩させたのだろう。さらに「陛下の側近でも思いあたるふしがあったと想像する」とも記されており、情報漏洩が天皇周辺にまで及んでいた可能性も指摘できる(以上の「　」は、同右、一五八頁)。しかし、この漏洩が政策に影響を与えたという事実は確認できない。

(30) 前掲、高木惣吉『自伝的日本海軍始末記』一七三頁。

(31) 同右、一六五頁。

(32) 前掲『武部六蔵日記』一九三九年五月八日条、三八一頁。

(33) 同右、一九三九年五月二四日条、三八二頁。

(34) 防衛省防衛研究所図書館所蔵「山本資料　山本善雄日記(2)昭和14年」(⑨―その他山本―34)一九三九年五月二六日条。

(35) 池田成彬著、柳沢健編『故人今人』(世界の日本社、一九四九年)二三七頁。

(36)以上の「　」は、『東京朝日新聞』一九三九年九月一日付、二面、「新内閣の進路闡明」。
(37)国立国会図書館憲政資料室所蔵「阿南惟幾関係文書47　秘　S14　10　16　S15　4　17　次官①」。
(38)前掲「山本資料　山本善雄日記（2）昭和14年」。
(39)前掲、池田成彬著、柳沢健編『故人今人』二三八、二三九頁。
(40)『大阪毎日新聞』一九四〇年五月二八日付、夕刊一面、「軍事、外交の最高国務　四閣僚会議で討議樹立」。
(41)以上の「　」は、前掲『真崎甚三郎日記　第四巻―一四年一月～一五年一二月―』一九四〇年六月七日条、三八四頁。
(42)前掲、森茂樹「国策決定過程の変容―第二次・第三次近衛内閣の国策決定をめぐる「国務」と「統帥」―」四八頁。
(43)前掲『石渡荘太郎』三六三頁。
(44)同右。
(45)以上の「　」は、宇垣一成著、角田順校訂『宇垣一成日記3　昭和一四年三月―昭和二四年七月』（みすず書房、一九七一年）一九四〇年一月一六日条、一三八〇頁。
(46)前掲、矢次一夫『昭和動乱私史　中』一六〇頁。
(47)同右、一六〇、一六一頁。
(48)前掲『宇垣一成日記3　昭和一四年三月―昭和二四年七月』一九四〇年二月五日条、一三八四頁。
(49)前掲『昭和社会経済史料集成　第10巻―海軍省資料10―』二三六～二四二頁。以下の引用も同じ。
(50)同右、二五三、二五四頁。以下も同じ。
(51)同右、二四二、二四三頁。以下も同じ。
(52)前掲、富田健治『敗戦日本の内側―近衛公の思い出―』六六頁。
(53)国立公文書館所蔵「基本国策要綱」（Ｒｅｆ．Ａ〇六〇三三〇〇四七〇〇、アジア歴史資料センター）。
(54)国立国会図書館憲政資料室所蔵「阿南惟幾関係文書48　秘　S15　4　20　S15　10　5　次官②（陸軍次官）」。
(55)前掲「美濃部洋次文書」（ＹＥ一〇〇、Ｍ二〇―憲政―一―八九）Ｒ八九。
(56)以上の「　」は、軍事史学会編『大本営陸軍部戦争指導班　機密戦争日誌　上』（錦正社、一九九八年）一九四〇年九月一八日条、二七頁。

(57) 同右、一九四〇年九月二九日条、三三二頁。
(58) 前掲、森茂樹「国策決定過程の変容—第二次・第三次近衛内閣の国策決定をめぐる「国務」と「統帥」—」四九頁。
(59) 前掲、森山優「「非決定」の構図—第二次、第三次近衛内閣の対外政策を中心に—」一八頁。
(60) 参謀本部編『杉山メモ　上—大本営・政府連絡会議等筆記—〈明治百年史叢書〉』（原書房、一九六七年）一五五頁に収録の「連絡懇談会設置ノ趣意」。前掲、森茂樹「国策決定過程の変容—第二次・第三次近衛内閣の国策決定をめぐる「国務」と「統帥」—」四九〜五四頁を参照のこと。
(61) 前掲『木戸幸一日記　下巻』一九四一年六月二三日条、八八五頁。
(62) 前掲「美濃部洋次文書」（YE一〇〇、M二〇—憲政—一—八八）R八八。こうした動きは、前掲、森茂樹「国策決定過程の変容—第二次・第三次近衛内閣の国策決定をめぐる「国務」と「統帥」—」のとくに四九頁以降が深く検討している。
(63) 前掲『木戸幸一日記　下巻』一九四一年六月二八日条、八八六頁。
(64) 前掲『軍務局長　武藤章回想録』一五八頁。
(65) 同右。
(66) 同右、一五九頁。
(67) 同右、一五八頁。
(68) 以上の「　」は、伊藤隆・渡邊行男編『重光葵手記』（中央公論社、一九八六年）一九四三年、四一九頁。
(69) 以上の「　」は、同右、四二〇頁。
(70) 同右、一九四三年七月六日条、三七五頁。
(71) 日本近代史料研究会編『鈴木貞一氏談話速記録（上）〈日本近代史料叢書B—四〉』（日本近代史料研究会、一九七一年）一七〇頁。一九四一年一〇月一八日ごろの回想。以下の引用も同じ。
(72) 前掲、森茂樹「国策決定過程の変容—第二次・第三次近衛内閣の国策決定をめぐる「国務」と「統帥」—」、前掲『アジア太平洋戦争期政策決定文書（明治百年史叢書・第四五二巻）』二五頁も参照。
(73) 前掲『重光葵手記』一九四三年、四二〇頁。以下の「　」も同じ。
(74) 多分に重光の主観が入っていると思われるが、次章でみるように、鈴木貫太郎内閣期の最高戦争指導会議の運営に対して東郷茂徳外相も同様の不満を口にしているので、会議体に共通する問題であった可能性は高い。

(75) 前掲、森茂樹「国策決定過程の変容―第二次・第三次近衛内閣の国策決定をめぐる「国務」と「統帥」―」五九頁。

(76) 以上の史料引用は、国立国会図書館憲政資料室所蔵「加瀬俊一関係文書　日記1943年1〜9月」(資料番号1)、一九四三年九月二一日条。

(77) 以上の「　」は、同右、一九四三年九月二二、二三日条。

(78) 以上の「　」は、同右、一九四三年九月二五日条。

(79) 前掲『葛山鴻爪』七八七頁。

(80) 前節でもとり上げたように、当時は、陸海相が「統帥」事項にも関与し得る唯一の存在であったものの、大本営会議での発言権はなかったとされる(前掲『終戦工作の記録　上』二九一〜二九三頁の「資料六九　小磯国昭陳述録(二)」)。

(81) 前二つの「　」は、前掲『葛山鴻爪』七八七頁。

(82) 鈴木多聞「軍部大臣の統帥部長兼任―東条内閣期における統帥権の独立―」(『史学雑誌』第一一三編第一一号、二〇〇四年一一月、のち前掲『「終戦」の政治史1943―1945』に収録)五一〜五七頁を参照。

(83) 前掲、鈴木多聞『「終戦」の政治史1943―1945』の「第一章　統帥権独立の伝統の崩壊―軍部大臣の統帥部長兼任―」(初出は二〇〇四年)、前者の「　」は四三頁、後者は一〇頁。そのほか、明治憲法体制による権力分立の構造が、東条独裁の抑止力となったことも押さえる必要がある。たとえば、前掲、李炯喆『軍部の昭和史(上)(下)―合法的・間接支配への道―』、前掲、纐纈厚『近代日本政軍関係の研究』。

(84) 前掲『終戦工作の記録　上』の「資料六七　新内閣に対する陸軍の態度」二八六頁。なお、連絡会議の改組に対する陸軍の思惑が陸軍と海軍の統一による戦力の統合発揮にあったことは、同書に収録の別史料「今後ノ国政運営ニ対スル陸軍トシテノ対策」の「一　対海軍施策」二八七頁からうかがえる。

(85) 前掲『石渡荘太郎』四三一頁。

(86) 前掲「重要国策決定綴其六　昭和一九年八月四日〜二〇年三月二九日」。

(87) 以上の「　」は、軍事史学会編『大本営陸軍部戦争指導班　機密戦争日誌　下』(錦正社、一九九八年)一九四四年七月三一日条、五六五五、五六六六頁。前掲『戦史叢書八一　大本営陸軍部〈9〉―昭和二十年一月まで―』七四、七五頁でもふれられる。

(88)前掲「御署名原本・明治二十二年・勅令第百三十五号・内閣官制」。なお、各省大臣の参集による会議であることがわかる史料の初出は、一八八五年に「総理大臣ヨリ諸省大臣へ通牒」された「各省大臣閣議ノ為メ当分ノ内毎日午後一時ヨリ参閣ス」（国立公文書館所蔵「公文類聚・第九編・明治十八年・第一巻」二A―〇一一―〇〇、類〇〇二二六一〇〇、リール番号〇〇三一〇〇、開始コマ番号〇〇六八）という文書だと考えられる。

(89)前掲『木戸幸一日記　下巻』一九四四年八月一八日条、一一三六頁。

(90)国立公文書館所蔵「御署名原本・明治四十一年・勅令第三百十九号・侍従武官府官制制定侍従武官官制廃止」（Ref. A〇三〇二〇七七八九〇〇、JACAR、アジア歴史資料センター）。

(91)「　」内は、前掲『木戸幸一日記　下巻』一九四四年八月一八日条、一一三六頁。

(92)同右、一九四四年八月一七日条、一一三五頁。

(93)前掲『重光葵　最高戦争指導会議記録・手記』収録の「極秘　第二号　最高戦争指導会議記録（昭和一九、八、一〇）」一五、一六頁。

(94)同右収録の「極秘　第五号　最高戦争指導会議記録（昭一九、八、一六）」二四頁。

(95)前掲『高木惣吉―日記と情報―下』七七六頁。「略語表」は七七三頁。

(96)前掲、大江志乃夫『御前会議―昭和天皇十五回の聖断―』一九四頁。

(97)前掲『高木惣吉―日記と情報―下』七七六頁。

(98)同右、七七三頁。

(99)同右の「覚」一九四五年一月一三日、七九二頁。

(100)同右、八〇〇、八〇一頁。

(101)同右の「末沢〔慶政―編者による註〕大佐ト面談覚」八〇四頁。

(102)宮崎周一『大本営陸軍部作戦部長　宮崎周一中将日誌』（錦正社、二〇〇三年）収録の、「昭和二〇年一月二一日配布」の「緊急電報」内の書き込み、六頁。

(103)佐藤元英・黒沢文貴編『GHQ歴史課陳述録――終戦史資料（下）〈明治百年史叢書第四五四巻〉』（原書房、二〇〇二年）に収録の真田穣一郎の陳述、九五三頁。

(104) 前掲『大本営陸軍部作戦部長　宮崎周一中将日誌』一九四四年一二月一五日条、一八頁。
(105) 「　」は、同右、一九四四年一二月一七日条、一九頁。
(106) 同右、一九四四年一二月二九日条、二九頁。
(107) 前掲『大本営陸軍部戦争指導班　機密戦争日誌　下』六四一頁。
(108) ただし「二十班〔大本営陸軍部戦争指導班〕トシテハ戦争指導ニ関シ〔中略〕上司ニ具申」したものであり（前掲『大本営陸軍部戦争指導班　機密戦争日誌　下』一九四五年一月一日条、六四一頁）、軍政機関側と同様にあくまで中堅層の考える方向性であった。
(109) 同右、一九四五年一月三日条、六四二頁。
(110) 前掲『GHQ歴史課陳述録――終戦史資料（下）〈明治百年史叢書第四五四巻〉』に収録の真田穣一郎の陳述、九五三頁。
(111) 「　」の引用もふくめ、前掲『戦史叢書八一　大本営陸軍部〈9〉―昭和二十年一月まで―』五四二頁。
(112) 前掲『大本営陸軍部作戦部長　宮崎周一中将日誌』一九四五年一月一一日条、四四頁。
(113) 一九四五年一月二〇日ごろに事務当局案が田中武雄内閣書記官長に提出され、三一日に閣議決定されている。
(114) 「　」の引用もふくめ、内容は前掲『GHQ歴史課陳述録――終戦史資料（下）〈明治百年史叢書第四五四巻〉』に収録の真田穣一郎の陳述、九五二〜九五四頁。
(115) 前掲『重光葵　最高戦争指導会議記録・手記』収録の「機密　二〇〇部ノ内第84号　決戦非常措置要綱案〔謄写印刷―編者註〕」一九四五年一月二五日、二七九頁。
(116) 「　」は、同右、一九四四年一二月一三日条、二一四頁。
(117) 「　」は、前掲『高木惣吉―日記と情報―下』の「時局対策」一九四五年一月三〇日、七九六、七九七頁。
(118) 前掲『大本営陸軍部作戦部長　宮崎周一中将日誌』一二月三〇日条、三一頁。
(119) 「　」は、前掲『高木惣吉―日記と情報―下』の「真田〔穣一郎―編者による註〕軍務局長意見」七九〇頁。
(120) 国立国会図書館憲政資料室所蔵「加瀬俊一関係文書　日記1945 January - March」（資料番号2）一九四五年一月一三日条。
(121) 前掲『高木惣吉―日記と情報―下』の「岡田大将談」一九四五年一月一七日、七九二頁。
(122) 同右の「岡田大将所見」一九四五年三月初旬、八二二頁。引用中の〔天皇〕は編者の判断。

(123) 同右の「時局対策」一九四五年一月三〇日、七九七頁。
(124) 同右の「小畑敏四郎中将高木対談覚書」一九四五年一月三一日、七九八頁。
(125) 「」は、同右の「広瀬〔久忠―編者による註〕書記翰長告白談」八〇〇頁。
(126) 同右。
(127) 「」は、前掲『終戦工作の記録　上』の「資料一〇三　梅津総長宛小磯総理書簡」四五三、四五四頁。
(128) 前掲『葛山鴻爪』八二八、八二九頁。
(129) 「」は、前掲『終戦工作の記録　上』四五二、四五三頁。
(130) 三月一一日には、両軍の省部で「戦争指導ノ強化ニ関スル措置」が決定され一六日に奏上し、同日に允裁を得ている（前掲『現代史資料三七―大本営―』lxviii頁。「戦時指導の強化に関する措置」は同書五二二頁に収録）。
(131) 前掲『木戸幸一日記　下巻』一九四五年三月二四日条、一一八〇頁。前掲、鈴木多聞『「終戦」の政治史1943―1945』が時間の経過を追って説明している（九〇頁）。
(132) 前掲『木戸幸一日記　下巻』一九四五年三月二七日条、一一八二頁。
(133) 前掲『重光葵手記』一九四五年四月三日条、四五三頁。
(134) 国立国会図書館憲政資料室所蔵「加瀬俊一関係文書　日記1945 April－」（資料番号3）一九四五年四月五日条。
(135) 大本営政府連絡会議には大本営・政府とも、それぞれに都合の悪い情報は出さなくてもよいという実態があったことが大きい（前掲、森茂樹「2　開戦決定と日本の戦争指導体制」三九頁）。
(136) 「大本営ニ在リテ作戦ノ状況ヲ審カニシ且大本営陸海軍部幕僚長及陸海軍大臣ト共ニ戦争指導ノ議ニ列スベキ旨鈴木内閣総理大臣ニ賜リタル勅語」（国立公文書館所蔵「公文類聚・第六十九編・昭和二十年・第一巻・皇室門・皇室令制・皇室財産・雑載・政綱門・勅令・法例・公式令」二A―〇一三―〇〇、類〇二八八五一〇〇、リール番号〇七〇三〇〇、開始コマ番号〇一一七）。

第二章　鈴木貫太郎内閣期の最高戦争指導会議と国家意思決定

はじめに

前章では、日中戦争の勃発から小磯国昭内閣までを対象とし、政戦両略を一元的に集約させた戦争指導体制の確立をめぐる「国務」「統帥」両機関の対応をみた。大本営政府連絡会議が両機関の連絡調整を果たせず形骸化するなかであっても、それ以外の有効な措置がみつからず運用を続けざるを得ない膠着化の様子と、その状態を打開すべく大本営会議に首相が列席できるよう動く小磯内閣での変化が特徴としてあげられる。ただし小磯内閣は、中国との和平交渉をめぐって閣内の混乱を招いたこと(1)や地方行政の管轄権をめぐる内務省との対立(2)により瓦壊し、後継として一九四五年四月、枢密院議長の鈴木貫太郎が内閣を運営することになった。本章と次章では、鈴木内閣期の政戦両略の一致に対する取り組みをみていきたい。まず本章で、最高戦争指導会議の運営を中心とする「国務」「統帥」両機関の国策決定へのかかわり方を探る。次章では、主に最高戦争指導会議以外の場での意見調整の試みをみていく。

最初に、鈴木内閣期の国策決定の特徴を確認しておく。同内閣期の国策決定に深く関与した機関は閣議と最高戦争指導会議、大本営会議であった。国務各大臣の意思統一の場が閣議であり、「統帥」事項を議する場が大本営会議である。「国務」機関と「統帥」機関の連絡調整を行う機関が最高戦争指導会議であった。

小磯内閣において大本営会議に対し首相列席が認められる以前の、各機関の参加者は以下の通りである。閣議が首相、外相、内相、蔵相、陸相、海相、法相、文相、農商相、軍需相、運輸通信相、大東亜相、厚相の各閣僚、および「内閣官制第十条ノ規定ニヨリ国務大臣トシテ内閣員ニ列セシメラレル者」。(3) 大本営会議は第一会議と第二会議に分かれており、第一会議は「参謀総長　軍令部総長　陸軍大臣　海軍大臣　参謀次長　軍令部次長　陸軍参謀（参謀本部第一部長たる者）　海軍参謀（軍令部第一部長たる者）　右の外戦争指導に関係ある案件を議する場合に於ては陸海軍次官を加ふ」、第二会議は「参謀次長　軍令部次長　陸軍参謀二（参謀本部第一部長同第二課長たる者）　海軍参謀二（軍令部第一部長同第一課長たる者）　幹事陸軍参謀一（第二課参謀たるもの）　幹事海軍参謀一（第一課参謀たるもの）　右の外戦争指導に関係ある案件を議する場合に於ては陸海軍次官及同軍務局長並陸海軍大臣随員たる者各一を加ふ」との規定であった。また「大本営第一、第二会議は右の外必要に応じ所要の陸軍参謀及海軍参謀を出席せしむることを得」とも付記されている。(4) 最高戦争指導会議は「参謀総長　軍令部総長　内閣総理大臣　外務大臣　陸軍大臣　海軍大臣　必要ニ応シ其他ノ国務大臣、参謀次長及軍令部次長ヲ列席セシムルコトヲ得」(5) である。以上の三つの機関すべてに常時参加が許されたのは陸相・海相のみであった。陸海相は「国務」「統帥」両機関の意見を把握することができるため、両者の調整が期待される存在だったのである。

本来、「国務」「統帥」両事項の意見集約ののち、「国務」に関する事項は閣議を経て御前会議に付議し天皇の裁可を得るのが国策決定の手続きであった。しかし実際は、最高戦争指導会議の前身である大本営政府連絡会議において、同会議の決議が実質的な国策となるケースが多かったとされる。(6) 「統帥」事項に関しては、小磯内閣期に陸海軍の関係者に限られていた大本営会議の内閣側出席者に首相が加わった。(7) 大本営会議を経てから、最高戦争指導会議で「国務」「統帥」両事項の意見調整に入るよりも、大本営会議の内容を内閣側が直接把握し、さらに内閣の意向を大本営側に伝えることができれば、最高戦争指導会議での意見集約も内閣側に有利に働くことになる。これが内閣の考えた戦争指導のあり方であった。一方の大本営側は、最高戦争指導会議の構成員から外相を外す案（以下「外相除外案」と表記）を構想している。ここには、最高戦争指導会議の内閣側参加者を大本営会議の参加者と同一に近づけることで大本営会議と同じような役割に位置づけなおし、主導権を握ろうとの狙いがあった。(8)

このように最高戦争指導会議を基盤とする「国務」「統帥」両機関のかけ引きがみられたかと思うと、小磯内閣末期に大本営会議への首相列席が認められる過程では、最高戦争指導会議の廃止も視野に入れられている。すなわち、参謀本部が首相列席の具体化に着手する一九四五年三月一一日時点で「首相は陸軍大臣と倶に陸軍幕僚長と相謀り戦争指導の根本方針の策定に参画する」や「大本営陸海軍部合一の議決定せば速かに大本営令及内閣官制を改正し同時に最高戦争指導会議之を廃止す」との案が練られていた。(9)最高戦争指導会議の廃止が検討されるまでにその調整機能は見限られており、「政戦両略ニ亘ル事項ニ関シテハ統帥或ハ国務ノ立場ニ於テ夫々意見ヲ奏上シ　御聖断ヲ仰ク」(10)という、国家意思決定の最終局面を天皇に委ねる動きの確認もあわせ考えると、鈴木内閣では最高戦争指導会議存続の可否、および、かりに存続させるならば運営の改善方針の策定が課題となることは必至であったろう。

ところが鈴木内閣において、最高戦争指導会議の存続は組閣早々に決定している。なぜ廃止まで検討された同会議が存続し得たのか。まずその意味を考えなければならない。ところが先行研究では、小磯内閣期からの最高戦争指導会議の継承を前提とし、一九四五年五月一一日に運営を開始した最高戦争指導会議構成員会議(11)（以下「構成員会議」と表記）の役割とソ連仲介による和平交渉の決定、六月八日の最高戦争指導会議の御前会議の決定以後に宮中グループ主導の「終戦工作」(12)が本格化していく政治過程を叙述しており、(13)最高戦争指導会議存続の意味、構成員会議が発足した背景、構成員会議から終戦の「聖断」を発動する御前会議開催へといたる動きを十分に解明しているとはいいがたい。小磯内閣で不首尾に終わった大本営会議への首相列席が、最高戦争指導会議存続にともなって継続した影響に関しても同様である。
そこで本章では、鈴木内閣において最高戦争指導会議が存続した意味、構成員会議が発足した意味を考えることで、どのような問題点が浮上していったのかを論じることにする。各論点が鈴木内閣の政治運営でどのように関連していたのかを探ることによって、同内閣がたどりついた国策決定方式の最終的なかたちを考えてみたい。

一　最高戦争指導会議の運営問題

1　外相除外案をめぐる議論

鈴木内閣の成立に際し、陸軍側は陸相入閣の条件として「一、飽ク迄大東亜戦争ヲ完遂スルコト　二、勉メテ陸海軍一体化ノ実現ヲ期シ得ル如キ内閣ヲ組織スルコト　三、本土決戦必勝ノ為ノ陸軍ノ企図スル諸施策ヲ具体的ニ躊躇ナク実行スルコト」を提示し了承された。[14]くわえて「新陸軍大臣ノ入閣ノ際ノ応答資料」では、「戦争指導会議ノ構成ヲ如何ニスヘキヤ　戦争指導会議ハ之ヲ存置セシム　但シ政府側ヨリ構成員ハ総理及陸海軍大臣トシ其ノ他ノ閣僚ハ臨時ノ構成員トシテ随時参加セシム」[15]という考えを用意していた。

傍線部からわかるように、陸軍側が最高戦争指導会議の存続を組閣早々に決し、構成員の人選へと議論を移そうとしていく様子が読み取れる。その結果、これまで同様、最高戦争指導会議で「国務」「統帥」両機関の意見集約が行われることが確認されたのであった。なぜ最高戦争指導会議は、組閣早々に存続が決定したのか。構成員を検討しなおすことによって、最高戦争指導会議の存在意義を再びみいだそうとしたのであろうか。参謀本部が四月一三日、次のような態度を表明しているのが判断の材料になろう。

迫水〔久常〕書記官長ヨリノ連絡ニ依レハ「構成員ハ従前通リトス」ト陸軍ヨリ正式ニ通告アリト、次長、次官協議シ書記官長ニ伝ヘシモノ、如シ、種村〔佐孝〕大佐ハ右ノ事実ヲ総長ニ報告セシトコロ、〔梅津美治郎〕総長ハ依然トシテ外相ヲ除外スル意見ナルヲ以テ、種村大佐ハ直接迫水ニ面会シ強硬ニ総長ノ意見ヲ説明ス(16)

「外相ヲ除外スル意見」は、「はじめに」でふれた外相除外案のことである。傍線部①②からは、参謀総長と参謀次長・陸軍次官の間に考えの相違があり、両者の意思疎通が希薄な状態が読み取れる。次長・次官の協議に梅津が参加することなしに内閣に伝えられようとしている点から、外相除外案は陸軍の総意といえるものではなかったと考えることができる。

内閣書記官長の迫水久常が「外相ヲ除外スル意見」に対し、「「御趣旨ハ御尤モナル取リ敢ヘス現状ニテ行キ度」総理ノ意向ナル旨回答(17)」することで、内閣と陸軍の見解の相違が明らかになった。ただ陸軍側では一四日、参謀本部戦争指導班の種村佐孝が中心となって、「今後ニ於ケル最高戦争会議運用ニ関スル件」を取りまとめ、内閣と陸軍の関係改善に動いている。

1、今後ニ於ケル最高戦争指導会議ノ運用ハ主トシテ戦争指導ノ根本方針ヲ策定スルヲ本旨トス　右ニ伴ヒ本会議ノ構成員ハ従前通リトス　2、本会議ハ定例的ニ開催スルコトナク、必要ニ応ジ之ヲ開キ特ニ重要ナル事項ノ審議ニ方リテハ御親臨ヲ仰クモノトス　3、政戦両略ノ吻合調整ニ関スル事項ニ就キ、大本営政府間ノ意志確定ニ当リテハ陸、海軍大臣主トシテ両者間ノ協議ヲ図ルモノトス　4、大本営政府情報交換ハ従前通リ続行スルモノトス　右ニ依リ総長ノ意図ハ陸軍大臣トノ個人的関係並省部合体ノ実現ニ照ラシ明瞭トナリ、当班ノ執務上ノ指針ヲ得タルモノト云フヘシ、《(ママ)》(18)

「1」で構成員は変更しないことを示し、外相除外案を放棄した。「3」では、「両者間ノ協議ヲ図ル」対象に首相がふくまれていないため、かりに大本営会議で首相が意見を述べることができたとしても、政戦両略の調整に対する首相の影響力は限定的にならざるを得ない。最高戦争指導会議・大本営会議の運営はそれぞれほぼ従前通りとし、大本営会議への首相列席を有名無実化するのが参謀本部の主張であった。

「3」で陸相の役割に言及していることから、傍線部にある「右」は、直接的には「3」を指すのであろう。ただし最高戦争指導会議における陸相と参謀総長の業務のすみ分けが「明瞭トナ」ったととらえるなら、「1〜4」全体を指すとも考えられる。したがって傍線部は、「省部合体〔陸軍省と参謀本部の統一〕」の実現は「1〜4」の決定事項を実行することで具体化されると解釈するのが正確であろう。この点から、外相除外案の取り下げの狙いが「省部合体」の達成にあることがわかる。ほぼ同じ内容の記述が、別の史料に「最高戦争指導会議　申合第一号　今後ニ於ケル最高戦争指導会議ノ運用ニ関スル件」として収録されており、(19) その日時が一九四五年四月一六日となっていることから、一四日の陸軍側の案である「今後ニ於ケル最高戦争会議運用ニ関スル件」が最高戦争指導会議の運営方針として採用されていく経過が浮かび上がってくる。外相除外案のあつかいに端を発する構成員の議論は、国策決定に関係する各機関の運営をほぼ従前通りとし、大本営への首相列席を有名無実化していく過程と理解できるものであった。

2　幹事の人選

構成員問題と併行して議論されたのが、最高戦争指導会議の議事進行をつかさどる幹事の人選である。内閣側と陸軍側の意見を確認しておこう。ちなみに小磯内閣期の幹事は「内閣書記官長及陸海軍省両軍務局長」であった。(20)

内閣側ヨリ　③書記官長並ニ綜合計画局長官及次長、次官ヲ幹事トセハ如何ト提案シアリ　④当班トシテハ綜合計画局長官ノミヲ幹事トスルコトハ適当ニシテ陸軍側ノ幹事ハ省部合体ノ様相ヲ考ヘ戦争指導部長タルヘキ軍務局長即チ第四部長之ニ任スルヲ適当トスル意見ナリ[21]

注目すべきは、傍線部③において、内閣側が従来の幹事構成員である陸海軍省軍務局長のかわりに次長・次官を推薦している点である。この提案に対して陸軍側が、④と⑤において内閣書記官長の幹事就任を拒否し、かつ次長・次官のかわりに軍務局長を推薦した点も見逃せない。内閣側が次長・次官を推薦したことから、陸軍による軍務局長の推薦が単に先例を引き継いだものでなく、内閣側の対案として考慮し直された可能性が高い。推薦の理由である「省部合体」は、すでに検討した構成員問題にもみられるように一貫した陸軍側の主張であり、あえて軍務局長を推す根拠ともいえよう。以下では、内閣側が次長・次官を、陸軍側が軍務局長をそれぞれ推薦した意図を考えてみたい。

まず、内閣側が推薦したうちの次官の職務を確認する。次官は各省に職員として置かれ、次官会議の構成員として政務に携わり、同会議には内閣書記官長も常時出席した。次官会議は「閣議の前段階において事務的に最終的な調整等を行う場として極めて重要な機能を果たし」たとされている。[22]「国務」事項を決定するにあたり、各省次官と内閣書記官長は緊密に連携しあう間柄であった。迫水にとって次官の幹事就任は、閣内の意思を一つにまとめるうえで望ましい措置といえる。他方の次長に関しては、幹事のなかにこれまで存在しなかった「統帥」機関の関係者をふくめることにより、幹事レベルで政戦両略の一致を進めようとの狙いがあったのではないだろうか。

迫水が次官を選定した背景として、彼と陸軍次官である柴山兼四郎の個人的な関係も注目される。矢次一夫の回想によると、小磯内閣末期に陸軍の動向を探るため、岡田啓介、柴山兼四郎、迫水久常、矢次〔一夫〕が数度の接触を行っていた。[23]迫水は岡田の娘婿という親戚関係にあり、彼の内閣書記官長就任も岡田の推薦といわれるように、[24]両者は公私ともにきわめて緊密な関係にあった。柴山に対しては「陸軍とはいうものの、軍全体の立場でものをいう性格のある男で、比較的職業的偏見のない男だったから、岡田さんに対しても親切丁寧だった。詳しくいろいろな話を、陸軍の部内情勢なんかについても話していた」[25]という人物評からわかるように、岡田に好意的かつ協力的な存在であった。以上から、迫水と柴山は岡田を介して関係を深めていったと考えられる。鈴木内閣でも、迫水は柴山を内相に就任させる計画を持ち出す一方で、陸軍内部で作成された畑俊六内閣閣僚案の利用に関して柴山らの同意を得るなどしている。[27]両者の関係が岡田の仲介を離れて、さらに緊密なものへと発展していった様子がうかがえよう。[28]

一方の陸軍側は、省部合体の実現を念頭に置いて幹事の人選を行った。その根拠として、井上成美海軍次官の陸海軍一体化問題に対する考え方が参考になる。井上は太平洋戦争開戦以前から、陸軍に対し公然と敵愾心をあらわしていた。[30]したがって陸軍側としては、井上の要職就任は忌避すべきものであったと考えられる。くわえて井上は陸海軍の「一体化に反対の急先鋒」でもあった。[31]この二点が直接的に幹事の人選に影響を与えたかは不明である。ただ、次官更迭の理由の一つに陸海軍一体化問題を契機とする両軍の衝突回避を指摘するものもあり、[32]井上の考えが陸軍の方向性にそぐわない要素をふくんでいた事実は無視できないだろう。[33]最終的に、最高戦争指導会議の幹事は「内閣書記官長、陸軍省軍務局長、海軍省軍務局長、内閣綜合計画局長官の四名」[34]となり、陸軍側の主張が通ったかたちとなった。

本節から、最高戦争指導会議の構成員と幹事の人選問題は、陸軍側からすれば大本営会議の最高戦争指導機関化を断念するのと引きかえに大本営への首相列席を有名無実化し、かつ省部合体を目指す過程であった。その結果、外相除外案を放棄はしたが、幹事の人選では内閣側の要望を退けることに成功した。こうしたやりとりによって残置が確定した最高戦争指導会議をいかに運営していくかが、次の「国務」「統帥」両機関の課題となっていく。

二　最高戦争指導会議構成員会議の提案と運営

最高戦争指導会議の運営にあたって解決すべき課題とされたのが、討議の方法であった。最高戦争指導会議は幹事を議事進行役とし、彼らの主導で運営されていた。そのため「〔会議にかけられる案件の〕結論迄彼等〔幹事〕の間で意見を一致せしめ」、「議題に上る問題そのものも〔中略〕単に政府と統帥部との合意を要するからと云う理由で〔中略〕極めて事務的な審議に終始すると云う有様」であり、構成員による自由討議が妨げられていた(35)。また幹事や幹事補佐によって議事内容が外部に漏洩するという問題も抱えていた。その打開策として東郷茂徳外相は、会議参加者から幹事を外した構成員のみの会議を提起している(36)。「国務」「統帥」両機関の考えを思う存分はき出させたうえで意見集約することを狙ったものといえよう。

結果的に構成員のみによる会議案は採用され、〝六巨頭会談〟ともよばれる構成員会議が一九四五年五月一一日に開催された。この会議形式によって、自由討議と漏洩防止は実現できたのか。東郷が「ここ〔構成員会議〕での話は下に洩れなかつた(37)」と評価する同会議の運営実態を、幹事および幹事補佐の役割にふれながらみていきたい。

1　構成員会議の議事漏洩

会議内容の漏洩について東郷外相は、「此会合〔構成員会議〕で審議せる所が若し漏洩すれば軍の士気にも大影響を及ぼす」という理由から、漏洩防止の範囲を「次官次長等一切の部下に内密と」し、構成員の承諾を得たと回想している(38)。ただ実際は、この東郷の認識とはかけ離れたものであった。海軍側の様子からみてみよう。

構成員会議の参加者は「鈴木首相、東郷外相、A〔陸軍〕B〔海軍〕両大臣、両総長。Bノ関与者ハ井上次官、小沢〔治三郎〕次長。次官次長更迭後ハ、大臣、新総長ノミ。軍務局長、書記官長関与セズ[39]」とされた。「次官次長更迭」は一九四五年五月中旬に行われた、次官は井上成美から多田武雄、次長は小沢治三郎から大西瀧治郎への異動を指すと思われる。構成員会議の開催が五月一一日であるゆえ、ほどなくして次長・次官の参加は途絶えたということになる。それを裏づけるように、米内光政海相は六月二二日の御前会議で「私ハ構成員ダケノ会議ノコトハ次官以下ニハ卸シテ居ナイカラ、各位モソノ心積リデ御願シタイ[40]」と語っている[41]。

陸軍については、梅津参謀総長の言動からみていきたい。

〔一九四五年〕四月河辺〔虎四郎〕次長が交代し、⑥次長は最高会議に出ないということになってからの最高会議の様子はさっぱりわからなかった。国家の大事のこの期に及んでは最高戦争指導者たちのみの話合いで定めらるべきであって、もう下僚の補佐を必要とする時期はすぎたのである。⑦河辺次長さえも最高会議の様子や総長の腹中はさっぱりわからぬ、といっていたくらいであった。また聞こうともしなかったが、⑧今日はじめて総長に聞いて私〔種村佐孝と考えられる〕が得た情報は以上の如くであった[42]。

これは、一九四五年五月三〇日の記述である。傍線部⑥⑦からわかるように、陸軍ではこのころまで次長は会議内容を把握していなかった。⑥からは、四月七日の河辺の交代までは最高戦争指導会議に次長が出席していたことが確認できる。したがって次長は、構成員会議が開催される以前は会議の情報を把握し得る存在であり、それゆえ、さらに下部へと情報が漏洩する危険性を抱えていたといえる。

もう一つ重要なのは、種村が直に梅津に対して会議内容を尋ね、梅津もそれにこたえていることを示す⑧であろう。このときに種村が入手した内容は、和平の仲介を依頼するソ連に対して日本政府がどれほど譲歩できるのかという点・交渉者の人選・交渉に関する陸相と外相の意見の一致であり[43]、きわめて秘匿性の高い重要な内容であった。梅津自身がこうした重要事項を次長以下に漏洩させた意味は大きい。

別の事例として、次長自身が構成員会議に参加する機会を得られる地位だったということもあげておく。一九四五年六月六日の構成員会議には、一日から大連に出張に出かけた梅津総長のかわりに河辺次長が出席している[44]。ただし、それ以前から議事内容の漏洩が行われていたことを示す記述も存在する。翌七日には、阿南惟幾陸相が次長・次官・軍務局長に対して「最近最高会議または閣議決定事項の漏洩があ」ることに対して注意をうながすとともに、その真意を尋ねているが[45]、その阿南自身も六月二二日の構成員会議の議事内容を吉積正雄軍務局長に伝えていた[46]。この二つの事例から、陸軍では日常的に広い範囲で漏洩が行われていたのは明らかである。なお特殊な例であるが、構成員会議の中心議題であったソ連仲介による和平交渉に関して、直接ソ連との交渉に関与していた実務担当者には内容が伝達されていた。瀬島龍三は後年のインタビューで「参謀本部でも、それ〔ソ連仲介案〕に関わったのは参謀次長までで、部長以下は無関係だと思います」と述べ、自身の関与を否定しているが、現在では関与していたとする見方が強い[47]。ちなみに、瀬島が河辺次長を漏洩防止の対象にふくめていない点から、情報共有の範囲の理解が人によって異なるという問題もみられる。

以上から、陸軍・海軍ともに構成員会議の内容は外部への漏洩を免れず、東郷の規定した漏洩防止の範囲と整合しない実態が浮き彫りになった。では、会議に参加できない幹事に対して、漏洩は何らかの影響を与えたのだろうか。

〔前略〕一、明日〔六月二二日〕午後三時ヨリ宮中ニ最高会議構成員ヲ召サセ給フノ報伝ハル〔内閣総務課長ヨリ〕同時侍従武官長総長ヲ訪レルアリ　内容不明ニ付軍務局長書記官長ヲ訪レテ談スルモ彼モ亦トボケタルカ知ラス[48]

構成員会議の開催前日、陸軍側はある行動を起こした。傍線部は、筆者と思われる種村佐孝が吉積軍務局長と迫水内閣書記官長を訪問したと解釈できそうだが、「彼」が単数形であるので、吉積が迫水を訪問して問いただしたと解釈するのが正確と思われる。参謀本部は、迫水なら構成員会議に出席していなくても討議される内容を事前に知っていると考えたのであろう。ここから、幹事構成員である軍務局長と内閣書記官長の間に、情報収集力の差異が生じていた可能性が指摘できる。各幹事が収集した討議内容を互いにもちより、共有化するという慣習がなかったことも示している。こうした各幹事の情報収集力の差異は、幹事補佐の存在をあわせ考えるとより鮮明になる。

2　幹事補佐の役割

幹事補佐は、「大本営、内閣、陸海外各省高等官中若干人ヲ以テ」(49)構成され、主に最高戦争指導会議の幹事が担う業務を支える役割を果たした。幹事補佐の活動がうかがえる史料は限定的にしか残っておらず、鈴木内閣期では一九四五年六月八日の御前会議に付議する「今後採ルベキ戦争指導ノ基本大綱（以下「大綱」と表記）」と「世界情勢判断」の作成についてのものが大半を占める。(50)彼らは話しあいの機関を設け、各々の所属元に情報を提供する役割をもっていたと考えられる。(51)したがって幹事の〝補佐〟を担う存在とだけ理解するのは不十分であろう。以下では、可能な範囲で幹事補佐の職務を確認し、そのうえで彼らの所属元および幹事との関係を手がかりに、彼らの果たした役割を考えてみたい。

まず、参謀本部に所属する種村佐孝の証言をもとに、幹事補佐の構成員を特定する。種村は「大綱」の審議参加者として、自身のほかに、外務省の曾禰益と軍令部の柴勝男、そして「姓名失念」として海軍省軍務第二課長の三名をあげた。(52)海軍側の省部代表が後者二名であるのにくらべて陸軍側が一名であるのは、四月に「戦争指導に関する事務の処理は軍務局軍務課、〔参謀本部〕第四部第十二課たるの性格で大臣、総長を補佐することとなった」[53]影響と推測できよう。一方で、海軍省軍務局長をつとめた保科善四郎は「幹事輔佐と言うのは、私の輔佐としては末沢海軍大臣〔佐〕、吉積陸軍省軍務局長の輔佐としては種村陸軍大佐、迫水内閣書記官長の輔佐として毛利英於兎〔菟〕氏等であつた」[54]と述べており、種村が「姓名失念」とした人物が末沢慶政海軍大佐であることが推定できる。海軍側で柴の名前がみえないのは、彼が軍令部の所属ゆえ、ここでは除外されているのではないだろうか。くわえて保科は、幹事補佐のメンバーを所属別にあげ、幹事それぞれに補佐がつく形態であったことを示しており、幹事補佐がそれぞれの幹事の補佐を個別に担っていた様子が読み取れる[55]。

審議の様子については、外務省政務局第一課長という立場でかかわったはずの曾禰が戦後、「全然関知しなかった。私はそれが決定されてから始〔初〕めて知らされた」や「陸軍側等が非公式な幹事補佐会議に付議しないでいきなり最高戦争指導会議に付議する様な事をすれば私として外務大臣を有効に補佐できない」と述べている[56]。曾禰の証言からは、彼が「大綱」を審議する幹事補佐会議に出席していなかったと受け止められる。また種村が自ら「大綱」の起案を担当し陸軍の省部代表として幹事補佐会議に出席した[57]という証言もあわせ考えると、幹事補佐会議による幹事間の話しあいや情報共有は十分にはかられていなかったと考えざるを得ない。

以上の検討は「大綱」の審議に関してであったが、以下では曾禰の陳述を中心として、「世界情勢判断」の審議にまつわる幹事補佐の役割もみていきたい。

曾禰は、「陸軍省代表は主として軍務課の加藤中佐であつて、参謀本部代表は種村大佐又は其の部下であり、海軍側からは有馬大佐が出席して居たと記憶する」[58]と述べ、「大綱」であげた幹事補佐の顔ぶれとは異なるメンバーをあげている。このころは「大綱」の審議も併行し継続していたと考えられるゆえ、審議事項別に参集者を変える体制をとっていた可能性が高い。幹事補佐は、審議事項ごとに役割が分担されていたと考えるのが自然であろう。そう考えると、異なる案件に両方ともかかわっている種村の存在が注目される。彼は陸軍の代表として、今回の二つの付議案を作成する地位にあった。各審議に関し、ほかの幹事補佐よりも責任ある立場であったと考えてよい[59]。では、種村以外の幹事補佐の間において、情報・職務などに差異は生じていたのだろうか。外務省側の幹事補佐を手がかりに考えてみる。

東郷外相は「最高戦争指導会議には幹事として、陸海軍の軍務局長、総理のところから書記官長が出てゐるので、そちらの方は予め相談をすることが出来るんだが、外務省の方からは幹事は出てゐないから何にも相談に与かつてゐない[60]」と述べ、幹事に外務省関係者が任命されていないために、得られる情報量に差があることに不満をいだいていた。外務省側の幹事補佐が得られる情報も限定的なものであった。では外務省出身の幹事補佐が、情報収集能力を高めるためになんらかの行動を起こしたのかというと、そうともいえない。一例をあげるなら、曾禰は「世界情勢判断」の審議に「直接参加した」としているが[61]、東郷は「〔「世界情勢判断」については〕相談なし。会議開催に付前以ての打合も無かつた」と陳述している[62]。曾禰の陳述が正しいなら、彼が東郷に伝達しなかったか、あるいは伝達する義務を担っていなかったかのどちらかである。これと同様の事例が海軍側にも存在することから[63]、幹事補佐と幹事・所管大臣の間の情報連絡が行き届いていなかった可能性は十分にある。

さらに、外務省関係者が不在の幹事について、東郷が「外交問題は書記官長がやると言ふ気持でやつたんでせう」や「書記官長あたりに外交問題が分る訳はないから余計なこと、間違つたことを言つては困ると言つて注意した」と振り返っている[64]。幹事のなかでも内閣書記官長に外交問題が割り振られ、外相がかかわることなく政策立案が進められていた様子がうかがえよう。しかも、外務省の意見を反映させることのできる場であった幹事補佐会議には、幹事からは内閣書記官長のみが参加していた。外交問題を主要討議内容とする「世界情勢判断」の審議すら外務省関係者の関与は少なく、「陸軍側が勝手に「情勢判断」を最高戦争指導会議に提出したので、外務大臣からも別の「情勢判断」を為すべしとの見地から、私〔曾禰〕が執筆した別の文書を御前会議に外務大臣の陳述の形で提出した」[65]というありさまだった。外交事項を外務省が主導できないという構図は、前章でみた東条英機内閣下の重光葵外相や加瀬俊一がいだく不満に通じるものと考えてよい。幹事および幹事補佐間の関係がそのまま各勢力の対立関係となって反映されている点は、セクショナリズムの根深さを感じさせる。

外交問題以外でも、たとえば「大綱」の立案審議では、まず陸軍案が内閣書記官長に交付され、「主旨に於て御賛成ならば内閣に於て検討加修の上内閣案として幹事又は補佐に計られ」た。その後の幹事会で検討された案の修正点に、種村は起案者として内心不満を感じながらも、「幹事会で決めたのだから已むを得ない」と判断している[66]。立案は陸軍が行うが、審議をリードする役割は内閣が担っていた。最高戦争指導会議の構成員問題では陸軍側に譲歩した内閣であったが、運用面では内閣が主導権を握っていたといえる。

以上から、構成員会議発足後、幹事による直接的な関与がなくなったにもかかわらず、内閣書記官長を中心とする幹事の影響力は依然として大きかったことが確認できた。構成員会議が立ち上げられたものの、「国務」事項と「統帥」事項の調整方法にもさほど変化は生じなかった。一九四五年五月初旬のソ連仲介による和平交渉方針から六月八日の構成員会議における本土決戦方針の確認という転換[67]は、両事項の調整が順調に行われるどころか、不安定ななかでもたらされた産物であった。

三　御前会議を主体とする国家意思決定の模索

これまでみてきたように、最高戦争指導会議が構成員会議という新たな運営形態をとり入れても、「国務」事項と「統帥」事項の調整を促進させることはできなかった。鈴木内閣の組閣当初から最高戦争指導会議は〝構成員の再検討→幹事人選→構成員会議の開催〟という順で活発な見直しがはかられていったが、その存在意義を高めることはできなかったのである。

そのようななか、構成員会議が回を重ねた一九四五年五月三一日の六相懇談会(68)で、無任所相である左近司政三が「単に総理の前歴者なるが故に重臣としてその会議を月一回もやつて居るが、そんなものは役に立たぬ。寧ろ本当の意味の重臣即ち牧野伸顕伯のような総理の前歴はなくとも真に相談の出来る少数の方に参加して貰つて本当に国事を決定することが大切である(69)」と発言している。小磯内閣総辞職後の一九四五年四月五日に開催された、次期首班を選定する重臣会議のメンバーを参考としてあげると、近衛文麿、平沼騏一郎、鈴木貫太郎、広田弘毅、木戸幸一、若槻礼次郎、岡田啓介、東条英機である(70)。左近司は彼らを主とする重臣会議の開催意義を否定し、従来の重臣の定義にとらわれない「本当の意味の重臣」による国策決定を訴えたのであった(71)。

左近司の発言のなかの「参加して貰つて」の対象となる会議は、最高戦争指導会議ではなく御前会議、具体的には第二回の最高戦争指導会議の御前会議を指すと考えられる。「本当に国事を決定する」ために、左近司はあえて実質的な国策決定機関である最高戦争指導会議を避け、重臣会議と御前会議に着目したのである。六月三日には種村が阿南陸相の私邸に赴き、「御前会議ニ重臣ヲ列セシムル件並御前会議進行要領ニ関シ次長意見ヲ具申」した(72)。この動きをあわせ考えると、左近司の狙いは、来るべき御前会議に「本当の意味の重臣」を参加させることによって新たな国策決定方式を断行する点にあったと理解してよい。

その後の六月七日、御前会議出席者のうち、重臣の一人である東条を欠席させる案が浮上している(73)。

〔前略〕二、枢密院議長ヲ御前会議ニ入ル、ニ至リタル理由左ノ如シ　総理ヨリ　(イ)「コンドノ御前会議ニハ重臣ヲ入レテハドウカ　牧野〔伸顕〕内府《ママ》ヲ入レテ東条ヲ欠席サセテハドウカ」トノ相談アリ所見如何　(ロ)陸軍大臣　不同意　重臣ノ意味不明　カクテハ東条大臣《ママ》ニ死ヲ与フルニ等シ　初期作戦ノトキ誰カ東条ヲ恨ミシモノアリヤ　今日此ノ如キ言ヲ弄スルモノアリトセハ以テノ外ナリ　(ハ)米内大臣　ドウモオカシイ　(ニ)陸軍大臣　枢府議長ニ対シソレ程重臣カ必要ナラバ重臣タル身分ニ於テ御諮詢アツテハ如何　(ホ)総理　ソレデハ枢密院議長ヲ列席セシムルコトニ致度(74)

この史料は、御前会議への牧野伸顕の参加が提起されている点で、前掲の左近司案と共通している。御前会議での国策決定に際し、左近司のいう「本当の意味の重臣」に期待を寄せた内容といえよう。また東条を欠席させる提案は、左近司の主張する〝重臣会議不要論〟にくわえて、戦争継続路線をとる東条を国家意思決定にかかわる機関から排除する意図があったと考えられる。この点は次章で検討したい。

なお『大本営日誌』一九四五年六月七日条によれば、傍線部の米内の発言は「陸相の意見に同意」を表明したものである(75)。米内は東条を国家意思決定の場から外すことに反対であった。その米内が、主戦派である東条の列席する五月三〇日の重臣会議で「根本問題ヲ決メナケレバナラヌト発言」している。「根本問題」とは「和平ノ意向」を指すと考えられ、同席していた近衛文麿は「ソノ時機ハ悪カツタト思フ。会議ノ終リ頃デモアツタシ、東条等モ居タシ」と振り返った(76)。にもかかわらず米内が「根本問題」を持ち出したのは、東条にあえて聞かせる目的があったからだろう。そう考えると、米内が重臣会議の廃止論者であったという証言[77]は、会議体そのものを否定する内容ではなく、実際の政治過程における重臣の考え方と役割に疑問を投げかける意味のものであることがわかる。米内と左近司の考えには共通する部分があり、この点が海軍全体の共通認識かはともかく、二人の閣僚から国策の意思決定方式を変更させようという構想が具体案をともなって浮上していたことは注目されてよい。

以上より、構成員会議後にあらわれた新しい国策決定の方法が従来と大きく異なる点は、重臣会議の廃止と御前会議への「〔牧野伸顕に代表される〕本当の意味の重臣」の参加にあった。結果的にこの構想は実現しなかったものの、六月八日の最高戦争指導会議で本土決戦方針が決定されたのを機に、翌九日には木戸幸一内大臣によって「時局収拾対策試案」が作成され、宮中グループは「政策転換へのプログラムを作成し、戦争終結へのシナリオづくりに乗り出す[78]」ことになる。

おわりに

鈴木内閣における国策決定機関の動きを時系列に追うと、(1)最高戦争指導会議の運営についての議論――とくに外相除外案や幹事の人選→(2)構成員会議の提案と運営→(3)重臣会議の廃止に関する検討、御前会議への「本当の意味の重臣」列席、という流れになる。

(1)では組閣早々、小磯内閣末期に浮上した最高戦争指導会議の廃止論が否定された。陸軍側の狙いは外相除外案を提起することで大本営会議への首相列席を有名無実化する点にあったが、それを放棄することによって幹事構成員の要望を実現させた。結果として、最高戦争指導会議の運営にさほどの変更は生じず、以後も幹事が主導権を握ることになっていった。（2）で注目すべきは、最高戦争指導会議内での幹事の影響力を排除することによって構成員のみによる自由討議と議事内容の漏洩防止を実現しようと、構成員会議が立ち上げられたことである。前章の註(29)であげたように、漏洩という行為自体は過去の国家意思決定機関の運営のなかでも散見される、長年にわたる懸案事項であった。今回、最も重要かつ繊細な和平問題を議するにあたり、会議体の運営方式が具体的に提起されて実現へといたった意義は大きい。しかし漏洩は根絶できなかった。かつ構成員会議の議事内容と一九四五年六月八日の御前会議決定は一貫性に乏しく、構成員のみの会議がどこまで効果を発揮できたかは疑わしい。さらに、会議に参加することができなくなった幹事の影響力も依然として大きく、特に外交事項における内閣書記官長の存在感は大きかった。外務省側の幹事補佐が省内に情報をうまく伝達できなかったことも影響し、外交問題が外務省を除外して論じられるという異常なかたちが常態化する。構成員会議を立ち上げたことで自由討議は幾分か活発に行われたかもしれない。しかし会議外での幹事や幹事補佐間の主導権争いは止められなかった。これらの種々の要素をあわせ考えると、最高戦争指導会議は「国務」事項と「統帥」事項の集約を行う場として機能を果たすことができない状態にあったといえよう。宮中グループによる「終戦工作」に先行研究の注目が集まるのも、最高戦争指導会議のこうした現状を反映してのことといえる。

ただ、木戸幸一内大臣の行動を発端とする「終戦工作」の本格化以前から、内閣において（3）のような、宮中をふくめた国策決定のあり方に変更を迫る構想が持ち上がっていたことは注目されるべきである。重臣会議を廃止し、御前会議の出席者を変更させようとするこの構想は、これまでの儀礼的な御前会議[79]の運営を見直し、最高戦争指導会議による国策決定からの脱却をはかろうとするものであった。

以上から、鈴木内閣が末期にたどりついた国策決定の重点は、大本営政府連絡会議が立ち上げられて以降、実質的な国家意思決定機関として運営されてきた最高戦争指導会議ではなく、御前会議にあったことがわかる。最高戦争指導会議による「国務」「統帥」両事項の調整機能が見限られたことで、最高意思決定を天皇に直接求める必然性が出てきたのであった。いわゆる「聖断」方式による天皇の意思発動は、宮中グループの下支えによってのみ現実味をおびていくのではなく、戦況悪化により突然浮上したものでもない。鈴木内閣組閣後間もなく開始された最高戦争指導会議の改組の過程が、御前会議での天皇大権の発動を必然なものにしていく過程でもあったのである。

註

(1) 前掲『重光葵　最高戦争指導会議記録・手記』の伊藤隆氏による解説、三八〇、三八一頁。

(2) 前掲、矢野信幸「太平洋戦争末期における内閣機能強化構想の展開―地方総監府の設置をめぐって―」など。

(3) 前掲『内閣制度百年史　上巻』五六八頁の「◎閣議構成員の変遷」を参考にした。「　」は、国立公文書館所蔵「御署名原本・昭和十五年・勅令第八四三号・内閣官制第十条ノ規定ニ依リ国務大臣トシテ内閣員ニ列セシメラルル者ニ関スル件」（Ｒｅｆ．Ａ〇三〇二二五二四三〇〇、ＪＡＣＡＲ、アジア歴史資料センター）。該当者は一九四三年時点で「四人以内」とされている（国立公文書館所蔵「御署名原本・昭和十八年・勅令第八七三号・昭和十五年勅令第八百四十三号内閣官制第十条ノ規定ニ依ル国務大臣トシテ内閣員ニ列セシメラルル者ニ関スル件中改正ノ件」Ｒｅｆ．Ａ〇三〇二二八七六六〇〇、ＪＡＣＡＲ、アジア歴史資料センター）。

(4) 前掲『現代史資料三七―大本営―』三九二頁に収録の「大本営会議の種別及構成（昭和十二年十一月十九日　参謀本部）」。

(5) 前掲「最高戦争指導会議ニ関スル件」。

(6) 前掲『アジア太平洋戦争期政策決定文書（明治百年史叢書・第四五二巻）』の佐藤元英氏による「解題」を参照。

(7) すでに前章でその経緯を述べた。前掲『葛山鴻爪』、榊原史郎「小磯国昭――破局への道を転げ落ちた中継内閣」（現代の眼編集部編『昭和宰相列伝　権力の昭和史』現代評論社、一九八〇年）、福島新吾「第四一代　小磯内閣―決戦講和を空しく待機する―」（前掲『日本内閣史録　四』）など、小磯内閣を叙述する著作でも取り上げられる。

(8) 種村佐孝『大本営機密日誌〈新装版〉』（芙蓉書房出版、一九九五年）一九四五年四月一三日条、二六八頁によると、外相除外案

を提起したのは梅津美治郎参謀総長である。梅津は、最高戦争指導会議を「戦争指導の根本方針のみを議する機関」に改めることで「戦争指導の根本方針を議するに、外務大臣の常時出席を必要としない」と考えたのである。これは前掲『大本営陸軍部戦争指導班　機密戦争日誌　下』同年四月七日条、六九八頁の条件、つまり首相と陸海相以外は臨時の構成員として随時参加させるという内容に合致する。

(9) 前掲『終戦工作の記録　上』四五二、四五三頁。
(10) 同右の「資料一〇三　梅津総長宛小磯総理書簡」四五四頁。
(11) 御前会議の性格・種別などは、前掲、大江志乃夫『御前会議―昭和天皇十五回の聖断―』にくわしい。
(12) 本書では基本的に、木戸幸一著、木戸日記研究会校訂『木戸幸一日記　上巻』(東京大学出版会、一九六六年)一〇頁に示される岡義武氏の解釈、つまり「天皇を初めとし元老西園寺公望(昭和一五年一一月歿)、内府(内大臣)、内府秘書官長、宮相(宮内大臣)のごとき天皇側近、若干のいわゆる重臣、ならびに、以上これらのひとびとと公的または私的に親近の関係にあって協力したひとびと」との理解にしたがうが、なかでもとくに和平推進派の天皇側近を指すことを付言しておく。
(13) たとえば、同右、前掲、山田朗・纐纈厚『遅すぎた聖断―昭和天皇の戦争指導と戦争責任―』、前掲、纐纈厚『日本海軍の終戦工作―アジア太平洋戦争の再検証―』、波多野澄雄「鈴木貫太郎の終戦指導」(『軍事史学』通巻第一二一・一二二号合併号、第三一巻第一・二号〈第二次世界大戦三―終戦―〉、一九九五年九月)。最近では、前掲、佐藤元英『御前会議と対外政略3　第三部政戦略と戦争終結の決断―「支那事変」処理から「大東亜戦争」終結まで―』の「Ⅲ　鈴木内閣の終戦経緯」九八〜二〇四頁。
(14) 江藤淳監修・栗原健、波多野澄雄編『終戦工作の記録　下』(講談社〈講談社学術文庫〉、一九八六年)の「資料一二一　政変の経緯(続)」三三三頁。
(15) 前掲『大本営陸軍部戦争指導班　機密戦争日誌　下』一九四五年四月七日条、六九八頁。前掲『大本営機密日誌〈新装版〉』同日条、二六六頁には記載なし。
(16) 前掲『大本営陸軍部戦争指導班　機密戦争日誌　下』一九四五年四月一三日条、七〇一頁。
(17) 同右、一九四五年四月一三日条、七〇一頁。梅津は「機嫌益々悪ク」なり、外相の意向を直接確認する行動にいたった。
(18) 同右、一九四五年四月一四日条、七〇二頁。
(19) 「大東亜戦争開戦経緯(第二案)　2から大本営政府連絡会議、最高戦争指導会議及御前会議に就て(素案)」収録の「今後ニ於ケル最高戦争指導会議ノ運用ニ関スル件」(外務省外交史料館所蔵「大東亜戦争関係一件・開戦ニ直接関係アル重要国策決定書(第二次近衛内閣ヨリ開戦マデ)第二巻」Ref. B〇二〇三二九六〇六〇〇、JACAR、アジア歴史資料センター)。

(20) 前掲「最高戦争指導会議ニ関スル件」。

(21) 前掲『大本営陸軍部戦争指導班　機密戦争日誌　下』一九四五年四月一一日条、七〇〇頁。

(22) 前掲、内閣制度百年史編纂委員会編『内閣制度百年史　上巻』五七七頁。前掲、村井哲也『戦後政治体制の起源——吉田茂の「官邸主導」』(藤原書店、二〇〇八年)五二～五八頁も参照のこと。

(23) 中村隆英・伊藤隆・原朗編『現代史を創る人々4』(毎日新聞社、一九七二年)の「矢次一夫」の項、一三五、一三六頁。

(24) 迫水自身、岡田の要請によって鈴木内閣の組閣人事を手伝い、内閣書記官長に就任したと記述している(迫水久常『機関銃下の首相官邸―2・26事件から終戦まで―』恒文社、一九六七年、一四七、一四八頁)。

(25) 前掲『現代史を創る人々4』の「矢次一夫」の項、一三六頁。

(26) 国民運動一元化を達成するために、地方の機関の人事権を握る内相の選任はきわめて重要であった。鈴木内閣下の迫水ら内閣官僚と内務官僚の対立に関しては、前掲、矢野信幸「太平洋戦争末期における内閣機能強化構想の展開―地方総監府の設置をめぐって―」を参照。

(27) 前掲『現代史を創る人々4』の「矢次一夫」の項、一三八頁。彼は、小磯内閣末期に矢次が検討した畑俊六内閣閣僚案(同、一三七頁)について、柴山の同意を得たと回想している。

(28) 内閣側が次官にくわえ次長を推薦した理由としてはほかに、陸軍側の省部合体の動きを察知し、省部それぞれの代表者として次長・次官をあわせて就任させようという狙いをもっていた可能性はある。

(29) 一九四五年五月一五日に多田武雄に次官を譲り、軍事参議官に就任。

(30) 前掲『現代史を創る人々4』の「矢次一夫」の項、一三一頁。井上と豊田副武は「陸軍が大きらい」であり、陸軍を国内で撃滅してからの開戦を主張したとされる。

(31) 野村実「海軍首脳の終戦意見の対立―米内光政と井上成美―」(『政治経済史学』通号二〇〇、創立二十周年記念論集、一九八三年一・二・三月特大合併号)一三頁。

(32) 宮野澄『最後の海軍大将・井上成美』(文芸春秋〈文春文庫〉、一九八五年、初出は一九八二年)二五三頁。

(33) 山田朗氏は、省部合体の対象となった参謀本部第二十班（戦争指導班）を「国家戦略を構想・立案するための」組織とし、戦争指導の主導権が大本営に存在する根拠としている（前掲『大元帥　昭和天皇』七三頁）。
(34) 前掲、迫水久常『機関銃下の首相官邸―2・26事件から終戦まで―』一六〇頁。
(35) 前掲『終戦工作の記録　下』の「資料一三〇　及川古志郎陳述録」七八頁。
(36) 同右の「資料一二九　東郷茂徳陳述録（四）」。東郷は「陸軍の方ではソ聯の参戦防止、海軍の方ではソ聯の引入れを希望してゐるところから一般の和平機運の醸成と言ふことに導いて行きたかつたのである」や、「構成員だけの会議を開いて逐次和平の気持に持つて行く必要があると考へたのです」とし、目的が和平にあったと述べている（七一、七二頁）。
(37) 同右、七〇頁。
(38) 東郷茂徳『東郷茂徳手記　時代の一面《普及版》』（原書房、一九八九年、初版は一九六七年）三三〇頁。
(39) 前掲『高木惣吉―日記と情報―下』の「覚」一九四五年八月八日、九二四頁。
(40) 同右、一九四五年六月二三日、八九三頁。
(41) なお、次長・次官の異動後に漏洩が防止できたかは疑わしい。たとえば末沢慶政大佐が次長・次官更迭後、「沖縄作戦好転ノ機ヲ俟チ、速カニ戦争終結ニ進ムヲ可ト認メ」という意見書を海相に具申したさい、米内が構成員会議での戦争終結の方向性をもらしたことを紹介する著作がある（阿川弘之『井上成美』新潮社〈新潮文庫〉、一九九二年、初版は一九八六年、五〇六、五〇七頁）。
(42) 前掲『大本営機密日誌〈新装版〉』一九四五年五月三〇日条、二七六頁。
(43) 同右。
(44) 同右、一九四五年六月六日条、二八〇頁。
(45) 同右、一九四五年六月七日条、二八一頁。
(46) 同右、一九四五年六月二二日条、二八六頁。
(47) 半藤一利氏は、日本とアメリカ・イギリス両国との講和を進めるため、瀬島がソ連に斡旋を依頼する訓令をもってモスクワの日本大使館に行くため、新京へ赴いたことを明らかにしている（『歴史探偵　昭和史をゆく』ＰＨＰ研究所〈ＰＨＰ文庫〉、一九九五年、初出は一九九二年、二六〇頁）。
(48) 前掲『大本営陸軍部戦争指導班　機密戦争日誌　下』一九四五年六月二一日条、七三二頁（前掲『大本営機密日誌〈新装版〉』

同日条、二八五頁もほぼ同じ内容）。

(49) 前掲「最高戦争指導会議ニ関スル件」。なお外務省から幹事補佐として参加していた曾禰益は、幹事補佐が「陸、海軍省参謀本部及軍令部の課長クラスの会合」に「外務省の職員として政務局第一課長が参加する慣例であ」ったとしている（前掲『終戦工作の記録　下』の「資料一四七　曾禰益陳述録」一四六頁）。

(50) 鹿島平和研究所編、松本俊一・安東義良監修『日本外交史25―大東亜戦争　終戦外交―』（鹿島研究所出版会、一九七二年）など。

(51) 「大綱」の審議過程で、午前中の幹事会後に迫水内閣書記官長が「補佐一同を招致して幹事会同席上の検討結果につきて説明」をしたことを、種村が陳述している（前掲『終戦工作の記録　下』の「資料一四六　第四回戦争指導大綱の立案」一四三頁）。午前中に幹事会、午後に幹事補佐会議が開催されていた可能性は高い。

(52) 同右、一四二、一四三頁。

(53) 前掲『大本営機密日誌〈新装版〉』一九四五年四月二二日条、二七〇頁。

(54) 前掲『終戦工作の記録　下』の「資料一四九　保科善四郎陳述録」一五九頁。

(55) 曾禰はこの点に関し、「最高戦争指導会議に於ける外務大臣の職務即ち外交面よりする戦争指導の事務を輔佐する地位に在つた」と陳述している（同右の「資料一四七　曾禰益陳述録」一四六頁）。

(56) 佐藤元英・黒沢文貴編『GHQ歴史課陳述録――終戦史資料（上）〈明治百年史叢書第四五三巻〉』（原書房、二〇〇二年）に収録の曾禰益の陳述、前の「　」は三六一頁、後ろの「　」は三六三頁。

(57) 前掲『終戦工作の記録　下』の「資料一四六　第四回戦争指導大綱の立案」一四二～一四四頁。

(58) 同右の「資料一四七　曾禰益陳述録」一四七頁。

(59) 曾禰は「世界情勢判断」の審議が最終的に妥結しなかったことから「陸軍側が勝手に〔御前会議に〕提出したものと思ふ」と語り、陸軍側に主導権があったことを示唆している（同右）。

(60) 同右の「資料一四八　東郷茂徳陳述録（五）」一五一頁。

(61) 同右の「資料一四七　曾禰益陳述録」一四七頁。

(62) 同右の「資料一四八　東郷茂徳陳述録（五）」一五四、一五五頁。

(63) 保科は幹事補佐の末沢・有馬に終戦の研究を命じていたが、「大綱」に反映されず、意外な心境であったと述べている（同右の「資料一四九　保科善四郎陳述録」一六〇頁）。
(64) 同右の「資料一四八　東郷茂徳陳述録（五）」一五五頁。東郷は六月六日の最高戦争指導会議において、国際事情などに関する幹事の発言に対して反論するとともに、「外相と相談もなく国際事情まで説明したことについて厳重抗議した」とされる（前掲『日本外交史25―大東亜戦争　終戦外交―』一三九、一四〇頁）。
(65) 前掲『GHQ歴史課陳述録――終戦史資料（上）〈明治百年史叢書第四五三巻〉』に収録の曾禰益の陳述、三六二頁。
(66) 前掲『終戦工作の記録　下』の「資料一四六　第四回戦争指導大綱の立案」、前の「　」は一四二頁、後ろの「　」は一四四頁。
(67) 前掲、山田朗・纐纈厚『遅すぎた聖断―昭和天皇の戦争指導と戦争責任―』などにくわしい。
(68) 三人の無任所相が首相および陸海相の意思疎通を目的として開催した会合。くわしくは次章を参照。
(69) 前掲『終戦工作の記録　下』の「資料一三五　六相懇談――左近司政三陳述録」九四頁。
(70) 前掲『木戸幸一日記　下巻』一九四五年四月五日条、一一八八頁。
(71) この経緯と意義を内閣と宮中両面から考察したものとして、前掲、茶谷誠一『昭和戦前期の宮中勢力と政治』の「第九章　木戸内大臣体制の確立とアジア太平洋戦争期の宮中勢力」三一三～三二五頁、がある。
(72) 前掲『大本営陸軍部戦争指導班　機密戦争日誌　下』一九四五年六月三日条、七二四頁（前掲、種村佐孝『大本営機密日誌〈新装版〉』同日条、二七八頁もほぼ同じ内容）。
(73) 六月五日に「東条大将邸ニ至リ種村ヨリ重臣会議ニ関スル一般情勢ヲ説明」している（同右、一九四五年六月五日条、七二五頁。前掲『大本営機密日誌〈新装版〉』同日条、二七九頁もほぼ同じ内容）ことから、重臣列席の中止が定まったのは五日～七日の間と考えられる。
(74) 同右、一九四五年六月七日条、七二七頁（前掲『大本営機密日誌〈新装版〉』同日条、二八一頁もほぼ同じ内容）。
(75) 前掲『大本営機密日誌〈新装版〉』二八一頁。
(76) 前掲『高木惣吉―日記と情報―下』の「近衛公直話」一九四五年六月二七日、八九四頁。
(77) 前掲『終戦工作の記録　下』の「資料一三七　六相会談――下村回想録」一〇三頁。
(78) 前掲、山田朗・纐纈厚『遅すぎた聖断―昭和天皇の戦争指導と戦争責任―』二〇〇頁。

(79) 前掲、森山優「「非決定」の構図―第二次、第三次近衛内閣の対外政策を中心に―」一九頁。

第三章　鈴木貫太郎内閣による水面下の意見調整

はじめに

前章では、鈴木貫太郎内閣期において最高戦争指導会議の運営が限界をみていく過程を確認したが、その動きと重なるかたちで、同会議に重きを置かない国家意思決定の試みも進められていた。本章では、国家意思形成の方法をめぐる首脳陣の行動を手がかりとして、終戦が遅れた原因にまで言及できればと考える。(1)

鈴木内閣は一般的に、終戦を成し遂げた業績が高く評価される。しかし鈴木は、「飽く迄戦をやり抜く軍人、予後備にてもよし」(2)という方針のもと、首相に選ばれた人物でもある。事実、一九四五年三月二六日からはじまったとされる沖縄戦が敗北の様相を濃くしていくなかでも、戦時緊急措置法や義勇兵役法、国民義勇戦闘隊統率令を成立させるなど本土決戦準備を着々と進めていった。組閣後しばらくは閣内を終戦の方向に転換させる動きをみせず、六月になり木戸幸一内大臣が「時局収拾対策試案」を作成し戦争終結の意思を示したことで、天皇や宮中グループを中心とする「終戦工作」が表立って動き出していく。天皇自身にも終戦の意思が生まれたことで宮中主導の「終戦工作」が軌道に乗り、閣内においても戦争終結が現実的な目標として据えられることになった。

先行研究では、終戦への転換が遅れた原因について、主に以下の二点から説明がなされる。一つは、昭和天皇の継戦意思が揺らがなかった点。(3)もう一つは、鈴木首相のいわゆる〝腹芸〟によって終戦の気運が閣内に浸透するのに時

間を要した点である。(4)

しかしこれらの指摘は、実際に戦争指導を取りしきった鈴木内閣の評価を曖昧なものにしているともいえよう。天皇の継戦ないし終戦意識に関しては、鈴木内閣期のみならず、日中戦争の勃発からアジア・太平洋戦争期にかけての戦争責任問題を考えるさいに重視すべき要素であることに疑いはない。ただ一方で、天皇・宮中グループ・内閣・大本営などの諸機関すべてが継戦一色であったなか、天皇に終戦意識が芽生えたため、終戦が現実のものになったという単純な理解を招く恐れもある。また〝腹芸〟に関していうと、取り上げる書き手の主観が入りやすいため、実証的な分析にもとづく議論が生まれにくい。ひいては、鈴木内閣が終戦内閣か継戦内閣かという水掛け論を誘発する危険性をもっている。

筆者は以下に示す理由から、鈴木内閣の戦争指導に実証的な評価を下すには、同内閣がいかなる国家意思形成の〝システム〟を構築しようと動いたのか、すなわち、閣内および内閣・大本営双方の主張を調整するルールづくりに着目するのが有益と考える。

幾度となくふれてきたように、国家諸機関の分立性を特徴とする明治憲法体制のなか、「国務」「統帥」両事項に関する大権行使者としての天皇が、各機関をまとめ得る唯一の存在であった。ただし前述の通り、天皇の考え方や行動を客観的に追うのは困難である。したがって、戦争指導を強力に進めるために鈴木内閣が取り組んだ各機関の意見調整の試みに目を向け、そこで得られた成果を天皇の行動や鈴木首相の〝腹芸〟と突きあわせて考えるのが有効な方法といえよう。戦争指導の特徴を国家意思形成システムの構築過程をもとに把握する作業は、鈴木内閣の実証的な評価を得るために有効であろうし、終戦への転換が遅れた原因を探るうえでも重要な意味をもつと思われる。

本章ではとくに、最高戦争指導会議以外の場で行われた、水面下の意見調整に着目する。首脳陣個々の意見交換によって戦争指導の方向性が形成されていく過程をあつかう先行研究は多いが、(5)これらの多くは、最高戦争指導会議という意見交換の場が設けられているにもかかわらず、なぜ個々の意見交換が頻繁に行われたのか、という前提部分の検討が抜け落ちてしまっている。最高戦争指導会議の運営と個々人による水面下での意見調整の相互関係に意識を向けることが、鈴木内閣の国家意思形成システム構築の様子をみるさいには必要であろう。

そのさいにまず注目したいのが、一九四五年四月に実施された最高戦争指導会議の運営目的の変更である。組閣後間もない時期のこの変更により、政戦両略の調整は最高戦争指導会議でなく主に陸海相が担うことになった。このことによって会議体によらない当事者同士による調整の可能性がより高まった。水面下の調整については、関係各機関の利害関係が意見の衝突を発生させ、統一意思の形成を困難なものにする危険性がある。しかしその反面、個人の意見が所属機関の意見に左右されにくいという利点ももっている。利点を生かし、国家意思形成の新たなかたちをシステム化することが、強い戦争指導体制を構築できるかどうかの鍵であったと思われるが、実際はどうだったのだろうか。

以上のように論点を据えたうえで検討を進めていくが、最後に纐纈厚氏が紹介する事例をあげておきたい。纐纈氏は「戦局の悪化に伴う軍部の相対的地位の低下を背景とし、政軍の双方において様々な構想が打ち出されている」とし、「鈴木内閣の「大本営内閣構想」に対抗するように、陸軍は「陸海軍一体化構想」「最高戦争指導府構想」等によって、国務主導の戦争指導体制および政軍関係の見直しを牽制しようと」する一九四五年六月ごろの動きを紹介している。(6)ここで注目したいのは、各構想のなかには、過去の内閣で取り組まれ挫折を繰り返してきたものが多いという点である。これらの過去の構想の再浮上は、最高戦争指導会議の目的変更後に取り組まれた国家意思形成システムの構築が手詰まりの状態におちいったことを示しているのではないか。本章でみていく最高戦争指導会議の運営と水面下の調整の相互関係を軸とする国家意思形成システム構築の取り組みは、この想定を確認する意味もふくんでいる。終戦の遅れの原因をこのシステム構築の挫折に求めることができれば、国家諸機関の分立性を克服するために足りなかったものが具体的に指摘できるだろうし、戦争指導の問題点をさらに深く掘り下げる材料を提供することにもなると思われる。

一　最高戦争指導会議の運営目的の変更

一九四五年四月七日、小磯内閣の後継首班を選定する重臣会議を経て鈴木内閣が成立した。組閣の段階ですでにアメリカ軍との沖縄戦は開始されており、五日にはソ連から日ソ中立条約の期限延長を行わない旨通告されていた。ソ連との交渉をめぐり、閣内の意見対立はさらに顕著となる。陸軍はヤルタ会談において米ソの間で申しあわせされたソ連の対日参戦をできる限り引き延ばし、その間にアメリカに一撃をくわえたうえで講和条約を締結しようと考えていた。海軍や外務省は、アメリカやイギリスとの直接交渉に期待をかけていた。この対応策の違いは鈴木内閣以前からのものであるが、沖縄戦や日ソ中立条約の不延長通告を契機として、内閣と陸海軍の意見調整がいっそう強く迫られていったのである。(7) 前章でふれたように、意見調整を円滑にはかるため、鈴木内閣は組閣早々、最高戦争指導会議の運営の見直しに着手している。見直しは、最高戦争指導会議を中心とする国家意思形成のシステムを改めて築き直そうとするものだったのだろうか。

1　運営目的の変更の提起

改組の中心は、構成員および幹事の見直しと運営目的の変更であった。前者は前章でみた通りであり、後者は小磯前内閣期の「戦争指導ノ根本方針ノ策定及政戦両略ノ吻合調整ニ任ス」[8]という目的が「主トシテ戦争指導ノ根本方針ヲ策定スルヲ本旨トス」や「政戦両略ノ吻合調整ニ関スル事項ニ就キ大本営政府間ノ意志確定ニ当リテハ陸海軍大臣主トシテ両者ノ間ノ協調ニ任スルモノトス」とされたことを指す。[9]「主トシテ〜」と「政戦両略ノ〜」の二つは不可分の関係にあるとみてよい。政戦両略の一致を行うさいに必要な細部の調整をあらかじめ済ませておくことで、最高戦争指導会議では大本となる方針のみの審議で足りる状態にする狙いがあるのだろう。政府と大本営の間の利害対立を最高戦争指導会議に極力持ち込まないようにしようとする意図が読み取れる。

「政戦両略ノ吻合調整」が会議運営の主目的から削除されるにあたり、米内光政海相は陸軍側に「戦争指導ノ根本方針」が「和平問題ナリヤ」と質問している。対する陸軍側は、「陸軍々務局長ヨリ重要問題ナル意味ナル旨ヲ」述べるにとどまり、「戦争指導ノ根本方針」の中身を明らかにはしなかった。[10]

海軍の、とくに米内が「戦争指導ノ根本方針」の内容にこだわったのは、戦後の及川古志郎軍令部総長の陳述にみられる「〔最高戦争指導会議では〕戦争指導の根本に関する大問題は滅多になく、単に政府と統帥部との合意を要するからと云う理由で提出されるものが多く、従つて折角の会議も極めて事務的な審議に終始すると云う有様になつて居た。最高戦争指導会議はこれではいけない、と云うことは会議内部に於ても、会議の外部に於ても小磯内閣当時から既に痛感されて居た」[11]という、最高戦争指導会議の機能に関する部分が関係していると思われる。海軍側は、最高戦争指導会議から調整業務を切り離すことが会議の負担を軽減するという意味において、今回の目的変更に賛成であった。しかしその効果を発揮するためには、最高戦争指導会議で審議する案件を選別する基準、すなわち「戦争指導ノ根本方針」が具体的に何を指すのかを特定することが不可欠と考えたのである。

2　目的変更に対する陸海軍の考え方

一方の陸軍は、政戦両略の一致という役割を最高戦争指導会議から陸海相に移す効果をどの程度評価していたのだろう。前述の質疑で及川軍令部総長が、政戦両略の一致を陸海相が担うことに対し「陸海軍大臣カ協調ヲ図ル等ト今更決定ノ要ナキニアラスヤ」と質問した。対して吉積正雄陸軍省軍務局長は、「当然ナルモ事実ハ然ラスシテ重要ナラサル問題迄モ戦争会議ニテ議シアリ」と述べている。

吉積のこの発言を素直に解釈すれば、〝陸海相が協調関係にないために重要でない問題までも最高戦争指導会議で審議している〟となろう。〝陸海相の協調をいっそう促進することによって最高戦争指導会議がはじめて「戦争指導ノ根本方針」を議する機関となる〟といいかえることもできる。ただ吉積は、「今後ハ閣議ヲ重視致スコトニ致度」とも述べているゆえ、最高戦争指導会議から「重要ナラサル問題」を排除するには、陸海相による協調関係の構築にくわえて、閣議の活用も同様に大事と考えていたと理解するのが正確と思われる[12]。陸海相による意見調整と閣議の活用の間には、「戦争指導ノ根本方針」に直結するがゆえに各機関の意見調整が必要な案件は陸海相に委ね、それ以外の事務的な案件は閣議に委ねる、という線引きが想定されていたのではないか[13]。

しかし結局、「戦争指導ノ根本方針」が具体的に何を指すのかは明確にされなかった。一九四五年七月一一日の時点で「閣議ニ於テ最近細小事ヲ議スルコト多シ　大臣〔阿南惟幾陸相〕ヨリ再三ノ注意アリシモ改マラス[14]」という課題を抱えていることを考えても、最高戦争指導会議の目的変更が国家意思形成のあり方に影響を与えるものではなかったことが推しはかれる。ただ、今回の陸海軍による議論ではっきりしたのは、最高戦争指導会議が政戦両略の一致を行うための討議機関ではなく、「戦争指導ノ根本方針」の合意を確認する場という共通認識がもたれたことであった。組閣後しばらくは、最高戦争指導会議の調整機能が規定上は低下し、かといって陸海相による調整も「戦争指導ノ根本方針」の認識が一致しないために実行に移すことができないという状態が続くことになる。

二　水面下の意見調整への関心

1　内閣が考える意見調整

最高戦争指導会議から距離を置いた場で意見調整を進めようとする議論は、陸海軍以外でも認められる。鈴木首相は桜井兵五郎、左近司政三、安井藤治を無任所相、下村宏を無任所相兼情報局総裁に任命し、彼らに期待をかけていた。

無任所相に期待された内容を左近司は、「私共の一番問題にして居るのは、陸海両相の戦局観の調整である。両者の戦局観を一致させ之に基いて総理に肚をきめて貰うのが当面の必要事である。〔中略〕もともと私共が入閣したのは、そんな役目を果す為であった(15)」と語っている。陸海相の間の意見調整と首相への仲介が「役目」とされた理由は、「困ったことにはこの陸相と海相とは各個別々に首相に訴えては居るが両者相互の間には直接意見を交換し調節しようと云う模様が見えない。そして各自の進言に対する総理特有の茫洋たる反応を、自分に都合のよいように解釈して居るのではないかと見えた(16)」という受け止め方が背景にある。陸海相は意見交換を直接行う機会をあまりもたず、首相に個別の進言を行うことで調整が完了したとそれぞれ都合のよい解釈をしていた。この行為が両軍の見解に齟齬を来す原因になっていたと思われる。陸海相の面会不足・意見交換不足という左近司の指摘は、前に掲げた吉積の「事実ハ然ラス」、つまり陸海相の協調関係が築けていないという主張に通底するものといえよう。東条英機内閣以降、「連絡会議〔大本営政府連絡会議〕等に於ける重要決定事項は内閣に在つては総理のみより上奏することになつて居た」のが、鈴木内閣に入り「〔最高戦争指導会議などでの重要決定事項は〕諸種の事項に付き成るべく詳細且広範囲に上奏すること」と改められたこと、(17) そして国務大臣単独輔弼責任制や「統帥権の独立」を利用した天皇への「上奏合戦」が激しかったことを考えると、(18) 陸海相が双方で都合よく解釈した見解をそれぞれ天皇に上奏し、互いに有利な裁下を得ようとしていたことは十分に推測できる。

左近司による「第三者的立場で而も海軍側の面倒を見てやるものも閣内には必要なので私が総理の懇請で此の役を引き受けた。安井国務相は陸軍に関して私のような役目をする。そして下村国務相は海陸軍を除いた一般の背景をもつて、安井君と私と三人で陸海民三者の関係を柔軟に調整しようと云うので入閣した」(19) や、「わたしは陸海軍の間を奔走して、鈴木総理のヨリがもどらないようにネジ巻きの役である」(20) という発言からは、無任所相が陸海軍・内閣それぞれの所属から配された理由が、左近司・安井・下村の三者で協同して、前掲の「役目」を果たそうとする部分にあったことがわかる。「陸海両相の見解を首相の前に思ふ存分に展開し、それに三国務相の見方も織込んで、首相の肚の底を突き留める」(21) ことによる、陸海軍と内閣の意見調整が期待されたのであった。この実現のため、首相・陸海相と三人の無任所相による懇談会（以下「六相懇談会」とはこれを指す）が企画されていく。

なお、小磯内閣総辞職直前の一九四五年三月二八日、次期内閣の顔ぶれを内大臣秘書官長である松平康昌が予想し、軍令部出仕兼海軍大学校研究部員兼海軍省出仕の高木惣吉に披露しているが、そこに示された無任所相は「左近司〔政三〕、桜井〔兵五郎〕（民〔政党〕）」(22) の二名であり、「陸海民三者の関係を柔軟に調整」しようとする人選とはいえない。したがって左近司のいう「役目」は、鈴木内閣の組閣段階で具体化されたと考えてよい。

以上から、鈴木首相による無任所相選任には、陸海相のみで調整された事項が直に最高戦争指導会議へと上げられるのを防ぐことで、同会議の審議や決定に支障が生じないようにしようとする狙いがあったことがうかがえる。最高戦争指導会議の目的変更によって進められるであろう陸海相による政戦両略の一致に内閣が関与し、場合によっては調整の主導権を握ろうとの狙いも指摘できよう。

2　外相や海相が考える意見調整

無任所相による意見調整が目指したのは、水面下であらかじめ合意の目途を立てておき、そのうえで一堂に会して意見をまとめるという方法であった。東郷茂徳外相も、個人的な関係を重視した調整手段が各機関の利害関係に縛られない意見を引き出すことにつながると考えていた一人である。彼は戦後、次のように回想している。

> 人が沢山になると、戦争と言ふことが中心になつてゐる問題が多いのだから、強い方に話が傾くのは当然である。〔中略〕個人的に話をして見るとさうでもない意見の人が、その場に出ると非常に強い意見を言ふと言ふ傾きがある。(23)

また米内海相も「他人ノ居ル前デ話ヲスル時ト、二人切リデ話ヲスル時トデハ可ナリ違ツタコトニナツテ、大勢ノ前ダト兎角議場心理ガ働クコトハ、私モソノ経験ガアル。従ツテ大勢ノ前デハ真実ノ腹ガ明セヌ怨ガアル。個人トシテ話スルトキト陸軍トシテ話スルトキ、マルデ違ツテ（ママ）来ル」(24)と話しているし、及川にかわり一九四五年五月二九日に就任した豊田副武軍令部総長も後年、「大勢の人の列席している所で」個人的な見解を述べるのは「とてもむずかしいこと」(25)と述べている。「戦争指導ノ根本方針」が明確にならないまま最高戦争指導会議を開催することに反対していた米内が、会議の機能自体を否定的にとらえている点は興味深い。

このように、総じて首脳陣は、最高戦争指導会議の機能に期待を寄せてはいなかった。一同が会する会議形式の有害な面を認識していたからである。それゆえ、会議に議題があがる手前で関係各機関の調整をある程度終えておこうとする考えが閣内でみられるようになっていったのだと考えられる。

3 無任所相と外相の不和

首脳陣の間で水面下の意見調整への期待は高まりつつあったが、彼らが互いの意思を共有しようとする動きはみられない。それればかりか、無任所相と東郷外相の間には不和が生じていた。六相懇談会のメンバーに外相がふくまれていないことが主な原因であった。

六相懇談会に外相をふくめなかった理由について、左近司は後年、「元来こんな会談〔六相懇談会〕は極めて非公式」なものと前置きしたうえで、「元来なら私共は閣議で此の種のことを取扱うべきものである。然るに閣議では従来の例に鑑み機密が保たれないから、こんな機微な話〔戦略面の情報のことと思われる〕を、あの段階で閣議に持出すことは危険至極である」と陳述している[26]。しかし閣議は、外相をふくむ閣僚全員の意思集約の場である。閣議が機密保持上「危険」ゆえに六相懇談会に場を移すとしても、それが外相をふくめない理由にはならない。おそらく左近司は、六相懇談会の主な目的が「陸海両相の戦局観の調整」にあるゆえ、外相の出席する場としては不適格と考えたのだろう[27]。この考え方は、六相懇談会を実施する直前まで、首相の出席も明確に決定していなかったこととも合致する。

しかし時期は多少くだるが、左近司は「総理は〔外相の入れ知恵か〕〔対ソ交渉の〕外にルートはない[28]」とも語っている。「外相の入れ知恵か」という表現からうかがえるように、左近司は東郷外相の外交姿勢によい印象を抱いていなかった。また、同じ無任所相の下村は東郷に対し「一切他の大臣の干渉を許さぬと云う立場を余りに厳に固執」するという人物評をもち、「東郷を此の水入らずの目的の会合〔六相懇談会〕に参加させるのを不利と考えたのであろう」と述べている(29)。東郷への不信感から、無任所相の側には、外交問題もふくめた戦争指導全般を主に内閣と陸海軍の調整によって進めようという意識が強かったと思われる。

ただ六相懇談会が実現するのは、組閣してから約二カ月も経た一九四五年五月三一日であり、無任所相の「役目」がすぐ実行に移されたわけではない。また、東郷の考える個人的な関係を重視した調整もすぐには着手されず、五月に入ってから実行に移されていく。さらに前述のように、最高戦争指導会議にかかわるかたちでの陸海相による政戦両略の一致も試みられた形跡はない。最高戦争指導会議を離れた場での水面下の意見調整は、首脳の間で大方の了解が得られながらも、討議すべき内容や具体的な手段をともなっていないために、実行に踏み切れない状態にあったと考えられる。

最高戦争指導会議の調整機能が実質的に失われ、しかも水面下による意見調整も進まないという膠着状態のまま、対ソ交渉の方向性を討議する構成員会議が五月一一、一二、一四日に開催されることになった。

三　最高戦争指導会議構成員会議がもたらした影響

1　最高戦争指導会議構成員会議の実施と問題点の洗い出し

構成員会議は、幹事をつとめる内閣書記官長、陸軍省軍務局長、海軍省軍務局長、内閣綜合計画局長官(30)が会議の主導権を握っているという批判を受けて設けられた。[31]しかし前章でみたように、構成員会議が開催されたのちも依然として幹事や幹事補佐[32]の影響力は強く、効果的な運営がなされたとはいえない。

構成員会議がもたらした影響は、国家意思を形成する方法にもおよんだ。とくに一九四五年五月一五日、海軍の小沢治三郎軍令部次長が高木惣吉にもらした「戦争指導会議コレニテ先々軌道ニ乗レル気持スルモ、コレハ具体的案ヲA〔陸軍〕B〔海軍〕ニテ示唆シ、其ノ示唆ニ基キ外務大臣ガ立案シテ次ノ懇談会ニ提案スルトイフ形ガ必要ト思フ。米内大臣ノ如クAノ大臣、総長ヲ頭カラ押シテ腹ヲ割ラセヤウトサレテモ、夫レハ無理ダト思フ[33]」という感想が重要である。

小沢はこの発言の直前で、構成員会議の議事漏洩がもたらす影響を危険視しているものの、会議の役割自体は評価している。ただその前提条件として、米内海相のように「Aノ大臣、総長ヲ頭カラ押」す進め方を改め、傍線部に示した〝陸海軍による素案の作成→外相による具体案の作成→「懇談会」への提出〟という経路によって、外相をまとめ役に専念させる必要性を認識していた。かねてより、梅津参謀総長が最高戦争指導会議の構成員から外相を外す考えをもっていたこともふまえると[34]、両軍は、会議席上で外相が主導権を握るのを避け、会議の外で調整役に回ったほうが円滑に議事進行できるという点で意見の一致をみていたことになる。これまでの最高戦争指導会議の運営上の問題点を反省し、漠然と考えられてきた水面下の調整に対する具体的な方法が考え出された点に、構成員会議の意義がみいだせよう。

2　宮中グループをふくめた国家意思形成システム構築の構想

水面下の調整方法とは別に、構成員会議がもたらした影響で重要な意味をもつのが、宮中グループ、とくに重臣の政治参画に対する考え方である。構成員会議が議事漏洩防止の目的をふくんでいたことは前章で述べたが、具体的には「機密事項が外部とくに重臣方面に洩れないようにとの深謀遠慮に基づくもの」[35]であった。なぜ「重臣方面」への情報漏洩が警戒されたのだろうか。

最後の元老・西園寺公望が一九四〇年に世を去ると、後継首相を選出し奏請する役割は内大臣と重臣に移行した。[36]重臣による会議には首相が出席し、ほかの者も随時出席していた。[37]この重臣会議のあり方に再考を求める声は多くみられるが、なかでも左近司の重臣会議廃止論が重要と考える。その理由を、前章で述べたことに補足するかたちで、以下に示したい。

左近司の廃止論は、重臣会議が「只の懇談会にすぎない」にもかかわらず「月一回を二回にしてくれと要望」する動きに疑問を投げかけるものであった。[38]また「それ〔重臣会議〕には東条大将も出るし思い切った話をすれば継戦派にそれが洩れて具合も悪い」[39]とも述べているため、左近司は重臣会議を介し閣内の情報がもれることと、東条英機の政治的影響力の両方を警戒していることがわかる。実際、重臣会議での米内の発言に和平の気運を感じ取った東条が陸軍省に赴き、ことの真相を問いただす出来事も起こっていた。[40]構成員会議の議事が重臣に漏洩し、重臣から彼らの所属元――東条なら陸軍、米内なら海軍――に波及することによって内閣の意思形成に混乱を招く恐れがあるため、廃止論が唱えられたと考えられる。ほかには近衛文麿が、「重臣ニハ東条、小磯、平沼〔騏一郎〕ガ這入ルシ、何ヲ言出スカ解ラヌ。私〔近衛〕ヤ若槻〔礼次郎〕、岡田〔啓介〕等ハバドリオ的ト看ラレテルカラ、サウイウ重臣デ側近ヲ取巻クトイフコトハ、陛下御自ラノ御思召モ、重臣ノ為ニ御真意トナラヌ惧ガアルカラ、今度ハ重臣会議等ハヤラヌ方ガ宜シイト思ツテル」[41]と述べ、東条に限らず重臣たちが天皇の考えを曲解する危険性があることから廃止を提案している。重臣会議の廃止論は、内閣の意思形成のみならず、宮中の足並みの乱れを危惧するなかであらわれた主張でもあった。

左近司は、重臣会議廃止のかわりに、次の二つを提案する。一つは「本当の意味の重臣即ち牧野伸顕伯のような総理の前歴はなくとも真に相談の出来る少数の方に参加して貰つて本当に国事を決定する」(42)こと、もう一つは「インナーカビネット」(43)の設置である。牧野起用論は、鈴木首相と牧野の信頼関係から浮上したものと考えられる。(44)「インナーカビネット」、すなわち少数の特定閣僚による意思形成・決定機関の設置は、「戦時内閣(重臣会議をやめて)を作るべきであると進言」(45)したことにともなう具体策といえよう。両方の提案が互いにかかわりをもつものであったかは不明であるが、従来の重臣および重臣会議の見直しが国家意思形成に影響をおよぼす可能性をもっていたことは注目されてよい。

海軍の高木惣吉も、国家意思の形成と重臣のあつかいに意識を向けていた。日記に「大本営会議、戦争指導会議、元帥会議、政府重臣御前会議等ノ形式ハ際限ナキヲ以テ、非公式連絡ニヨル速決手続ヲ進メ、形式ヲ整フル最小限ノ会議ニ止ムベキモノトス」(46)と記し、会議体の数が多いことにより意思形成が複雑になっている現状を問題視している。その解決策として、「(ホ)最高意思決定手続(形式)(ヘ)重臣ノ地位改善ト其ノ活用」(47)を指摘した。それぞれの内容は省略され具体的な内容は不明であるが、(ホ)の前に「政府首脳ノ方針決定」や「内大臣ノ決意」、「陸海軍最高首脳ノ決意ト部下統制」といった項目がみえるので、(ホ)は閣内外での各機関による意見が一致をみた場合の「最高意思決定手続」を指し、(ヘ)は(ホ)の実現に向けた重臣による発言力の向上を意味していると考えられる。なお高木は、この記述の一カ月ほど前に、「重臣層ノ陣容並ニ地位ノ改善　現重臣会議ノ「メムバー」ニハ、人物識量ニ於テ名実相伴ハザルモノアリ。又其ノ地位モ曖昧ナルヲ以テ、近衛、平沼、岡田、米内、若槻、宇垣、南七氏ニ重臣トシテノ待遇ヲ賜ル形式ヲ整へ、発言ノ根拠ヲ与ヘラルルヲ要ス」(48)という考えも示している。彼が考える重臣に東条の名がない点、また左近司同様、必ずしも首相などの前歴のあるものを重臣と考えていない点が重要である。重臣会議ではなく真に信頼できる個々の「重臣」の影響力に頼ることが、前掲の「非公式連絡ニヨル速決手続」や「形式ヲ整フル最小限ノ会議ニ止ム」ことにつながり、ひいては国家意思形成力・決定力の強化を実現することになると考えていたのだろう。

以上でみてきたように、構成員会議開催の前後には、重臣の定義のとらえなおしによる新たな国家意思形成の方法が各方面から提起されていた。左近司と高木に関していうと、重臣会議と重臣の顔ぶれの両方を再検討するという点が共通している。かりに重臣会議が廃止されれば、高木が理想とする「非公式連絡ニヨル速決手続」と「形式ヲ整フル最小限ノ会議ニ止ム」ことに一歩近づくゆえ、重臣の政治参画がもたらす効果という面でも両者に共通する部分があったと理解してよい。

四　水面下の意見調整の試みと限界

1　水面下の意見調整の試み

構成員会議は、水面下の調整方法だけでなく、重臣を戦争指導に参画させるか否か、させるならばどのような方法が適当か、という問題に取り組むきっかけを与えた。円滑な国家意思形成のため、内閣のみならず、宮中をふくむ国家機構全体を視野に入れて考えることが必要との認識を浸透させたのである。

しかし、重臣の政治参画は現実的でなかった。重臣会議廃止の提案を受けた鈴木首相は、「それも結構だが急に重臣会議をやめる訳には行かぬし又事態切迫の今日遽かにそんな大きな制度改革も出来ない(49)」という消極的な見解を示している。重臣会議廃止の論議は単なる廃止か存続かにとどまらず、左近司の意図する「本当の意味の重臣」や高木の目指す重臣の再選定、インナーキャビネットを模した会議体の設立など、国家機構の再編成につながる広範な問題である。宮中・府中にまたがる機構の大がかりな再編成にまでおよぶ点が、彼らの案を非現実的なものにする最大の要因であった。

それにくらべて水面下の調整は、制度的な面で実現への障害が少なく、かつ組閣当初から首相や外相、陸海軍の意識にもあったゆえ、実行に移しやすい案といえる。しかも、小沢からは具体的な調整方法まで示されている。さらに「〔構成員会議では〕六者首脳は隔意のない懇談を行ったはずであるが、やはり真の腹を割った話し合いにはいかない場合がたびたびあって、陸海両相間、または総理と外相間、陸相と外相間で行き違いがあった(50)」というように、会議上での意見調整が限界にきていることが認識されていた。このように、首脳陣によるある程度の了解が認識されたことで、水面下の意見調整が実現に向かうための準備が整ったのである。しかしかつて小磯前内閣でも「最高会議　懇談会」という会議体が設けられたことがあったが、頻繁に開催されることはなかった(51)。その失敗を繰り返さないため、水面下の調整があくまで個々の関係をもとに進められなければいけないという点に注意が払われた。東郷外相は最高戦争指導会議以外の場での調整がすべて効果的とはとらえておらず、調整の場が会議体であっては個々人の自由な見解を得ることはできないという意識をもっていたのだろう。自ら主体者となり個別に話をすることで、会議という形式を極力控える手段が重視されることになった。

ただ実際は、外相のみでは陸海軍の意見をまとめる役として不十分と判断された。小沢が高木に語った「外務大臣ガ立案シテ次ノ懇談会ニ提案」する方法とは、構成員会議と次回の会議の間に外相が案を作成することを示している(52)。それは具体的には、「〔会議と会議の〕間隙を補佐者相互間で話し合い、その結果各関係首脳に了解してもら」うという手段で進められることになった。

外務省の加瀬俊一は各首脳にそれぞれ補佐者が必要であると考えており、一九四五年五月中旬ごろに補佐機関が設置されたと回想している。補佐者は、外務省を補佐する加瀬にくわえ、「総理及び陸相…松谷〔誠〕大佐　海相…高木〔惣吉〕少将　内大臣…松平〔康昌〕秘書官長」（…の下側が補佐者）であった(53)。彼らは、松谷の回想のなかであげられているメンバーと合致する(54)。したがって、補佐者とは最高戦争指導会議の幹事補佐を指すのではなく、構成員会議の議事を下支えするために編成されたメンバーと考えてよいだろう。彼らは「総理、外相、及び両軍部大臣の間の非公式取極めによつて〔中略〕各大臣が一名づつの代表を指名」するかたちで決定され、「最高戦争指導会議の事務局にとつて代」わり「屢々会合して、構成員の会議について打合はせた(55)」。つまり、構成員会議以外の場で「補佐者相互間」の打ちあわせの機会を設けることによって、〝構成員会議の開催➡補佐者による打ちあわせ➡次の構成員会議で「各関係首脳に了解してもら」う〟という国家意思形成の経路を生み出すことになったのである。

2　水面下の意見調整の限界

しかし実際は、構成員会議以外の場での調整が順調に進んだとはいえない。構成員会議自体は、一九四五年六月に入っても米内海相から依然として「戦争指導ニ関シ総理、陸相ト種々懇談セルモ、意見一致ヲ見ルニ至ラザルトコロ、如何ナルモノニヤトノ趣旨ノ話(56)」が出るありさまであった。

六月六日に開催される予定の最高戦争指導会議の前日には、海相の補佐者である高木惣吉が日記に「最高戦争指導会議及御前会議開催ノ内議、表面化ス。国力ノ真相モ解ラズ、陛下ノ御思召モ拝察スル能力ノナイ連中ガ、国政ト軍務ヲ動カシテハ、邦家ノ運命モ知ルベキノミ。三嘆ノ極ミ。下打合会ニハ、東郷外相ト会見ノ為出掛ケタル為、欠席。〈最高戦争指導会議下打合会、大西〔瀧治郎〕次長ノ主催(57)〉」と書きとめている。高木の「欠席」した「最高戦争指導会議下打合会」が、「補佐者相互間」の打ちあわせとなんらかの関係をもっていることが推しはかれよう。東郷は最高戦争指導会議が開催された翌七日、会議の決定に「満腔ノ不満」を示し、「Aハ無論ノコトナルガ、Bノ軍令関係ニモ深刻ナル批判アリ」[58]や「昨日ノ様ナ話合ニナレバ、コヽ暫ラク会議ヲ開ク必要ガナクナツタ」[59]といったように、「下打合会」の効果を否定的にとらえている。この見方は、「下打合会」でおおよその合意すらなされていない可能性と、かりになされていたとしても海軍の大西次長と陸軍側の出席者の間で合意内容が正確に共有されていない可能性の両方を示している。政戦両略の一致はおろか、陸海軍の間の意思疎通すら確実にできていない様子が伝わってこよう。

水面下の調整が不調に終わった理由を特定するのは困難だが、陸軍省軍務局戦備課長である佐藤裕雄の「海軍大臣ガ陸軍大臣ダケト「シツクリ」話合ツテ戴ク機会ヲ作ツテ貰イタイ」[60]という希望や、東郷外相の「海相、陸相ノ懇談ガ筋デモアリ有効デアルト思フ」[61]という考えをもとにすると、補佐者を介することで陸海相の直接折衝が不足し、かえって意思疎通を妨げる結果になったことが要因としてあげられる。また、調整方法が会議形式となり、小磯内閣期の教訓を生かせなかったことも無関係ではないと思われる。

一方、無任所相主導の六相懇談会は一九四五年五月三一日に実現した。左近司は「陸海軍大臣がそれぞれの背景をもって話をするのとちがって、気軽になんでも相談ができたのは、たいへんありがたかった」[62]と評している。しかし懇談会の実態については「蓋を開けて見ると陸海両相は従来の態度を全然変えて居らない。今迄は間接に表明せられて居た両者の対立が、今度は直接に総理や私共〔無任所相〕の前にハッキリさせられた」[63]状況であり、意見調整の限界を示す結果になった。かつ、中立的な立場をとるはずの内閣側までもが陸相とともに海相に対し「毅然トシテ反駁セル」[64]ありさまであり、三者間の利害対立を改めて確認するかたちともなった。

このように水面下の意見調整は、外相が関与する・しないにかかわらず、また会議形式であれ個々の面会形式であれ、限界をみることになったのである。

おわりに

本章でみてきたように、鈴木内閣による政戦両略の一致に向けた取り組みは、最高戦争指導会議に頼らないという、首脳陣の間である程度統一された意識をもって始まった。しかし、首脳陣相互で共同歩調がとられた形跡はない。また、最高戦争指導会議を活用するでも廃止するでもない曖昧な状態が続き、水面下で意見調整する内容の基準や方法が詰められず、組閣後一カ月ほど実行に移されることはなかった。ただ、構成員会議の開催によって調整方法に関する具体的な問題点が洗い出され、水面下の調整は遅まきながら実行に移されることになる。

このようにみてくると、構成員会議は構成員による活発な議論を喚起する試みには違いないが、各構成員の考えを一から調整することまで期待されたわけではないことがわかる。活発な議論の実現と意見調整を分けて考えたうえで、調整の部分をいかに効率よく進めて成案を得るかという点に構成員会議開催の意味があった。構成員会議後、小沢が示した調整の具体的な方法は、会議体という形態の限界が認識されたからこそもたらされた所産といえる。

構成員会議ののち、外相主導の調整が進められ、無任所相主導の六相懇談会も実現する。一方で、左近司らが提起する重臣会議の廃止や「本当の意味の重臣」の政治参画は実現に向けて動き出すことはなかった。これらの試行錯誤をともなう国家意思形成に向けた取り組みが、ほかの内閣にはない鈴木内閣の特徴といえよう。しかし実際、水面下の調整の試みは欠点の面が目立つようになっていき、閣内不一致が拡大していった。継戦であれ終戦であれ、その議論を行う前提である国家意思形成の〝システム〟を確立できなかったこと自体が、終戦の遅れにつながったと理解できる面も多い。かりに内閣や大本営で明確な戦争指導方針が検討されたとしても、それを他機関と調整する受け皿、すなわち国家意思形成システムが確立していないため、強力な戦争指導体制の構築の可能性は断たれていたといえる。終戦が遅れた要因は、国家意思を形成するための基盤整備の不足、あるいは形成方法の一貫性のなさにも求められるべきではないだろうか。

鈴木内閣での水面下の調整は、これまでの方法とは異なり、かつ首脳陣が方向性を同じくして試みられたため、その頓挫の影響はきわめて大きいものだったと予想できる。それが、「はじめに」でふれた、纐纈厚氏の紹介する機構改革構想の出現へと結びついていくのだろう。本書を通じてみてきたように、少数閣僚制や〝大本営内閣〟、あるいは首相の機能強化などは過去の内閣にも登場する構想であり、とくに目新しいものではない。しかし鈴木内閣期であるからこそ重要な点は、これらの構想が水面下の意見調整が限界をみたうえであらわれた部分にある。水面下の調整の挫折が戦争終結に舵を切る転換点の一つであったにもかかわらず、首脳陣はその後も機構改革に政戦両略の一致を託していった。その行為も終戦の遅れの一因になったと考えられよう。戦争の最終局面で露呈した国家意思形成・決定方法の一貫性のなさが、歴代戦時内閣が取り組んできた戦争指導体制一元化の実現の困難さを象徴的にあらわしている。

以上、鈴木内閣が終戦内閣であれ継戦内閣であれ、国家意思を形成し決定する基盤の整備不足が、戦争指導の舵取りには大きな問題であったことが明らかになった。終戦の遅れを天皇の継戦への執着や鈴木首相の〝腹芸〟に求める向きに対しては、本章でみた水面下の調整という試みも十分に加味される必要がある。また前章では、内閣制度改革や行政機構改革、インナーキャビネットを模した会議体の設置を断行しようとする積極的な姿勢はみられず、最高戦争指導会議を存置させたまま「国務」「統帥」両機関の調整に取り組む戦争指導の様子も明らかになった。首相自身が率先して統率力を発揮するのではなく、首脳陣がそれぞれの思い描くかたちで「国務」「統帥」両機関の調整を試みる動きが特徴としてあげられよう。終戦末期において政戦両略の一致が実現しなかった原因を精緻に読み取るには、前章でみた最高戦争指導会議自体がかかえる問題点と、本章でみた同会議以外の場での意見調整の様子をあわせて考えることが大切である。

註

（1）本章では、戦争指導に深くかかわる首相、陸相、海相、参謀総長、軍令部総長、外相を指す。
（2）首相選定の重臣会議での近衛文麿の発言。前掲『木戸幸一日記　下巻』一九四五年四月五日条、一一九二頁。
（3）前掲、山田朗・纐纈厚『遅すぎた聖断―昭和天皇の戦争指導と戦争責任―』、前掲、山田朗『大元帥　昭和天皇』、前掲、同『昭和天皇の軍事思想と戦略』、前掲、纐纈厚『日本海軍の終戦工作―アジア太平洋戦争の再検証―』、前掲、同『「聖断」虚構と昭和天皇』など。
（4）〝腹芸〟は、表向きに戦争継続を主張しつつ終戦の機会をうかがう手法。平川祐弘『平和の海と戦いの海―二・二六事件から「人間宣言」まで―』（講談社〈講談社学術文庫〉、一九九三年）の第二章「鈴木貫太郎の平和演説」、小堀桂一郎『宰相　鈴木貫太郎』（文芸春秋、一九八二年）、半藤一利『聖断―天皇と鈴木貫太郎―』（文芸春秋、一九八五年）などを参照。
（5）斎藤治子「日本の対ソ終戦外交」（『史論』通号四一、一九八八年）、鈴木多聞「鈴木貫太郎内閣と対ソ外交」（『国際関係論研究』第二六号、二〇〇七年三月、のち前掲『「終戦」の政治史１９４３―１９４５』に収録）、手嶋泰伸「鈴木貫太郎内閣の対ソ和平交渉始動と米内光政」（『日本歴史』第七三五号、二〇〇九年八月、のち前掲『昭和戦時期の海軍と政治』に収録）など。
（6）前掲、纐纈厚『近代日本政軍関係の研究』三八四頁。
（7）前掲、鈴木多聞「鈴木貫太郎内閣と対ソ外交」や前掲『終戦工作の記録　下』の「第十四章　本土決戦と対ソ工作」五六～八二頁などによる。
（8）前掲「最高戦争指導会議ニ関スル件」。

(9) 前二つの「 」は、前掲「大東亜戦争開戦経緯(第二案) 2から大本営政府連絡会議、最高戦争指導会議及御前会議に就て(素案)」収録の「今後ニ於ケル最高戦争指導会議ノ運用ニ関スル件」。

(10) 前掲『大本営陸軍部戦争指導班 機密戦争日誌 下』一九四五年四月一六日条、七〇三頁。

(11) 前掲『終戦工作の記録 下』の「資料一三〇 及川古志郎陳述録」七八頁。

(12) 以上の「 」の典拠は、前掲『大本営陸軍部戦争指導班 機密戦争日誌 下』一九四五年四月一六日条、七〇三頁。なお、閣議重視の姿勢は、森松俊夫『大本営―教育社歴史新書〈日本史〉138―』(教育社〈教育社歴史新書〉、一九八〇年)の二四一、二四二頁でもふれられている。

(13) この線引きは、最高戦争指導会議で討議する量の負担軽減も目的としていたと考えられる。第二部第一章でみたように、小磯内閣期に大本営政府連絡会議の見直しがはかられたさい、同じく国家意思決定に深くかかわる閣議との関係を明瞭にする必要が生じ、その結果、大本営政府連絡会議の優位性を結論づけている。鈴木内閣でもこの優位性は継続されたであろう。しかしそれだけでは討議する量は減らず、そのことが政戦両略の一致に支障を来しているととらえられた面もあるのではないか。

(14) 前掲『大本営陸軍部戦争指導班 機密戦争日誌 下』七四〇頁。

(15) 前掲『終戦工作の記録 下』の「資料一三五 六相懇談――左近司政三陳述録」九六、九七頁。

(16) 同右、九二頁。

(17) 「 」は、前掲『東郷茂徳手記 時代の一面《普及版》』三三五頁。

(18) 前掲、森茂樹「開戦決定と日本の戦争指導体制」「戦争指導体制の問題点」を参照。

(19) 前掲『終戦工作の記録 下』の「資料一三五 六相懇談――左近司政三陳述録」九七頁。

(20) 迫水久常『大日本帝国最後の四か月』(オリエント書房、一九七三年)に収録されている左近司の回想、六六、六七頁。

(21) 下村海南『終戦記』(鎌倉文庫、一九四八年)四七頁。

(22) 前掲『高木惣吉―日記と情報―下』の「松平侯トノ談話」一九四五年三月二八日、八三五頁。〔 〕は編者による。

(23) 前掲『終戦工作の記録 下』の「資料一二九 東郷茂徳陳述録(四)」六九頁。

(24) 前掲『高木惣吉―日記と情報―下』の「米内大臣談」一九四五年五月二二日、八六八頁。

(25) 「二 重臣、陸海軍人尋問記録」の豊田副武の尋問(冨永謙吾編『現代史資料三九―太平洋戦争五―』みすず書房、一九七五年、六九二頁）。

(26) 前掲『ＧＨＱ歴史課陳述録――終戦史資料（上）〈明治百年史叢書第四五三巻〉』に収録されている左近司政三の陳述、二一〇頁。

(27) 「ＡＢ大臣同意サルレバ鈴木総理」が出席するという条件であった（前掲『高木惣吉―日記と情報―下』の「米内大臣談」一九四五年五月三一日、八七一頁）。

(28) 前掲『ＧＨＱ歴史課陳述録――終戦史資料（上）』に収録されている左近司政三の陳述、二一六頁。

(29) 以上の「　」は、同右、二一一頁。

(30) 小磯内閣で定められた前掲「最高戦争指導会議ニ関スル件」では、綜合計画局長官は幹事にふくまれていない。前章で検討したように、綜合計画局長官は鈴木内閣から幹事にくわわったと考えられる。

(31) たとえば及川軍令部総長は、「幹事が主導的に提案を準備し、その結論迄彼等の間で意見を一致せしめてあつたものを議題にするという具合であるから、構成員の間で審議する余地は殆んどなくなつて居た」と述べている（前掲『終戦工作の記録　下』の「資料一三〇　及川古志郎陳述録」七八頁）。なお前掲『大本営陸軍部戦争指導班　機密戦争日誌　下』一九四五年五月八日条、七一四頁には、「本件〔構成員会議の実施〕ハ総長〔梅津〕ノ意図ヲ受ケ種村ヨリ六日東郷外相ニ申出テタルニヨル」とある。

(32) 「大本営、内閣、陸海外各省高等官中若干人ヲ以テ」構成された（前掲「最高戦争指導会議ニ関スル件」）。

(33) 前掲『高木惣吉―日記と情報―下』の「小沢次長内談」一九四五年五月一五日、八六一頁。

(34) 前掲『大本営陸軍部戦争指導班　機密戦争日誌　下』一九四五年四月一三日条、七〇一頁。

(35) 梅津美治郎刊行会・上法快男編『最後の参謀総長　梅津美治郎』（芙蓉書房、一九七六年）五二五頁。

(36) 前掲、茶谷誠一『昭和戦前期の宮中勢力と政治』の「第九章　木戸内大臣体制の確立とアジア太平洋戦争期の宮中勢力」三一二～三一五頁。

(37) 前掲『ＧＨＱ歴史課陳述録――終戦史資料（上）〈明治百年史叢書第四五三巻〉』に収録されている左近司政三の陳述、二一四頁。

(38) 「　」は、前掲『終戦工作の記録　下』の「資料一三七　六相会談――下村回想録」一〇三頁。

(39) 前掲『ＧＨＱ歴史課陳述録――終戦史資料（上）〈明治百年史叢書第四五三巻〉』に収録されている左近司政三の陳述、二〇一頁。

(40) 前掲『高木惣吉―日記と情報―下』の「近衛公直話」一九四五年六月二七日、八九四頁。本文に示したのは、近衛が語った五月三〇日の出来事。

(41) 同右の「近衛公爵伝言覚」一九四五年五月一三日、八五五頁。
(42) 前掲『終戦工作の記録 下』の「資料一三五 六相懇談――左近司政三陳述録」九四頁。
(43) 同右の「資料一三七 六相会談――下村回想録」一〇三頁。
(44) 前掲、茶谷誠一『昭和天皇 側近たちの戦争（歴史文化ライブラリー）』。鈴木は、小磯内閣総辞職後に行われた後継首班選定の重臣会議で、牧野の意見を聞くことを提案している（同、一九七頁）。「牧のシンケンは鈴木貫太郎を非常に尊敬して居た」という観測もある（前掲『ＧＨＱ歴史課陳述録――終戦史資料（上）〈明治百年史叢書第四五三巻〉』に収録されている岩淵辰雄の陳述、一五二頁）。なお、非公的な存在でかつ影響力のある「本当の意味の重臣」が戦争指導に参画するという方法は、日清・日露戦争時の元老の果たした役割にならったものと思われる。この点は、前掲、大江志乃夫『御前会議―昭和天皇十五回の聖断―』の「Ｖ日清戦争・日露戦争の大本営御前会議」、前掲、森茂樹「開戦決定と日本の戦争指導体制」などが参考になる。
(45) 前掲『ＧＨＱ歴史課陳述録――終戦史資料（上）〈明治百年史叢書第四五三巻〉』に収録されている左近司政三の陳述、二一六頁。
(46) 前掲『高木惣吉―日記と情報―下』の「研究対策（未定稿）」一九四五年五月一五日、八五八頁。
(47) 同右の「時局収拾対策（抜萃、未定稿）」一九四五年六月二八日、八九九頁。
(48) 同右の「研究対策（未定稿）」一九四五年五月一五日、八五七頁。
(49) 前掲『終戦工作の記録 下』の「資料一三五 六相懇談――左近司政三陳述録」九四頁。
(50) 松谷誠『大東亜戦争収拾の真相』（芙蓉書房、一九八〇年）一五八頁。
(51) 「最高会議 懇談会」という用語は、前掲『重光葵 最高戦争指導会議記録・手記』の一九四四年一一月五日条、一八四頁にみられる。同書の伊藤隆氏による解説（三七三、三七四頁）では、「懇談会」を頻繁に開催する意図があったとしている。
(52) 前掲、松谷誠『大東亜戦争収拾の真相』一五八頁。
(53) 加瀬俊一『ミズリー号への道程』（文芸春秋新社、一九五一年）二一三、二一四頁。
(54) 前掲、『大東亜戦争収拾の真相』一五八頁。彼らは、一九四四年秋から一週間に一回程度、情報交換をしていた（前掲『ＧＨＱ歴史課陳述録――終戦史資料（上）〈明治百年史叢書第四五三巻〉』に収録されている松平康昌の陳述、五一頁）。
(55) 「 」は、前掲、加瀬俊一『ミズリー号への道程』二一三、二一四頁。
(56) 前掲『高木惣吉―日記と情報―下』の「松平侯談」一九四五年六月八日、八七八頁。

(57) 同右、一九四五年六月五日条、八七二頁。
(58) 前二つの「　」は、同右、一九四五年六月七日条、八七六頁。
(59) 同右の「東郷外相談」一九四五年六月七日、八七七頁。
(60) 同右の「佐藤〔裕雄・陸軍省軍務局戦備課長—編者による註〕陸軍大佐内談要旨」一九四五年五月一六日、八六三頁。
(61) 同右の「東郷外相内話」一九四五年五月一九日、八六六頁。
(62) 前掲、迫水久常『大日本帝国最後の四か月』六七頁。
(63) 前掲『GHQ歴史課陳述録——終戦史資料（上）〈明治百年史叢書第四五三巻〉』に収録されている左近司政三の陳述、二〇七、二〇八頁。
(64) 前掲『大本営陸軍部戦争指導班　機密戦争日誌　下』一九四五年六月一日条、七二三頁。

結論　国家意思決定における内閣の責任

一　各章のまとめ

戦時期は、明治憲法体制にもとづく国家諸機関の分立性や政界からの元老の退場、軍部の台頭などの要素によって、内閣が突出した政治的リーダーシップを発揮しにくい環境であった。以下では国家諸機関の意思をまとめ上げるために各内閣が取り組んだ対応を、各章から得られた成果に沿うかたちでまとめ、意義づけを行っていく。

第一部第一章でみたように、第一次近衛文麿内閣において首相自らが「分離」案や無任所相の導入に興味を示したことで、内閣制度改革論議は深まりをみせた。「分離」は、省益ではなく国益優先の政策決定を可能にする措置であるが、明治憲法や内閣官制の大幅な改正をともなう法制等の問題が障壁となり、「五相会議連絡委員会」という制度の範囲内での対応に落ちついた。ただし、「分離」や無任所相の設置が目指す強力な国家意思決定という狙いが引き継がれている点で注目される。その反面、第一次近衛内閣が「分離」を実現できなかったことにより、続く内閣では制度改革の検討は行われていくものの、表立った改革の論議はなりをひそめる。

第一部第二章では、第一次近衛内閣以後の「分離」案や無任所相に対する研究、さらにはすでに運用が開始されていた内閣参議の活動実態、および各策の関連性を検討した。平沼騏一郎内閣は近衛前内閣の政治環境を引き継いだ面が多く、現状維持的な性格が強かった。しかし続く阿部信行内閣がとった少数閣僚制は、省庁の統廃合を念頭に置く抜本的な行政機構改革を見据えたものであり、「統帥」機関との連絡も意識された画期的な措置であった。ただし推進したのが「国防国家」建設を目指す陸軍であるゆえ、内閣自身の主導性を底上げする策とはいいがたい。他方の参議制は、第一次近衛内閣での設置以降、ほぼ有名無実の状態と化しており、第二次近衛内閣期には活用が忌避されるまでになる。内閣が担うべき天皇の政治大権への輔弼責任に抵触する恐れや、献策に対する煩わしさが、参議制の活用を停止させる態度へとつながったと考えられる。かわって、輔弼責任が保障される無任所相が、官制の改訂により常設化された。ただし「分離」案・無任所相の設置・参議制の各策が直接的に関連づけられることはなく、行政機構改革に対する閣内の議論も総じて低調であった。第一次近衛内閣期のような法制等の改正に関する議論はさほど確認できないものの完全に払拭されたわけではなく、輔弼責任に抵触するという点への危惧もいっそう高まった結果、内閣機能強化措置は効果を上げることができなかった。

輔弼責任への疑義の回避と生産増強対策という時局の要請を受けて、内閣参議制から内閣顧問制へと官制を改めたのが、第一部第三章でみた東条英機内閣であった。設置にあたっては、内閣顧問による政策形成への深入りが天皇に対する内閣の輔弼責任への介入と受け止められる危険を回避する点に注意が払われた。また、首相への献策だけではなく閣内一致のために国務大臣との意見交換が重視され、「統帥」機関にも影響をおよぼすことが念頭に置かれた。小磯・鈴木両内閣期には内閣顧問会議を充実させるなどして政策形成の強化がはかられていったが、「統帥」機関との調整が実行に移された形跡は確認できない。

第一部第四章でみたように、内閣顧問制が運用されていた時期には、帝国議会議員などが委員や参与委員として行政官庁に派遣され、事務の監察などを担った。彼らにも「統帥」機関との連絡が期待されたようだが、それよりも内閣と国民の間を取り持つ媒介者としての期待のほうが強かったと考えられる。それはとくに、参与委員が行政査察の随員にくわえられた点に顕著にあらわれている。本書ではこうした帝国議会議員の役割を、内閣機能強化よりも広い範囲を対象とする〝政治力強化〟の取り組みと評価した。ただ他方で、類似した役割を担う政務官とのすみ分けが問題となり、かつ既存の内閣顧問や最高戦争指導会議などの機関と連携関係を築くこともできず、政策形成や決定の向上に効果を発揮したとはいいがたい。

以上、第一部では内閣機能強化の取り組みと、それが「統帥」機関へもたらす影響を探った。いずれの措置も、首相の指導力向上が内閣の政策決定力を強化するという考えのもとで案出され運用されている。ただ互いを連携させようとする議論は深まらず、〝国家意思形成―決定―執行〟の各段階を連結させるシステムづくりという視点が欠如していた。このことが内閣機能強化策の成否に影響を与えた可能性は十分に考えられる。また、「統帥」機関との連絡という点は、意識されるものの実際に着手された事例が確認できないため、理想を描く段階で終わったと考えてよい。「国務」機関の強化が「統帥」機関側に影響を与え得るという当初の見積もりは、現実的には厳しいことが確認されたのであった。

第二部では、「国務」「統帥」両機関の意見調整、すなわち政戦両略の一致を担う会議体の運営に焦点化して検討を行った。第二部第一章では、第一次近衛内閣で大本営政府連絡会議が設置され、「国務」「統帥」両機関の関係者が対等に参集する場が生まれてからの動向を追った。大本営政府連絡会議がほどなくして運営を休止すると、閣議を経て設置された五相会議が政戦両略の調整を担っていく。ところが今度は、五相会議に参加できない閣僚からの不満がみられるようになり、阿部信行内閣で「閣議中心主義」が採用された。特定閣僚による会議形式だと情報共有に偏りがあり、また全閣僚の参加だと意思統一が煩雑になるという問題点が確認できよう。また政戦両略の一致が「国務」機関の関係者のみの調整で十分かという問い直しもあって、首相をはじめとする閣僚を大本営会議に列席させ、大本営を最高戦争指導機関化しようとの意見もみられた。東条内閣期には、会議体という形式が各勢力の利害を直接反映させやすいという点でセクショナリズムをより強固なものにするとの懸案事項も浮上し、実際に外交事項をめぐって陸軍と外務省の対立が表面化した。

こうした問題は、小磯内閣でいったん整理される。小磯首相による大本営会議への首相列席要求の妥協策として、大本営政府連絡会議は最高戦争指導会議に改組された。しかしそれでは不十分との考えから、小磯首相は同会議の機能改善に着手したり閣議との関係を検討したりしていく。小磯が過去の議論をどれほど意識していたかは不明であるが、内閣が政戦両略の一致を主導するには、首相が直接的に大本営内の情報を把握する必要があるとの判断にいたったのは、国家意思決定の見直しのなかでの大きい成果といえる。ただし首相列席が狙いとするのが戦争指導体制の一元化ではなく、あくまで「国務」「統帥」両事項の正確な情報把握であり、最終的な集約を天皇に委ねるという意識が強かった点は注意を要する。最高戦争指導会議の調整機能が見限られたとみることも可能だからである。

したがって第二部第二章でみたように、同会議のテコ入れは行われるものの、議事漏洩という懸案事項が深刻な問題となり、その結果立ち上げられた構成員会議も政戦両略の一致に成果をもたらしたとはいいがたい。依然として幹事および幹事補佐の存在が大きく、さらにはその幹事のなかでも情報把握の点で優劣の差がみられるように、セクショナリズムの溝は深いまま解消されなかった。議事漏洩も防止できず、各勢力の割拠性が色濃く反映される〝会議〟という形態では、前内閣と同様に、調整機能を期待することは難しかったといわざるを得ない。第二部第三章でみたように、会議体のみに頼らない意思形成の方法が模索されたのも、そのような認識が強かったあらわれである。確かに会議を離れた場で個人と個人が意見を調整するほうが、勢力間の利害関係は介在しにくい。しかし逆に今度は、会議を離れたことで調整が分散化し、かえって意見の集約が繁雑になっていった。会議内外で行われる個々の調整行為を集約する主体が不在であったこともあり、終戦の気運が徐々に醸成されるなかでの国家意思決定は、会議でも会議外の場でも「国務」「統帥」両機関の利害関係を克服できなかった。そのことが要因の一つとなり、天皇の「聖断」という手段が現実味を帯びていくのである。

各章のすべてに共通するのは、政戦両略の一致の実現には、「国務」「統帥」両機関の割拠性を互いがどこまで譲りあえるかという妥協点の発見が重要だったということである。本書でみてきた各措置が、両機関の情報共有にきわめて限定的な役割しか果たせなかったところに、運用面での問題点がみられた。

第一部でみたように、内閣機能強化を通じて「統帥」事項を把握しようとする内閣側の意識は随所に確認できたものの、当初から「統帥」事項への関与が困難との意識があったことや、「国防国家」建設を念頭に置く陸軍主導の行政運営を乗り越えられなかったことにより、実際には閣内の強化に集中することが精一杯であった。内閣機能強化が実現にいたらなかったことは、「国務」機関の強化にとどまらず、「国務」機関が「統帥」機関をリードする取り組みが挫折したことも意味する。その内閣機能強化に関していえば、法制等の壁はもちろんのこと、ブレーン機関同士、またブレーン機関と大本営政府連絡会議・最高戦争指導会議などの諸機関を効果的に連動させられなかったことが強化策の限界であった。ブレーン機関が内閣の輔弼責任に抵触するという危惧や、内閣側が活用に忌避の態度までみせた時点で、内閣機能強化の可能性は断たれたと考えてよい。

第二部で特徴的な動きは、「国務」「統帥」両機関の対等な調整が選択されるなかで、一方が他方の機関を取り込もうとするかけ引きが激化した点である。小磯国昭内閣期に大本営会議への首相列席が実現し、戦略事項の把握へと一歩近づく。しかし戦時期を通じて問題となったのが、「国務」「統帥」両機関に互いが介入することへの警戒感であった。大本営会議に首相を列席させる案は、内閣が大本営を取り込むことによる〝大本営の最高戦争指導機関化〟と読みかえられ、最高戦争指導会議を「国務」機関主導で運営する案と解釈することもできる。大本営内に内閣機能を包含させようとする「統帥」機関側の案はその逆である。どちらにしても、一方の勢力の業務範囲を顕著に損ねる案の実現は困難であり、最終的には連絡会議という形態に落ち着かざるを得ない。しかしそうすると今後は、一同が参集する場では各勢力の割拠性が突き崩せないという問題に直面することになり、それが終戦まで課題でありつづけたのである。終戦に向かう過程で指導者が認識していったのが調整機関の無力さであり、このことと天皇の「聖断」方式による意思決定の浮上は無関係でないと思われる。最後まで会議体の機能不全を改善できず、かつ政戦両略の一致を会議体によって実現させようとする動きもなくなっていったことが、天皇の「聖断」という究極的な手段を浮上させたといえよう。

以上から、戦時期における「国務」「統帥」両事項の一元管理は、内閣機能を強化する方法でも、直接的に「統帥」事項へ介入する方法でも克服不可能であることが明らかとなった。各内閣が、その認識を徐々に確実なものとしていく過程が戦時期の特徴といえる。内閣機能強化と政戦両略の一致という各種取り組みが互いに影響をおよぼしあう場面はほとんどなかったものの、前者が挫折した時点で後者が実現する可能性の幅も狭まるという連動性が認められる。

二　総括と課題

では、戦時期の指導者が取り組んだ国家諸機関の分立性の克服に向けた努力は、どう評価されるべきであろうか。

以下では、諸機関の分立性が決して突き崩せないものではないという信念をもち実行に移していったことを画期的な行動ととらえたうえで、なぜその取り組みが不徹底に終わったのかという点についても指摘していく。

明治憲法や内閣官制の改正が困難ゆえに無理と思われた内閣機能の強化が、戦時期に精力的かつ集中的に論じられた部分は評価すべきである。閣内外を問わず、法制等を大幅に変更しない対応、端的にいえば〝運用の仕方〟によって、ある程度は内閣機能強化が実現できるとの認識を持ち続けていったことは注目されてよい。第一次近衛内閣では、「分離」を主軸として国家諸機関の分立性の克服に内閣自身が積極的に挑戦する行動が確認できたし、無任所相については、憲法学者の研究によって法制等の疑義を払拭しようとつとめ、第二次近衛内閣で常設化へと結実させている。東条内閣による内閣顧問の設置に際しては、参議制の反省をふまえ、天皇への輔弼責任に抵触するか否かという点が意識され、意思決定の中枢に関与させないようにとの配慮がなされた。小磯内閣下の会議体の運営では、大本営会議への首相列席の実現が顕著な成果といえる。国家諸機関の分立性は強固であり、かつ各勢力の自発的な歩み寄りも期待できないなか、制度の大幅な変革をともなわない対応によってある程度は突き崩すことができるという認識が根強かったことがわかる。また曖昧ながらも、法制等に抵触する部分と抵触しない部分の境界を示した点にも意味があると思われる。戦時内閣は、継戦なり終戦なりどちらの選択を行うにしても、その前提である〝国家意思を強力に決定する力〟を備えるため、各策を続々と案出するなどして積極的に動いていった。「国務」「統帥」両事項を一元管理する戦争指導体制が構築できない原因の大部を明治憲法体制の強固さに求める先行研究の評価では、戦時内閣が取り組んだ努力から反省と教訓を得る機会をのがしてしまう。ひいては、戦争の長期化が何に起因するのかという点への理解を狭めてしまうことにもつながる。

では、内閣の取り組みの何が問題だったのか。本書ではそれを〝反省と生かしの欠如〟と〝各機関の連携不足〟に求めたい。参議制での反省が内閣顧問制にいかされたように、各措置の連続性が意識されたケースは多々あった。政戦両略の一致に向けた会議体の運営に関しても、小磯内閣の取り組みは過去の内閣の議論を引き継ぐものであった。ただその反面、内閣顧問の活動が、同じ時代に存在するほかの機関との連携を意識していたかといえばそうとはいえないし、無任所相が常設化される段階で首相の指導力を引き上げるための活用方法、たとえば第一次近衛内閣期の「無任所大臣会議」案を復活させるなどの具体策が綿密に練られていたわけでもなかった。大本営政府連絡会議から最高戦争指導会議への改組も同様であり、大本営会議への首相列席の実現前に、最高戦争指導会議に十分なテコ入れがなされていたかは疑問が残る。過去の意見調整面の不具合を改める工夫が施されたとはいえないだろう。戦時内閣には、設置した機関に対する過去の〝反省と生かし〟が欠如しており、それゆえに理想とする活用方法や長期的な活用計画も準備されなかった。あるときに生み出された機関がのちの内閣に引き継がれるだけでは、内閣機能強化が実現に向かう可能性は高まらない。この点をふまえたとき、国家諸機関の分立性が強固ななかで、強力な戦争指導体制の構築に果敢に挑んだ戦時内閣の行動は確かに評価されるべきだが、既存・新設の各機関を整理する取り組みを各内閣が怠った点や、理想とする国家意思決定像の欠如によって、それぞれの機関の果たすべき役割を一過性のものに終始させてしまい、その結果、内閣機能強化の不徹底をもたらした点が反省材料としてあげられよう。

内閣がかわると、これまでの内閣機能強化策が途切れる可能性が生じるのはやむを得ない。代が改まれば、それまでの勢力関係や人的結合も改まりやすいからである。各首相の指導力にも差があり、首相の個性に左右される場合も多い。たとえば、第一次近衛内閣期において内閣制度改革論議が深まった要因は、近衛首相自身が興味を示したことが大きいし、東条内閣における陸軍大臣・海軍大臣の参謀総長・軍令部総長の兼任も同様の傾向があり、首相個々人がもつ指導力によって政策に変化が生じるケースは多かった（註）。また、内閣が自身の機能強化や政戦両略の一致を実現するための行動は、陸海軍など他勢力の動向をみながらの対応になるゆえ、内閣側が遺憾なく主導性を発揮できる機会はきわめて限定されている。内閣機能強化策の実践は、そのときどきの政治的環境によって変動する不安定なものであることは押さえておく必要がある。

ただしその制約を差し引いても、内閣機能強化のために設置した各機関に対して各々の業務を遵守させる行為は、官制の条項に明記するなどの措置で対応可能だったと思われる。各機関を効果的にいかそうとする不断の努力を怠った内閣の責任はまぬかれないであろう。もう一つ、制度内で対処可能な措置として効果的と思われるのが、各強化策の連携である。それが意識されないことは、せっかく知恵を絞って生み出された各対応を内閣がいかし切れていないことを意味する。国家諸機関の分立構造や首相権限の脆弱性が強固である前提は認めつつも、戦時内閣自らが割拠性を広げた面も反省点として追及されねばならない。

本書では、各機関の連携に必要な要素として、各機関の連携を保障し、それらを安定的に稼働させる〝システム〟の構築に求めたい。今一度、内閣機能強化策をふりかえると、一つは首相をふくめた国務各大臣の連帯を高めるための参議や内閣顧問、無任所相といった機関を活用する行動、および「分離」案の実現であり、もう一つは企画院や「総務庁」などの総合計画官庁を設け、決定された国家意思を各省庁へと円滑に伝達し執行させる取り組みであった。首相の機能強化がすべて「国務」機関全体の強化につながるわけではないが、国家総動員法の制定やその統轄権の首相への付与、戦時行政職権特例の施行などによって向上した首相の機能を行政運営の効率化に反映させることで「国務」機関の強化につなげることは可能だったと思われる。それには、前記の各対応で満足するのではなく、それぞれの機関を相互に関連づける意識が必要であり、かつ常に既存・新設の各機関を整理・統廃合する視点をもつことが大事となる。そうすることで、内閣の代がかわっても揺るがない安定的な国家意思決定のシステムを備えることができたのではないか。首相の個性をもとに生み出された各内閣の強化策をどのようにたばねていくかという問題を乗り越えるためにも、内閣がかわっても安定的に運用し得る国家意思決定システムの構築が必要であった。戦時内閣には、従来の国家意思決定の方法を根本から見直し、首相の指導力が〝国家意思形成―決定―執行〟までを貫くかたちでシステム化する取り組みが欠如していた。憲法などの法制等の問題もさることながら、国家意思の形成から執行にかけての各段落をシステム化できなかった点が一元的な戦争指導体制の構築を阻害したと考えられる部分は多い。

以上で述べてきたことを集約すると、国家諸機関同士の連携、すなわち意思形成・決定を行うそれぞれの内部での連携や、形成された政策を決定にまで結びつけるための連携が不足していた点、また歴代内閣が実践してきた各強化策を反省し、それをいかした運用ができなかった点に問題が認められた。こうした努力がなされていれば、国家諸機関の分立状態は多少克服できた可能性が高い。一元的な戦争指導体制の構築が実現しなかった要因の多くは内閣自身の行動に存在するといってよい。

明治期から続く国家諸機関の分立性という政治環境のなかで、本書が対象とした戦時期は、明治憲法体制のもつ構造的な欠陥が顕著に露呈した時期であった。これまで直面したことのない事態に対し、各内閣は試行錯誤を繰り返しながら、その克服のために果敢な挑戦を行い、挫折を経験していったのである。明治憲法体制と対峙したうえで、それを克服しようとする挑戦の連続であったといえよう。この点は評価すべきであるが、各内閣で設置された機関が整理されずに乱立することで、国家意思決定過程をさらに混乱させた事実に目を伏せてはならない。明治憲法体制の強固さを、戦時期の内閣が自ら拡大させてしまった面もあるのである。国家意思決定を内閣主導で行うことができず、さらには内閣自身が国家意思決定のあり方を複雑にしてしまった影響は、戦争の最終局面で戦争継続か終戦かという政治的な判断を迅速に決定することができずに戦争の長期化をもたらした点にもおよぶのではないか。

本書で着目した国家意思決定という行為は、戦争にかかわるすべての勢力が結集し形づくっていくものである。国家が結束しているか否かが明確にあらわれる指標といえよう。先行研究はこれまでに、戦術の違いを中心として、陸海軍の固定化されたイメージの再規定を精力的に行ってきている。こうした各勢力の関係性は、国家意思決定へのかかわり方にも当然反映される。すなわち国内では、戦局観の対立のみならず、各々がもつその戦局観を体現させるための戦争指導の主導権をめぐる勢力間の争いも絡まることで、指揮系統は複雑化していったのであった。国家意思決定を一本化できないまま推移していくという時間の積み重ねが戦争の長期化をもたらし、最終局面においては終戦の決断を遅らせることにつながったと考えられる。

註　『史学雑誌　二〇一四年の歴史学会—回顧と展望—』（第一二四編第五号、二〇一五年五月）の米山忠寛氏による執筆部分、一五二頁、も指導力というものをいかに評価するかという問題提起と受け止めたい。

あとがき

本書は二〇一一年三月に名古屋大学から学位を授与された学位論文「戦時・戦後の内閣と明治憲法体制―国家諸機関分立の克服に向けた取り組みと限界―」の成果の一部である。学位論文では日中戦争期から戦後までを対象とし、異なる二つの憲法下における国家意思決定の連続性を検討した。

本書は戦時期の部分についてまとめたものであり、各章の初出は以下の通りである。いずれも発表後の研究動向を反映させ、文章表現等も大幅に改めた。

序論　新稿

第一部

第一章「第一次近衛文麿内閣期の内閣制度改革論議―国務大臣と行政長官の分離をめぐって―」(大阪歴史学会『ヒストリア』第二四三号、二〇一四年四月)

第二章　新稿。ただし「日中全面戦争期の内閣機能強化論議」と題して二〇一五年度現代史サマーセミナーで報告

第三章「アジア・太平洋戦争期の内閣顧問の活動と内閣機能強化」(二十世紀研究編集委員会『二十世紀研究』第一三号、二〇一二年一二月)

第四章　「アジア・太平洋戦争期の内閣機能強化・政治力強化に関する一考察―内閣委員及各省委員や政務官の制度分析を中心に―」（歴史学会『史潮』新六六号、二〇〇九年一一月）

第二部

第一章　「小磯国昭内閣期の政治過程に関する一考察―一元的な戦争指導体制の構築にむけた取り組みから―」（歴史科学協議会『歴史評論』六九四号、二〇〇八年二月）と新稿で構成

第二章　「鈴木貫太郎内閣期の国策決定をめぐる政治過程―最高戦争指導会議の運営を中心に―」（日本歴史学会『日本歴史』第七一六号、二〇〇八年一月）

第三章　「鈴木貫太郎内閣期における国家意思形成システム構築の試み―水面下での意見調整とその限界―」（歴史科学協議会『歴史評論』七三一号、二〇一一年三月）

結論　新稿

研究に取り組むなかでは、大変多くの方々にお世話になった。

名古屋大学大学院在学中には稲葉伸道先生、羽賀祥二先生、池内敏先生、古尾谷知浩先生から指導をいただいた。筆者が専門とする近現代史分野において、一貫して指導を賜ったのは羽賀先生である。演習での議論がとくに印象深い。報告に対するいたらない点を指摘されると悩み続け、それが一通り済むと机に向かう。そのような日々の繰り返しだった。先輩・後輩の存在も大きく、東海地方を離れて活躍されている方々と久々に会って話をするのが大きな楽しみとなっている。お名前をあげて感謝の意を表することは控えるが、あらゆる場面で筆者の研究生活を支えてくださった。

日常の研究環境としては、名古屋大学に事務局を置く近現代史研究会の存在が大きい。同会は昨年に発足一〇年をむかえ、毎月の例会や毎年の大会には多くの方々が参加し活発な議論が行われている。またここ数年は、関東・関西をとわず、各種学会の大会や研究会などに積極的に参加することを心がけている。報告をさせていただく機会も何度も頂戴した。近現代史研究会とは違った雰囲気を味わえ、普段お目にかかることができない方々のご報告からは新たな興味がうまれるなど、いいことばかりである。気持ちを入れかえるよいきっかけにもなっている。これからもできる限り参加していきたい。

よい効果をあたえてくれるという意味では、複数の大学等で担当している講義の存在も欠かせない。説明が行き届かず自身の知識の浅さを痛感するということの連続である。文章を書き、研究会等で報告するにあたって、いかにわかりやすく伝えるかという点を心がける原動力となっている。一方の教育面でもまだまだ未熟と感じる部分が多い。熱心に聴講し、積極的に質問をする学生の存在を、次の講義へのやる気にかえて、少しずつでも改善を加えていきたいと思う。

本書によって、これからも内閣機能強化の研究に取り組んでいく心構えをもつことができた。興味は戦前期と現代政治の両方に向いている。戦時期の内閣機能強化を検討するうえで、国家機関同士の関連性に着目するのが本書の視角であった。戦前期における内閣機能を同様の視角で検討することによって、戦時期の内閣機能強化策が戦時期特有のものなのか、平時からの知恵の集積が実践されたものなのかを判断する材料になる。また学位論文では、憲法は違えども、現代政治がかかえる問題を解決する糸口となる事例が戦時期に多いことを実感した。本書で対象とした時期の前後を意識することで内閣機能強化の研究のすそ野を広げ、〝国家意思決定の問題点〟というテーマで近現代を描くことが、筆者に課せられた使命と考える。

もともと筆者は幼少期から古いもの好きで、小学生のころは時代劇が大好きだった。その後は、自分がうまれるよりもかなり前の写真や映像にふれることで、近現代という時代に興味を移していった。動く映像が残っていることに率直に感動した。時代を超えてとても身近に感じられたのである。さらに、人々が生き生きと生活する様子をみることによって、当時がどのような時代だったのかを研究したいという気持ちが高まっていった。近現代史では文字史料にくわえて、聞き取りや映像などを取り入れた多角的な研究がふえてきている。筆者の興味を高めてくれたさまざまな資料に対して、調査や整理などの面で携わっていければありがたい。

研究を進めるうえでは、国立公文書館、国立国会図書館憲政資料室、防衛省防衛研究所図書館等の方々に、お訪ねするごとに大変お世話になった。史料調査を行うさいの高揚感は何事にもかえがたい。また、本書を世に送り出す機会を与えてくださった吉川弘文館にも感謝を申し上げる。伊藤俊之氏には企画段階から、編集実務では並木隆氏にそれぞれお世話になった。校正等で協力いただいた有限会社歴史の森の関昌弘氏には多大なご迷惑をおかけした。携わっていただいた方々のプロ意識を随所に感じ、その真摯な姿勢が筆者にもよい緊張感を与え、なんとか刊行にたどりつくことができたというのが素直な感想である。

先にふれた演習の話でおわかりの通り、どうも筆者は批判をバネに奮起する性格らしい。お読みいただいた方々からさまざまなご批判がいただけることを楽しみに待ちたいと思う。

二〇一六年七月

関口哲矢

昭和期の内閣と戦争指導体制（オンデマンド版）　Digital Publishing

2024年10月1日　発行

著　者　関《せき》口《ぐち》哲《てつ》矢《や》

発行者　吉川道郎

発行所　株式会社 吉川弘文館
〒113-0033　東京都文京区本郷7丁目2番8号
TEL　03(3813)9151(代表)
URL　https://www.yoshikawa-k.co.jp/

印刷・製本　株式会社 デジタルパブリッシングサービス
URL　https://d-pub.sakura.ne.jp/

関口哲矢（1974～）
ISBN978-4-642-73856-9

著者略歴
一九七四年　岐阜県に生まれる
二〇一一年　名古屋大学大学院文学研究科博士課程後期課程修了　博士（歴史学）
現在　大同大学、岐阜工業高等専門学校、岐阜大学非常勤講師

〔主要論文〕
「終戦連絡中央事務局による各省間の連絡調整―法関係資料の英訳作業を事例として―」（『歴史学研究』第八九六号、二〇一二年）
「復員軍人の〝温存〟とその目的―占領下の就労問題を事例として―」（『歴史評論』七八八号、二〇一五年）

昭和期の内閣と戦争指導体制

二〇一六年（平成二十八）十月二十日　第一刷発行

著　者　関《せき》口《ぐち》哲《てつ》矢《や》

発行者　吉川道郎

発行所　株式会社　吉川弘文館
郵便番号一一三―〇〇三三
東京都文京区本郷七丁目二番八号
電話〇三―三八一三―九一五一〈代〉
振替口座〇〇一〇〇―五―二四四番
http://www.yoshikawa-k.co.jp/

印刷＝亜細亜印刷株式会社
製本＝株式会社ブックアート
装幀＝山崎　登

索　　　引

・著者・編者および書名・史料名に含まれるものは対象外とした。
・史料中に名字のみしか記されておらず，人物が特定しづらいものは除外した。
・論文，書籍および史料名に含まれる用語は対象外とした。

Ⅰ 人　　名

あ　行

か　行

さ　行

た　行

な　行

は　行

ま　行

や　行

わ　行

Ⅱ　事　　項

あ　行

か　行

さ　行

た　行

な　行

は　行

ま　行

や　行

ら　行